簡裁交通損害賠償訴訟
実務マニュアル

東京簡易裁判所判事
園部 厚 [著]

青林書院

はしがき

　近年，自動車保険における弁護士費用補償特約の普及により，裁判所の交通損害賠償請求訴訟事件が増加している傾向にある。従前は，請求額が余り多くない，交通事故の損害賠償に関する紛争については，弁護士に委任すると，請求額に対して多額の弁護士費用がかかるため，当事者の意図するような結果での紛争解決ができなくても，訴訟提起がなされることはなかったのではないかと思われる。そのような少額の損害賠償に関する紛争が，弁護士費用補償特約付自動車保険に加入していたことにより，訴訟提起時になんらの負担をすることなく，弁護士を代理人として訴訟提起ができるため，少額の損害賠償請求の訴訟事件が増加している傾向にあるようである。最近では，修理費等の請求額が十万円に満たない物損被害の損害賠償請求事件も弁護士代理人付で訴訟提起されることも珍しくない。そして，そのような交通事故における少額の損害賠償請求訴訟事件が増加している中，そのような事件の当事者が，様々な請求・主張をし，様々な論点が生じており，事件の審理時間も従前より長くなっており，最終的に自己の主張について妥協をすることなく，判決で終了する事件も増えているとの指摘もある。

　そして，簡易裁判所における物損事故事件においても弁護士関与事件が増加し，それらの事件についても，簡易迅速な審理・判決の実現という簡易裁判所の役割を果たすために，物損事故訴訟の在るべき審理・判決のモデルを作成するということで，研究がなされ，司法研究報告書第67輯第1号として「簡易裁判所における交通損害賠償訴訟事件の審理・判決に関する研究」が出された。

　そのような中，本書は，簡易裁判所における損害賠償請求訴訟事件全体についてまとめたものとして作成されたものである。簡易裁判所の損害賠償請求訴訟事件では，人損の損害賠償請求事件もあり，本書では，その点につい

はしがき

ての説明もしている。また，交通損害賠償においては，保険も絡んでくるので，自賠責保険及び任意保険について，その全体についてまとめて説明をしている。

　本書が，簡易裁判所の交通事故の損害賠償請求事件に携わる者にとって，有用のものとなり，交通事故の損害賠償請求事件の適切かつ迅速な処理に役立つものとなれば幸いである。

　平成30年9月

　　　　　　　　　　　　　　　　　　　　　　　　園　部　　厚

■著者紹介

園　部　　厚（そのべ　あつし）

東京簡易裁判所判事

〔経歴〕
平成13年8月東京簡裁判事，その後，平成14年4月稚内簡裁，平成16年4月東京簡裁，平成19年4月石岡・笠間簡裁，平成22年4月東京簡裁，平成25年4月青森簡裁勤務後，平成28年4月より東京簡裁判事。

〔主な著書〕
『簡裁民事訴訟マニュアル』（日本評論社），『〔改訂版〕一般民事事件論点整理ノート（紛争類型編）・（民事訴訟手続編）』，『一般民事事件　裁判例論点整理ノート』，『〔改訂版〕和解手続・条項　論点整理ノート』（以上，いずれも新日本法規出版），『簡裁民事訴訟事件要件事実マニュアル』，『書式　支払督促の実務〔全訂九版〕』，『書式　不動産執行の実務〔全訂10版〕』，『書式　債権・その他財産権・動産等執行の実務〔全訂14版〕』，『書式　借地非訟・民事非訟の実務〔全訂五版〕』，『わかりやすい紛争解決シリーズ①～⑥』（以上，民事法研究会），『身近な損害賠償関係訴訟』，『交通事故物的損害の認定の実際〈理論と裁判例〉』『示談・調停・和解の手続と条項作成の実務』（以上，青林書院）など。

凡　例

1. **用字・用語等**

   本書の用字・用語は，原則として常用漢字，現代仮名づかいによったが，法令に用いられているもの及び判例，裁判例等の引用文は原文どおりとした。

2. **関係法令**

   関係法令は，原則として平成30年9月30日現在のものによった。

3. **法令の引用表示**

   本文解説中における法令の引用表示は，原則として正式名称とした。

   括弧内における法令の引用表示は，正式名称を用いるか，後掲の〔**主要法令略語表**〕によった。

   また，同一法令の条項番号は「・」で，異なる法令の条項番号は「，」で併記した。

4. **判例の引用表示**

   判例の引用表示は，通例に従い，次の略記法とした。その際に用いた略語は，後掲の〔**判例集，雑誌等略語表**〕によった。

   〔例〕

   　平成9年1月28日最高裁判所判決，最高裁判所民事判例集51巻1号78頁

   　　→　最判平9・1・28民集51巻1号78頁

5. **文献の引用表示**

   主要な文献の引用表示は，後掲の〔**主要文献略語表**〕によった。

   それ以外の文献の引用表示は，著者（執筆者）及び編者・監修者の姓名，「書名」，発行所，刊行年，引用（参照）頁を掲記した。

   主要な雑誌等の引用の際に用いた略語は，〔**判例集，雑誌等略語表**〕によった。

凡　例

〔主要法令略語表〕

会社	会社法	民	民法
刑訴	刑事訴訟法	民訴	民事訴訟法
厚年金	厚生年金保険法	民訴規	民事訴訟規則
国年金	国民年金法	民訴費	民事訴訟費用等に関する法律
自賠	自動車損害賠償保障法		
自賠令	自動車損害賠償保障法施行令	民訴費規	民事訴訟費用等に関する規則
自賠規	自動車損害賠償保障法施行規則		
道交	道路交通法	労基	労働基準法
保険	保険法	労災	労働者災害補償保険法

〔判例集，雑誌等略語表〕

大	大審院	刑集	最高裁判所刑事判例集
最	最高裁判所	集民	最高裁判所裁判集民事
最大	最高裁判所大法廷	判時	判例時報
高	高等裁判所	判タ	判例タイムズ
地	地方裁判所	交民集	交通事故民事裁判例集
簡	簡易裁判所	金商	金融・商事判例
支	支部	家月	家庭裁判月報
判	判決	労経速	労働経済判例速報
		労判	労働判例
民録	大審院民事判例録	裁判所ＨＰ	裁判所ホームページ裁判例情報
民集	大審院民事判例集，最高裁判所民事判例集		

〔主要文献略語表〕

(1)　民法関係
　○内田「民法Ⅱ３版」　→　内田貴著「民法Ⅱ第３版」（東京大学出版会，2011）
　○潮見「債権各論Ⅱ２版」　→　潮見佳男著「ライブラリ法学基本講義＝６－Ⅱ　基本講義　債権各論Ⅱ　不法行為法　第２版」（新生社，2009）

凡　例

- 筒井ほか「一問一答民法（債権関係）改正」　→　筒井健夫・村松秀樹編著「一問一答（債権関係）改正」（商事法務，2018）
- 潮見「民法（債権関係）改正法の概要」　→　潮見佳男著「民法（債権関係）改正法の概要」（きんざい，2017）
- 第一東京弁護士会「改正債権法の逐条解説」　→　第一東京弁護士会司法制度調査委員会編「新旧対照でわかる改正債権法の逐条解説」（新日本法規，2017）
- 大江「新債権法の要件事実」　→　大江忠著「新債権法の要件事実」（司法協会，2016）

(2)　保険法関係
- 「自動車保険の解説2017」　→　「自動車保険の解説」編集委員会著「自動車保険の解説2017」（保険毎日新聞社，2017）

(3)　損害賠償関係
- 東京地裁「過失相殺率の認定基準全訂5版」　→　東京地裁民事交通訴訟研究会編「別冊判例タイムズ第38号　民事交通訴訟における過失相殺率の認定基準全訂5版」（判例タイムズ社，2014）
- 日弁連東京「損害賠償額算定基準下2007」　→　財団法人日弁連交通事故相談センター東京支部編「民事交通事故訴訟・損害賠償額算定基準下巻2007（平成19年）」（2007）
- 日弁連東京「損害賠償額算定基準下2011」　→　財団法人日弁連交通事故相談センター東京支部編「民事交通事故訴訟・損害賠償額算定基準下巻2011（平成23年）」（2011）
- 日弁連東京「損害賠償額算定基準上・下2018」　→　財団法人日弁連交通事故相談センター東京支部編「民事交通事故訴訟・損害賠償額算定基準2018上巻・下巻（平成30年）」（2018）
- 佐久間ほか「交通損害関係訴訟〔補訂版〕」　→　佐久間邦夫・八木一洋編「リーガル・プログレッシブ・シリーズ　交通損害関係訴訟〔補訂版〕」（青林書院，2013）
- 森冨ほか「交通関係訴訟の実務」　→　森冨義明・村主隆行編著「裁判実務シリーズ9　交通関係訴訟の実務」（商事法務，2016）
- 「例題解説交通損害賠償法」　→　「例題解説交通損害賠償法」（法曹会，2006）
- 「簡裁交通損害賠償訴訟事件審理・判決研究」　→　司法研修所編「簡易裁判

所における交通損害賠償訴訟事件の審理・判決に関する研究」（法曹会，2016）
- **「大阪地裁交通損害賠償算定基準〔3版〕」** → 大阪地裁民事交通訴訟研究会「大阪地裁における交通損害賠償の算定基準〔第3版〕」（判例タイムズ社，2013）
- **東弁法友「改訂交通事故実務マニュアル」** → 東京弁護士会法友全期会交通事故実務研究会編「改訂版交通事故実務マニュアル　民事交通事故事件処理」（ぎょうせい，2012）
- **加藤「交通事故法律相談〔全訂4版〕」** → 加藤了編著「交通事故の法律相談〔全訂第4版〕」（学陽書房，2011）
- **梶村ほか「プラクティス交通事故訴訟」** → 梶村太市・西村博一・井出良彦編「プラクティス交通事故訴訟」（青林書院，2016）
- **川井ほか「注解交通損害賠償法〔新版〕①」** → 川井健・宮原守男・小川昭二郎・塩崎勤・伊藤文夫編「注解交通損害賠償法〔新版〕第①巻」（青林書院，1997）
- **園部「物損事故紛争解決手引〔3版〕」** → 園部厚著「わかりやすい物損交通事故紛争解決の手引〔第3版〕」（民事法研究会，2015）
- **園部「交通事故物損認定実務（改訂）」** → 園部厚著「交通事故物的損害の認定の実務〈理論の裁判例〉改訂版」（青林書院，2017）
- **園部「身近な損害賠償関係訴訟」** → 園部厚著「身近な損害賠償関係訴訟理論と裁判例」（青林書院，2104）

(4) 民事要件事実
- **伊藤「民事要件事実講座4巻」** → 伊藤滋夫総括編集者「民事要件事実講座第4巻」（青林書院，2007）
- **加藤ほか「要件事実の考え方と実務〔3版〕」** → 加藤新太郎・細野敦著「要件事実の考え方と実務〔第3版〕」（民事法研究会，2014）
- **村田ほか「要件事実論30講〔4版〕」** → 村田渉・山野目章夫編著「要件事実論30講〔第4版〕」（弘文堂，2018）
- **岡口「要件事実マニュアル5版2巻」** → 岡口基一著「要件事実マニュアル第5版第2巻」（ぎょうせい，2016）

(5) 民事訴訟関係
- **秋山ほか「コンメ民訴Ⅰ〔2版追補〕」** → 秋山幹男・伊藤眞・加藤新太郎・高田裕成・福田剛久・山本和彦著「コンメンタール民事訴訟法Ⅰ〔第2版

追補版〕」（日本評論社，2014）
- 秋山ほか「コンメ民訴Ⅴ」　→　秋山幹男・伊藤眞・加藤新太郎・髙田裕成・福田剛久・山本和彦著「コンメンタール民事訴訟法Ⅴ」（日本評論社，2012）
- 「基本法コンメ〔三版追補〕民訴2」　→　賀集唱・松本博之・加藤新太郎編「基本法コンメンタール〔第三版追補版〕民事訴訟法2」（日本評論社，2012）
- 「裁判実務体系(8)」　→　吉田秀文・塩崎勤編「裁判実務体系第8巻　民事交通・労働災害訴訟法」（青林書院，1985）
- 園部「〔改訂〕民事事件論点ノート（紛争類型）」　→　園部厚著「〔改訂版〕一般民事事件　論点整理ノート（紛争類型編）」（新日本法規，2012）
- 岡久ほか「簡裁民事手続法」　→　岡久幸治・横田康祐・石﨑實・今岡毅編「新・裁判実務体系第26巻　簡易裁判所民事手続法」（青林書院，2005）
- 大段「簡裁関係訴訟」　→　大段亨代表編集「最新裁判実務大系第1巻　簡裁関係訴訟」（青林書院，2013）
- 「10訂民事判決起案の手引」　→　司法研修所編「10訂民事判決起案の手引」（法曹会，2006）
- 「民事訴訟における事実認定」　→　司法研修所編「民事訴訟における事実認定」（司法研究報告書59輯1号）（法曹会，2007）
- 「事例で考える民事事実認定」　→　司法研修所編「事例で考える民事事実認定」（法曹会，2014）
- 後藤ほか「和解の理論と実務」　→　後藤勇・藤田耕三編「訴訟上の和解の理論と実務」（西神田編集室，1987）
- 星野「改訂増補〔三訂〕和解・調停モデル文例集」　→　星野雅紀編「改訂増補〔三版〕和解・調停モデル文例集」（新日本法規，2011）
- 「和解条項実証的研究〔補訂版〕」　→　裁判職員総合研修所監修「書記官実務研究報告書　書記官事務を中心とした和解条項の実証的研究〔補訂版・和解条項記載例集〕」（法曹会，2010）
- 園部「〔改訂〕和解論点ノート」　→　園部厚著「〔改訂版〕和解手続・条項論点整理ノート」（新日本法規，2015）

(6) 判例解説
- 「最高裁判例解説民事編平成○年」　→　「最高裁判所判例解説民事篇平成○年度」（法曹会）

凡　　例

〔表記の決まり〕

- 「［〇〇〇］……」の記載の場合，〔　〕内の「〇〇〇」を付したものと付さないものを事項索引に掲載した。具体的には，「〇〇〇……」と「……」を事項索引に掲載した。
- 「〇〇〇〔△△△〕……」の記載の場合，〔　〕内の「△△△」は，その前の「〇〇〇」を言い換えたものであり，事項索引には，「〇〇〇……」と「△△△……」を掲載した。
- 「〈〇〇〇・△△△・□□□〉……」，「〈〇〇〇，△△△及び□□□〉……」及び「〈〇〇〇又は△△△〉……」は，それぞれ選択して後の「……」に繋げ，それぞれ事項索引に掲載した。具体的には，「〇〇〇……」，「△△△……」及び「□□□……」を事項索引に掲載した。

目　次

■第1章　交通事故における保険制度　　1

第1　自賠責保険　　3

Ⅰ　自動車損害賠償責任　　3
　1　自動車損害賠償制度　　3
　　〔自動車損害賠償責任保険〔自賠責保険〕と自動車損害賠償責任共済〔自賠責共済〕〕　3
　2　自動車損害賠償責任――運行供用者責任　　3
　3　〈自動車損害賠償責任保険〔自賠責保険〕又は自動車損害賠償責任共済〔自賠責共済〕〉の支払　　4

Ⅱ　被保険者〔加害者〕からの自賠責保険金請求　　6
　1　被保険者〔加害者〕からの自賠責保険金の請求　　6
　　〔被害者の債権者代位による自賠責保険金請求〕　6
　2　被保険者〔加害者〕からの自賠責保険金請求権の消滅時効　　6
　　(1)　被保険者〔加害者〕からの自賠責保険金請求権の消滅時効期間　　6
　　(2)　被保険者〔加害者〕からの自賠責保険金請求権の消滅時効の起算点　　6

Ⅲ　自賠責保険金の被害者請求　　8
　1　自賠責保険金の被害者請求　　8
　2　自賠責保険の被害者請求と自賠責保険における支払金額の算出　　8
　　(1)　自賠責保険の保険金支払における被害者の重大な過失による減額　　8
　　〔自賠責保険の保険金支払における被害者の重大な過失による減額〕　9
　　(2)　自賠責保険の保険金支払における因果関係の認定　　9
　　(3)　自賠責保険の保険金支払認定と被害者請求の時期　　10
　3　社会保険者の代位請求権と自賠責保険の被害者請求の関係　　10
　4　自賠責保険の被害者請求における損害賠償支払請求権の差押禁止　　11
　5　自賠責保険の被害者請求における遅延損害金　　12
　6　自賠責保険の被害者請求における損害賠償支払請求権の消滅時効　　12
　　(1)　自賠責保険の被害者請求における損害賠償請求権の消滅時効期間　　12
　　(2)　自賠責保険の被害者請求における損害賠償請求権の消滅時効の起算点

目　　次

　　　　　　　　………………………………………………………………………… 12
Ⅳ　自賠責保険金の支払基準 …………………………………………………… 14
　1　自賠責保険金の支払基準 ………………………………………………… 14
　2　自賠責保険金支払基準の裁判における拘束力 ……………………… 14
Ⅴ　仮渡金制度 …………………………………………………………………… 15
　　〔［自賠責保険における］内払制度〕　15
　1　［自賠責保険における］仮渡金請求 …………………………………… 15
　　〔自賠責保険における仮渡金額〕　16
　2　［自賠責保険における］仮渡金請求権の差押禁止 ………………… 16
Ⅵ　自賠責保険契約の解除等 …………………………………………………… 17
Ⅶ　政府の自動車損害賠償保障事業 …………………………………………… 18
　1　自動車損害賠償保障事業の概要・目的 ………………………………… 18
　2　自動車損害賠償保障事業の対象 ………………………………………… 18
　　(1)　被害者に対する損害のてん補 ……………………………………… 18
　　　ア　加害車両の保有者が不明の場合 ………………………………… 19
　　　イ　無保険車による事故の場合 ……………………………………… 19
　　　　(ｱ)　無保険車による事故の場合 …………………………………… 19
　　　　(ｲ)　構内専用車等の一般道路上での交通事故（人身事故）の場合 …… 19
　　　　(ｳ)　〈自衛隊，在日アメリカ軍，国連軍〉の自動車による事故の場合
　　　　　　………………………………………………………………………… 19
　　　ウ　自動車保有者が運行供用者に該当しない場合 ………………… 19
　　(2)　保険会社等に対する補償 …………………………………………… 20
　　　ア　悪意事故の場合 …………………………………………………… 20
　　　イ　自動車保有者に賠償責任がない場合 …………………………… 20
　3　自動車損害賠償保障事業による保障内容 ……………………………… 20
　　(1)　他の給付等の優先 …………………………………………………… 20
　　(2)　複数の自動車による事故と自動車損害賠償保障事業に対する保険金請求
　　　　………………………………………………………………………………… 21
　　(3)　自動車損害賠償保障事業における過失相殺 …………………… 21
　　(4)　家族間の事故と自動車損害賠償保障事業 ……………………… 22
　　(5)　好意同乗と自動車損害賠償保障事業 …………………………… 22
　　(6)　共同不法行為と自動車損害賠償保障事業 ……………………… 22
　　(7)　自動車損害賠償保障事業による損害てん補額の支払義務の遅滞の時期
　　　　………………………………………………………………………………… 23
　　(8)　自動車損害賠償保障事業に対する請求権の時効消滅 ………… 23

目　次

第2　任意自動車保険 ———————————————— 24

Ⅰ　任意自動車保険 …………………………………………… 24
〔任意保険分類表〕　24
Ⅱ　相手方に対する賠償に関する補償 ……………………… 25
1　賠償責任保険 ……………………………………………… 25
2　対人賠償責任保険 ………………………………………… 25
(1)　対人賠償責任保険 ……………………………………… 25
(2)　対人賠償責任保険の被保険者 ………………………… 25
(3)　対人賠償責任保険における免責事由 ………………… 26
(4)　対人賠償責任保険における請求権者 ………………… 27
(5)　対人賠償責任保険における保険金請求権の消滅時効 … 28
3　対物賠償責任保険 ………………………………………… 28
(1)　対物賠償責任保険 ……………………………………… 28
(2)　対物賠償責任保険の被保険者 ………………………… 28
(3)　対物賠償責任保険における免責事由 ………………… 28
(4)　対物賠償責任保険における請求権者 ………………… 29
(5)　対物賠償責任保険における保険金請求権の消滅時効 … 29
4　〔対人・対物事故の〕被害者の任意保険会社に対する損害賠償請求権
………………………………………………………………… 29
Ⅲ　被害者自身の損害の補償 ………………………………… 31
1　傷害保険及び車両保険 …………………………………… 31
2　人身傷害補償保険 ………………………………………… 31
(1)　人身傷害補償保険 ……………………………………… 31
(2)　人身傷害補償保険における被保険者 ………………… 31
(3)　人身傷害補償保険における免責事由 ………………… 32
(4)　人身傷害補償保険における代位 ……………………… 33
3　自損事故保険 ……………………………………………… 33
(1)　自損事故保険 …………………………………………… 33
(2)　自損事故保険における被保険者 ……………………… 33
(3)　自損事故保険における免責事由 ……………………… 33
(4)　自損事故保険と代位 …………………………………… 34
4　無保険車傷害保険 ………………………………………… 34
(1)　無保険車傷害保険 ……………………………………… 34
(2)　無保険車傷害保険における被保険者 ………………… 35
(3)　無保険車傷害保険における免責事由 ………………… 35

(4)　無保険車傷害保険における代位 ………………………………… 36
　5　搭乗者傷害保険 …………………………………………………………… 36
　(1)　搭乗者傷害保険 ………………………………………………………… 36
　(2)　搭乗者傷害保険における被保険者 …………………………………… 36
　(3)　搭乗者傷害保険における免責事由 …………………………………… 36
　(4)　搭乗者傷害保険と代位 ………………………………………………… 37
　6　車両保険 …………………………………………………………………… 37
　(1)　車両保険 ………………………………………………………………… 37
　(2)　車両保険における免責事由 …………………………………………… 37
　(3)　車両保険における代位 ………………………………………………… 37
　　ア　車両保険における代位 ……………………………………………… 37
　　イ　車両保険と損害賠償請求権との関係──車両保険金支払における被保険者の過失と代位の範囲 ………………………………………………… 38
Ⅳ　〔任意保険における〕保険金の請求 …………………………………… 39
　1　〔任意保険における〕保険金請求権の発生時期 ……………………… 39
　2　〔任意保険における〕保険金請求権の消滅時効 ……………………… 40
　3　〔任意保険における〕被害者請求 ……………………………………… 40
　(1)　被害者請求制度 ………………………………………………………… 40
　(2)　被害者請求の法的性質 ………………………………………………… 40
　(3)　被害者直接請求権者 …………………………………………………… 41
　(4)　被害者直接請求の損害賠償額及びその意義 ………………………… 41
　(5)　被害者直接請求権者への損害賠償支払要件 ………………………… 41
　(6)　被害者直接請求権の行使制限 ………………………………………… 42

■第2章　交通事故における損害及び損害賠償請求権　43

第1　交通事故における損害　——————————　45

Ⅰ　損害の分類 ………………………………………………………………… 45
　〔交通事故における損害〕　45
Ⅱ　物件損害〔物的損害，物損〕 …………………………………………… 46
　1　修理費等 …………………………………………………………………… 46
　(1)　修理費相当額の請求 …………………………………………………… 46
　　〔分損〕　46
　(2)　物理的全損における損害 ……………………………………………… 46
　　ア　物理的全損における損害額 ………………………………………… 46

目　次

　　イ　車両時価額の認定 ･･･ 47
　(3)　経済的全損における損害 ･･ 47
　　ア　経済的全損における損害額 ･･････････････････････････････････････ 47
　　イ　車両時価額の認定 ･･･ 47
　　ウ　経済的全損判断のために修理費と比較すべき損害額 ･････････････････ 47
　　エ　経済的全損の主張立証責任 ･･････････････････････････････････････ 48
　(4)　車両購入諸費用等 ･･ 48
　　ア　買替えのための車両購入諸費用等の損害性 ････････････････････････ 48
　　イ　新たな取得車両の買替諸費用の損害性 ････････････････････････････ 48
　　ウ　事故車両分の諸費用の損害性 ････････････････････････････････････ 49
　　　〔事故車両の〈未経過分自動車重量税，未経過分自動車税及び未経過分軽自動車税〉の買替諸費用としての損害性〕　50
　　エ　事故車両の物理的・経済的全損によって損害となる買替諸費用等のまとめ ･･ 52
　　　〔〔事故車両の〕〈物理的・経済的〉全損によって損害となる買替諸費用等〕　52
2　評価損〔格落損〕･･ 52
　(1)　評価損〔格落損〕の定義 ･･ 52
　(2)　評価損〔格落損〕の認定 ･･ 53
3　代車代〔代車使用料〕･･ 53
　(1)　代車代〔代車使用料〕が認められる場合 ･･････････････････････････ 53
　(2)　代車料〔代車使用料〕を認める期間 ･･････････････････････････････ 54
　(3)　代車料〔代車使用料〕の金額 ････････････････････････････････････ 55
4　休車損〔休車損害〕･･ 55
　(1)　休車損〔休車損害〕が認められる場合 ････････････････････････････ 55
　(2)　休車損〔休車損害〕の算出 ･･････････････････････････････････････ 55
　　　〔休車損害算定式〕　56
　(3)　予備車両〔遊休車〕がある場合の休車損〔休車損害〕 ･･････････････ 57
5　その他の物的損害 ･･ 57
　(1)　レッカー代，事故車の保管料，修理見積費用，廃車料等 ････････････ 57
　(2)　ペットの治療費等 ･･ 58
　(3)　損害賠償請求関係費用（事故証明取得費用等） ････････････････････ 59
6　財産的利益に関する慰謝料 ･･ 59
　(1)　物損に関する慰謝料 ･･ 59
　　　〔物損に対する慰謝料が認められる場合〕　60
　　　㋐家屋への自動車の飛込み事故　60

　　　　㋑　自動車による墓石の損傷事故　60
　　　　㋒　自動車事故でペットが死亡したり，死亡にも匹敵する重い傷害を負った場合　60
　　⑵　ペットに関する慰謝料 …………………………………………………… 60
Ⅲ　人身損害〔人的損害，人損〕……………………………………………… 61
　1　積極的財産損害 ……………………………………………………………… 61
　　⑴　治療関係費 ………………………………………………………………… 61
　　　ア　治療関係費 …………………………………………………………… 61
　　　イ　むち打ち症の治療期間 ……………………………………………… 61
　　　ウ　症状固定後の治療費 ………………………………………………… 62
　　　エ　〈整骨院・鍼灸院〉等での施術費用 ………………………………… 62
　　　オ　付添費用 ……………………………………………………………… 62
　　　　㋐　入院付添費 ………………………………………………………… 62
　　　　㋑　通院付添費 ………………………………………………………… 63
　　　　㋒　将来付添費〔将来介護費〕……………………………………… 63
　　　　　〔将来付添費の計算式〕　63
　　　カ　入院雑費 ……………………………………………………………… 63
　　　キ　交通費 ………………………………………………………………… 64
　　　　㋐　被害者本人の通院等交通費 …………………………………… 64
　　　　㋑　付添人交通費 …………………………………………………… 64
　2　消極的財産損害 ……………………………………………………………… 64
　　⑴　休業損害と逸失利益 ……………………………………………………… 64
　　⑵　休業損害 …………………………………………………………………… 64
　　　ア　休業損害の計算 ……………………………………………………… 64
　　　　〔休業損害の計算式〕　65
　　　イ　給与所得者の休業損害 ……………………………………………… 65
　　　ウ　家事従事者の休業損害 ……………………………………………… 65
　　⑶　逸失利益 …………………………………………………………………… 65
　　　ア　逸失利益 ……………………………………………………………… 65
　　　イ　後遺障害逸失利益 …………………………………………………… 65
　　　　㋐　後遺障害とは …………………………………………………… 65
　　　　㋑　後遺障害逸失利益とは ………………………………………… 66
　　　　㋒　後遺障害逸失利益の算定 ……………………………………… 66
　　　　　a　後遺障害逸失利益の算定式……………………………………… 66
　　　　　b　労働能力喪失率（労働能力低下の程度）…………………………… 66
　　　　　c　労働能力喪失期間の始期 ……………………………………… 66

目　次

　　　　d　労働能力算出期間の終期 …………………………………… 67
　　　　　(a)　労働能力算出期間の終期…………………………………… 67
　　　　　(b)　むち打ち症の後遺障害における労働能力算出期間の終期 …… 67
　　　　e　労働能力喪失期間の中間利息の控除 ……………………… 67
　　　　f　後遺障害逸失利益における生活費控除 …………………… 67
　　ウ　死亡逸失利益 ………………………………………………………… 67
　　　(ア)　死亡逸失利益の算定式 ……………………………………………… 67
　　　　a　死亡逸失利益の算定式 ……………………………………… 68
　　　　b　18歳未満の未就労者の場合の就労可能年数における中間利息控除
　　　　　係数 ……………………………………………………………… 68
　　　(イ)　基礎収入の算定 ……………………………………………………… 68
　　　　a　逸失利益算定の基礎となる収入 …………………………… 68
　　　　b　賃金センサスを用いる場合の統計年度 …………………… 68
　　　　c　家事従事者の死亡逸失利益の基礎収入の算定 …………… 68
　　　　d　学生・生徒・幼児の死亡逸失利益の基礎収入の算定 …… 69
　　　　e　失業者の死亡逸失利益の基礎収入の算定 ………………… 69
　　　(ウ)　年金受給者の年金の逸失利益性 …………………………………… 69
　　　(エ)　死亡逸失利益における生活費の控除 ……………………………… 70
　　エ　外国人の逸失利益 …………………………………………………… 70
　3　精神的損害〔慰謝料〕 ………………………………………………………… 71
　　(1)　死亡慰謝料 …………………………………………………………………… 71
　　　ア　死亡慰謝料 …………………………………………………………… 71
　　　イ　死亡慰謝料の額 ……………………………………………………… 71
　　　ウ　近親者固有の慰謝料 ………………………………………………… 71
　　(2)　傷害慰謝料 …………………………………………………………………… 71
　　　ア　傷害慰謝料の算出 …………………………………………………… 71
　　　イ　通院が長期かつ不規則である場合の傷害慰謝料 ………………… 72
　　　ウ　むち打ち症で他覚症状がない場合の傷害慰謝料 ………………… 72
　　(3)　後遺障害〔後遺症〕慰謝料 ………………………………………………… 72
　　　ア　被害者本人の後遺障害〔後遺症〕慰謝料 ………………………… 72
　　　　〔被害者本人の後遺障害〔後遺症〕慰謝料額〕　72
　　　イ　近親者の後遺障害〔後遺症〕慰謝料 ……………………………… 72
Ⅳ　弁護士費用 ……………………………………………………………………… 74
　1　弁護士費用の損害性 …………………………………………………………… 74
　2　弁護士費用の算出 ……………………………………………………………… 74
　3　弁護士費用特約付損害保険加入者における弁護士費用の損害性 ……… 75

目　次

- V　不法行為の損害賠償債務の遅延損害金 …………………………………… 76
- VI　損益相殺 ………………………………………………………………………… 77
  - 1　損益相殺 ……………………………………………………………………… 77
  - 2　損益相殺による控除の対象 ………………………………………………… 77
    - (1)　損益相殺による控除の対象となるもの ……………………………… 77
      - ア　加害者による損害金の弁済 ………………………………………… 77
      - イ　自賠責保険金 ………………………………………………………… 77
      - ウ　任意保険金 …………………………………………………………… 78
        - (ア)　加害者締結任意保険契約に基づく任意保険会社支払の保険金（対人賠償保険金，対物賠償保険金） ………………………………………… 78
        - (イ)　被害者締結任意保険契約に基づく任意保険会社支払保険金（人身傷害補償保険金，無保険車傷害返金，車両保険金（保険25条）） ……… 78
      - エ　労災保険金 …………………………………………………………… 78
      - オ　国民年金（遺族基礎年金，障害基礎年金（国年金22条)），厚生年金（遺族厚生年金，障害厚生年金（厚年金40条)） ………………………… 79
      - カ　健康保険による給付 ………………………………………………… 79
      - キ　その他 ………………………………………………………………… 80
    - (2)　損益相殺による控除の対象とならないもの ………………………… 80
      - ア　加害者が支払った見舞金，香典 …………………………………… 80
      - イ　労災保険金のうちの特別支給金等 ………………………………… 81
      - ウ　任意保険における搭乗者傷害保険金，自損事故保険金 ………… 81
      - エ　生命保険金，生命保険金に付加された傷害給付金・入院給付金 …… 81
      - オ　その他 ………………………………………………………………… 81
  - 3　損益相殺による損害額の算定 ……………………………………………… 82
    - (1)　損益相殺控除の対象（損害金の遅延損害金と元本への充当） ………… 82
      - ア　加害者による弁済 …………………………………………………… 82
      - イ　自賠責保険金 ………………………………………………………… 82
      - ウ　任意保険金 …………………………………………………………… 83
      - エ　労災保険金，国民年金，厚生年金 ………………………………… 83
    - (2)　損益相殺控除と過失相殺の先後 ……………………………………… 83
      - 〔国民年金・厚生年金の支払による損害の損益相殺控除と過失相殺の先後〕 84
- VII　不法行為の損害額の計算 ……………………………………………………… 85
  - 〔不法行為による損害額の計算式〕　85

第2 交通事故における損害賠償請求権 ─────── 86

- I 交通事故における損害賠償請求権〔[交通事故における]損害賠償請求権の個数〕………………………………………………… 86
  - 1 [交通事故における]人的損害の損害賠償請求権の個数………… 86
  - 2 [交通事故における]物的損害の損害賠償請求権の個数………… 86
- II 交通事故における損害賠償請求の当事者…………………………… 87
  - 1 修理費相当額の損害賠償請求権者………………………………… 87
    - (1) 所有者による修理費相当額の損害賠償請求の原則 ………… 87
    - (2) 使用者による修理費相当額の損害賠償請求 ………………… 87
      - ア 使用者による修理費相当額の損害賠償請求 ……………… 87
      - イ 使用者が修理をして修理費を支払った後の損害賠償請求 ……… 87
      - ウ 使用者が修理をせず修理費を支払っていない場合の損害賠償請求 … 88
        - (ア) 使用者が修理をせず修理費を支払っていない場合の損害賠償請求 ………………………………………………… 88
        - (イ) 所有権留保特約付売買の買主の修理費相当額の損害賠償請求 …… 88
        - (ウ) リース契約のユーザーの修理費相当額の損害賠償請求 ……… 89
        - (エ) 使用者が所有者から修理費相当額の損害賠償請求権を譲り受けた場合 ………………………………………………………………… 89
      - エ 事故車両が全損の場合 ……………………………………… 89
  - 2 代車料の損害賠償請求権者………………………………………… 91
  - 3 評価損の損害賠償請求権者………………………………………… 91

■第3章 交通事故における損害賠償請求の訴訟手続　93

第1 交通事故による損害賠償請求事件の管轄 ─────── 95

- I 事物管轄──第一審裁判所…………………………………………… 95
  - 1 通常訴訟の事物管轄──通常訴訟の第一審裁判所………………… 95
  - 2 少額訴訟の事物管轄………………………………………………… 95
- II 土地管轄………………………………………………………………… 96
  - 1 被告の普通裁判籍所在地を管轄する裁判所……………………… 96
  - 2 義務履行地を管轄する裁判所……………………………………… 96
  - 3 不法行為地を管轄する裁判所……………………………………… 96
  - 4 業務に関する訴えの事務所・営業所を管轄する裁判所への訴え提起 ………………………………………………………………… 97

目　次

第2　不法行為に基づく損害賠償請求事件における当事者の主張立証 ── 98

I　不法行為に基づく損害賠償請求 ………… 98

1　一般不法行為に基づく損害賠償請求の請求原因（民709条）……… 98
(1)　一般不法行為に基づく損害賠償請求の請求原因 ………………… 98
(2)　過失について ………………………………………………………… 98
　　ア　過失とは ……………………………………………………… 98
　　イ　過失の主張立証責任 ………………………………………… 99
　　ウ　交通事故における過失の主張立証 ………………………… 99
　　エ　信頼の原則 …………………………………………………… 99
(3)　損害額の主張立証責任 ……………………………………………… 100

2　一般不法行為に基づく損害賠償請求における抗弁等 ……………… 100
(1)　違法性阻却事由の抗弁 ……………………………………………… 100
(2)　責任阻却事由の抗弁等 ……………………………………………… 100
　　ア　責任能力欠如の抗弁（民712条）…………………………… 100
　　イ　精神障害の抗弁等（民713条）……………………………… 101
　　　(ｱ)　精神障害の抗弁（民713条本文）……………………… 101
　　　(ｲ)　故意過失によって一時的心神喪失に陥ったことの再抗弁（民713条但書）……………………………………………… 101
(3)　過失の評価障害事実の抗弁 ………………………………………… 101
(4)　被害者の過失相殺の抗弁（民722条2項）………………………… 101
　　ア　被害者の過失相殺の抗弁 …………………………………… 101
　　　〔被告側の過失相殺の理由の判決への記載〕　102
　　イ　被害者の過失の意義 ………………………………………… 102
　　　(ｱ)　過失相殺における過失 ………………………………… 102
　　　(ｲ)　過失相殺能力 …………………………………………… 102
　　　(ｳ)　過失相殺の方法 ………………………………………… 103
　　　〔過失相殺における相対説及び絶対説による過失割合の計算例〕　103
　　ウ　被害者側の過失 ……………………………………………… 103
　　　(ｱ)　被害者側の過失 ………………………………………… 103
　　　(ｲ)　[被害者と] 身分上・生活関係上一体をなす関係にある者の被害者側の過失としての相殺 …………………………… 103
　　　(ｳ)　[被害者使用者と] 被用者の関係にある運転者の過失の被害者側の過失としての相殺 ……………………………… 104
　　　(ｴ)　被害者側の過失の主張立証 …………………………… 105

エ　［後遺障害における］被害者の身体的素因・心因的素因 …………105
　　　　㋐〔被害者の身体的素因と損害賠償額の算定〕　106
　　　　㋑〔被害者の心因的要因と損害賠償額の算定〕　106
　　　　㋒〔被害者の身体的特徴と損害賠償額の算定〕　107
　　　オ　［運転者の］好意同乗者に対する賠償責任の制限 ………………107
　　　カ　一部請求と過失相殺 ……………………………………………108
　　　〔一部請求における過失相殺計算例〕　108
　(5)　消滅時効・除斥期間の抗弁（民724条）等 …………………………109
　　　ア　消滅時効の抗弁（民724条前段）……………………………………109
　　　　㋐　消滅時効の抗弁の要件事実……………………………………109
　　　　㋑　消滅時効の起算日 ………………………………………………110
　　　イ　時効中断の再抗弁 ……………………………………………110
　　　　㋐　一部請求と〈時効中断・既判力〉………………………………110
　　　　㋑　示談交渉と時効中断 ……………………………………………111
　　　ウ　除斥期間の抗弁（民724条後段）……………………………………111
Ⅱ　責任無能力者の監督者責任に基づく損害賠償請求 ………………113
　1　民法714条に基づく責任無能力者の監督者責任に基づく損害賠償請求
　　　………………………………………………………………………………113
　(1)　［民法714条に基づく］責任無能力者の監督者責任に基づく損害賠償請求
　　　の請求原因 ……………………………………………………………113
　(2)　［民法714条に基づく］責任無能力者の監督者責任に基づく損害賠償請求
　　　における抗弁 …………………………………………………………114
　　　ア　責任無能力者の行為に正当防衛等の違法性阻却事由があること ……114
　　　イ　［被告］監督者が監督義務を怠らなかったこと（民714条1項但書前段）
　　　　………………………………………………………………………………114
　　　ウ　監督義務違反と損害の発生との因果関係の不存在（民714条1項但書後
　　　　段）……………………………………………………………………115
　2　民法709条に基づく責任無能力者の監督者に対する損害賠償請求
　　　………………………………………………………………………………115
　　　㋐〔監督者の民法709条の責任を否定した事例〕　116
　　　㋑〔監督者の民法709条の責任を肯定した事例〕　117
Ⅲ　使用者等の責任に基づく損害賠償請求 ……………………………119
　1　被用者が第三者に加えた損害についての使用者の損害賠償責任 …119
　　　〔代表者の第三者に加えた損害についての株式会社の損害賠償責任〕　119
　2　使用者等の責任に基づく損害賠償請求の請求原因 ………………119
　(1)　使用者等の責任に基づく損害賠償請求の請求原因 ………………119

目　次

　　　⑦〔被害者たる被用者の民法715条の第三者性，民法715条の損害賠償義務
　　　　を負担する使用者による相殺〕　120
　　　④〔使用者法人代表者の民法715条2項の代理監督者該当性〕　120
　(2)　実質的な指揮監督関係 ……………………………………………………120
　(3)　職務執行関連性——外形理論，外形標準説 ……………………………121
　　　⑦〔禁止された自動車の使用による事故と職務関連性〕　121
　　　　①〔禁止された会社所有の自動車の私用での使用による事故と職務関連
　　　　　性〕　121
　　　　②〔無届の自家用車の出張への使用による事故と職務関連性〕　121
　　　④〔暴力行為と職務関連性〕　122
　　　　①〔工事従事中の傷害と職務関連性〕　122
　　　　②〔出前中の傷害と職務関連性〕　122
3　使用者等の責任に基づく損害賠償請求における抗弁 …………………………122
　(1)　被用者の損害賠償債務の発生障害・消滅事由の抗弁 …………………122
　(2)　選任監督上注意義務の履行として相当と判断される行為履行の抗弁（民
　　　715条1項但書前段） ………………………………………………………122
　(3)　選任監督義務違反と損害との間の因果関係の不存在の抗弁（民715条1項
　　　但書後段） …………………………………………………………………123
　(4)　不法行為前の指揮監督関係消滅の抗弁 …………………………………123
　(5)　加害行為が職務権限内において適法に行われたものでないことの原告の
　　　悪意・重過失の抗弁 ………………………………………………………123
　(6)　消滅時効等の抗弁（民724条） ……………………………………………124
4　使用者の損害賠償債務と被用者の損害賠償債務の関係 ………………………124
　(1)　被用者の損害賠償債務と使用者の損害賠償債務の不真正連帯債務 ……124
　(2)　使用者から被用者への求償等 ……………………………………………125
　　　〔使用者の被用者に対する求償・賠償の制限〕　126
　(3)　被用者から使用者への求償 ………………………………………………126
Ⅳ　共同不法行為に基づく損害賠償請求 ………………………………………………127
1　民法719条1項の共同不法行為における連帯責任の意義 ……………………127
　　〔共同不法行為者の一人との訴訟上の和解での債務免除と他の共同不法行為者
　　に対する効力〕　127
2　民法719条1項前段の共同不法行為に基づく損害賠償請求の請求原因
　　………………………………………………………………………………………128
3　民法719条1項後段の共同不法行為に基づく損害賠償請求の請求原因
　　………………………………………………………………………………………129
　(1)　民法719条1項後段の共同不法行為とは …………………………………129

　　　　　　　　　　　　　目　　次

　　(2)　民法719条1項後段の共同不法行為に基づく損害賠償請求の請求原因
　　　　…………………………………………………………………………………129
　　　〔加害者不明型〕　130
　　　〔損害一体型〕　130
　　(3)　民法719条1項前段の共同不法行為と同項後段の共同不法行為の区別
　　　　…………………………………………………………………………………130
　4　共同不法行為に基づく損害賠償請求における抗弁等 …………………131
　　(1)　民法719条1項前段の共同不法行為に基づく損害賠償請求における抗弁に
　　　ついて ……………………………………………………………………………131
　　(2)　民法719条1項後段の共同不法行為に基づく損害賠償請求における抗弁
　　　　…………………………………………………………………………………131
　　(3)　共同不法行為に基づく損害賠償請求における被害者側の過失相殺の抗弁
　　　ア　共同不法行為における過失相殺の問題の所在 ………………………131
　　　イ　共同不法行為における過失相殺の方法 ………………………………132
　　　ウ　絶対的過失相殺と相対的過失相殺の振り分け ………………………132
　　　〔〈絶対的過失相殺及び相対的過失相殺〉の方法による共同不法行為者間
　　　　の損害賠償額の算出〕　134
　　(4)　賠償すべき損害額が異なるときの共同不法行為者の損害の一部支払 …134
　5　共同不法行為者間の求償 …………………………………………………134
　　(1)　[共同不法行為者の自己の負担部分を超えて弁済した場合の] 他の共同不
　　　法行為者への求償 ……………………………………………………………134
　　　〔共同不法行為者の他の共同不法行為者への求償の例〕　135
　　(2)　共同不法行為者間の求償と自賠責保険 …………………………………136
　　(3)　一部の共同不法行為者と被害者との間の和解の効力 …………………136
　　(4)　他の共同不法行為者への求償請求の遅延損害金 ………………………137
　　(5)　他の共同不法行為者への求償請求権の消滅時効期間 …………………137
　6　共同不法行為者の使用者への求償 ………………………………………138
Ⅴ　**運行供用者責任に基づく損害賠償請求**……………………………………139
　1　運行供用者 …………………………………………………………………139
　　(1)　運行供用者の意義 …………………………………………………………139
　　(2)　運行供用者該当性 …………………………………………………………139
　　　ア　[自動車の]〈所有者及び借用者〉の運行供用者該当性 ……………139
　　　〔使用貸借の貸主の運行供用者性〕　140
　　　イ　使用者（雇主）の運行供用者該当性 …………………………………140
　　　　㈠　被用者の無断運転の場合の運行供用者該当性 ……………………140

　　　　　　　　　　　　　　xxiii

目　次

　　　　　(イ)　被用者のマイカーによる事故における運行供用者該当性…………141
　　　　ウ　注文主・元請人の運行供用者該当性………………………………………141
　　　　エ　親族による無断運転の場合の運行供用者該当性…………………………142
　　　　オ　泥棒運転の場合の運行供用者該当性………………………………………143
　　　　カ　所有権留保権者の運行供用者該当性………………………………………143
　　　　キ　レンタカーの場合の運行供用者該当性……………………………………144
　　　　ク　リース業者の運行供用者該当性……………………………………………144
　　(3)　［被害者の］他人性……………………………………………………………144
　　　　ア　他人性の意義──「運行供用者」，「運転手」及び「運転補助者」以外
　　　　　　の者……………………………………………………………………………144
　　　　イ　同乗者の他人性………………………………………………………………145
　　　　ウ　同乗者親族の他人性…………………………………………………………145
　　　　　〔任意保険の対人賠償責任保険における配偶者等被害者の免責と自賠責保
　　　　　険における親族の他人性〕　145
　　　　エ　運転者の資格と他人性………………………………………………………146
　　　　オ　共同運行供用者の他人性……………………………………………………146
　　　　　〔運転代行業者の保有者性，〔運転代行業者への運転依頼による同乗中の
　　　　　事故による負傷した場合の〕自動車使用権者の運転代行業者に対する他
　　　　　人性〕　147
　2　運行供用者責任に基づく損害賠償請求の請求原因　………………………………149
　3　運行供用者責任に基づく損害賠償請求における抗弁等　…………………………149
　　(1)　運行供用者の地位の発生障害・喪失事由……………………………………149
　　(2)　他人性の欠如……………………………………………………………………150
　　　　ア　他人性欠如の抗弁・再抗弁…………………………………………………150
　　　　イ　他人性該当性──運行供用者・運転者を除いた者………………………150
　　(3)　自動車損害賠償保障法3条但書による免責……………………………………150
　　(4)　一般不法行為に基づく損害賠償請求における抗弁…………………………151
Ⅵ　保険会社に対する被害者請求訴訟……………………………………………………152
　1　自賠責保険会社に対する被害者請求　………………………………………………152
　　(1)　自賠責保険会社に対する被害者請求…………………………………………152
　　(2)　自賠責保険会社に対する被害者請求と弁護士費用…………………………152
　　(3)　自賠責保険の被害者請求における遅延損害金………………………………153
　　(4)　自賠責保険の被害者請求における損害賠償額の算定………………………153
　　　〔自賠責保険支払基準の裁判における拘束力〕　154
　2　［被害者の］任意保険の直接請求　…………………………………………………154
　　(1)　［被害者の］任意保険の直接請求権…………………………………………154

目　　次

　　(2)　［被害者の］任意保険の直接請求の訴訟物，請求の趣旨・認容判決主文
　　　　 ……………………………………………………………………………154
　　　　〔任意保険会社に対する被害者の直接請求の請求の趣旨・認容判決主文〕
　　　　　155
　　(3)　［被害者の］任意保険の直接請求の請求原因……………………………155
　　(4)　［被害者の］任意保険の直接請求における抗弁…………………………156
Ⅶ　保険代位による不法行為に基づく損害賠償請求訴訟 ……………157
　1　保険代位による不法行為に基づく損害賠償請求権の行使 ………157
　　(1)　保険代位による不法行為に基づく損害賠償請求権の取得 ……………157
　　(2)　人身傷害補償保険における不法行為に基づく損害賠償請求権の代位 …157
　　　ア　人身傷害補償保険における代位………………………………………157
　　　イ　人身傷害補償保険と損害賠償請求権との関係――人身傷害補償保険金
　　　　 支払における被害者側の過失と代位の範囲 …………………………157
　　　〔人身傷害補償保険金（人傷保険金）の支払と保険会社の保険代位との関
　　　　係における各説の考え方〕　158
　　　　①〔人身傷害補償保険の保険代位の範囲の計算を損害項目ごとに行うか
　　　　　 損害総額で行うか〕　160
　　　　②〔人身傷害補償保険の保険代位における損害金元本に対する遅延損害
　　　　　 金の支払請求権の代位取得の有無〕　160
　　　　③〔人身傷害補償保険の保険代位において人身傷害補償保険金を支払っ
　　　　　 た保険会社が代位取得した損害賠償請求権の消滅時効の起算点〕　160
　　　〔無保険車傷害保険と損害賠償請求権との関係――無保険車傷害保険金支
　　　　払における被害者側の過失と代位の範囲〕　161
　　(3)　車両保険における不法行為に基づく損害賠償請求権の代位……………161
　　　ア　車両保険における代位 ………………………………………………161
　　　イ　車両保険と損害賠償請求権との関係…………………………………161
　　　　(ア)　車両保険金支払における被保険者の過失と代位の範囲……………161
　　　　(イ)　車両保険に免責特約が付されている場合の車両保険金支払による代
　　　　　　 位の範囲 ……………………………………………………………162
　　　　(ウ)　車両保険に代車損害の特約が付されていない場合の車両保険金支払
　　　　　　 による代位の範囲 …………………………………………………162
　　(4)　保険代位による求償金請求と弁護士費用 ………………………………163
　　(5)　保険代位における不法行為に基づく損害賠償請求権の遅延損害金 ……164
　2　保険代位による不法行為に基づく損害賠償請求の請求原因 ………164
　3　保険代位による不法行為に基づく損害賠償請求における抗弁等 …165
　　(1)　保険代位による不法行為に基づく損害賠償請求権に関する抗弁等……165

xxv

目　　次

　　(2)　保険代位による不法行為に基づく損害賠償請求権の消滅時効の抗弁 …165
第3　不法行為に基づく損害賠償請求訴訟における審理 ── 166
Ⅰ　審理の進め方 …………………………………………………………166
　1　訴状の記載〔請求原因の記載〕，訴状等の提出 ………………166
　2　訴訟代理人 ……………………………………………………………166
　3　証拠の収集 ……………………………………………………………167
　　(1)　証拠の提出 …………………………………………………………167
　　(2)　物損事故における基本的証拠の提出 …………………………168
　　〔物損交通事故訴訟における基本書証〕　168
　　〔交通損害賠償事件の進行について（原告用）〕　170
　　〔交通損害賠償事件の進行について（被告用）〕　172
　　〔事務連絡（証拠書類について）〕　173
　　(3)　人損事故における基本的証拠 …………………………………174
　　(4)　被告側の請求 ………………………………………………………175
　　(5)　和解勧告 ……………………………………………………………175
　　〔書面による和解案〕　176
　　(6)　人証調べの有無 ……………………………………………………177
　　　ア　事実関係についての争いの有無 ………………………………177
　　　イ　事実に争いがあるがその事実が当事者の過失又は過失割合の判断に影響しない場合 ……………………………………………177
　　　ウ　当事者の過失又は過失割合の判断に影響を及ぼす事実に争いがある場合 ………………………………………………………………177
　4　司法委員の活用 ………………………………………………………178
　　(1)　司法委員制度 ………………………………………………………178
　　(2)　司法委員の活用 ……………………………………………………178
　　(3)　交通損害賠償訴訟事件での司法委員の活用 …………………178
　　(4)　司法委員の指定 ……………………………………………………179
　　(5)　司法委員との評議 …………………………………………………179
Ⅱ　争点整理 ………………………………………………………………180
　1　交通事故による損害賠償請求における争点 ……………………180
　2　責任に関する争点〔当事者の過失及び過失割合〕……………180
　　(1)　当事者の過失及び過失割合についての争点整理 ……………180
　　(2)　当事者の過失についての具体的争点整理 ……………………180
　　(3)　過失割合の判断 ……………………………………………………182
　3　損害に関する争点 ……………………………………………………182

目　次

 Ⅲ　事実認定 ……………………………………………………………184
  1　事故態様の認定 …………………………………………………184
  2　当事者等の供述による事故態様の認定 ………………………184
   ⑴　当事者等の供述の信用性の動かしがたい事実との整合性による判断…184
   ⑵　事故現場の道路状況及び車の損傷状況との整合性による供述の信用性の判断 …………………………………………………………………184
  〔車の損傷状況からの事故態様等の推認〕　185
   ⑶　事故現場の道路状況及び車の損傷状況以外の動かしがたい事実との整合性による供述の信用性の判断 ……………………………………186
   ⑷　動かしがたい事実との整合性による供述の信用性の判断ができない場合 ……………………………………………………………………186
  3　当事者が主張した事実と異なる事実の認定 …………………187

第4　不法行為に基づく損害賠償請求訴訟の終了 ── 188

 Ⅰ　和　　解 …………………………………………………………188
  1　不法行為により生じた債権を受働債権とする相殺の禁止（民509条）
   ──相殺契約 ……………………………………………………188
  2　〔交通損害賠償請求事件の〕和解における弁護士費用・遅延損害金の取扱い ………………………………………………………………189
  3　交通事故に基づく損害賠償請求事件における基本和解条項 ………190
  〔交通事故における損害賠償請求事件における一括支払の基本和解条項①〕　190
  〔交通事故における損害賠償請求事件における一括支払の基本和解条項②〕　191
  〔交通事故における損害賠償請求事件における分割払の基本和解条項①〕　191
  〔交通事故における損害賠償請求事件における分割払の基本和解条項②〕　192
  4　双方の交通事故による損害賠償債権の当事者が異なる場合の差額支払和解条項 ……………………………………………………………193
  〔双方の交通事故による損害賠償債権の当事者が異なる場合の差額支払和解条項〕　193
  5　双方の交通事故による損害相殺後の基本和解条項 …………194
  〔双方の交通事故による損害相殺後の基本和解条項〕　195
   （一括払の基本和解条項）　195
   （分割払の基本和解条項）　195
  6　交通事故による人損の損害請求における和解 ………………196
   ⑴　被害者の自賠責保険の直接請求の和解条項 ………………196

目　次

　　　〔被害者の自賠責保険の直接請求の和解条項〕　196
　⑵　後遺症損害の除外の和解条項 …………………………………………196
　　　〔後遺症損害の除外の和解条項〕　197
Ⅱ　判　　　決 …………………………………………………………………198
　1　民事訴訟法280条による簡易裁判所判決書の記載事項 ……………198
　2　簡易裁判所判決書の記載事項 …………………………………………199
　⑴　簡易裁判所判決書の基本的記載様式 …………………………………199
　⑵　請求の記載 ………………………………………………………………199
　⑶　略語の記載 ………………………………………………………………200
　　　〔簡略な略語の記載例〕　200
　　　〔ある言葉がその略語になることが明確にわかるようなものでなく，略語の表示を当事者の表示からするような場合の略語の記載例〕　200
　⑷　「事案の概要」欄の冒頭 …………………………………………………201
　　　〔事案の概要欄冒頭の請求（訴訟物）を特定する事項の記載例〕　202
　⑸　前提事実等 ………………………………………………………………202
　　ア　交通事故が発生した日時 ……………………………………………202
　　イ　交通事故が発生した場所 ……………………………………………202
　　ウ　事故車の表示 …………………………………………………………202
　　エ　事故態様 ………………………………………………………………202
　　オ　その他 …………………………………………………………………203
　　　㈦　車の損傷状況 ………………………………………………………203
　　　㈑　被告の過失 …………………………………………………………203
　　　㈭　損　　害 ……………………………………………………………203
　⑹　争　　点 …………………………………………………………………203
　⑺　争点に対する判断又は当裁判所の判断 ………………………………204
　　ア　争点に対する判断等の記載内容 ……………………………………204
　　イ　認定事実としての事故態様の記載 …………………………………204
　　ウ　反対証拠の排斥理由の記載 …………………………………………205
　　エ　認定した過失の記載 …………………………………………………205
　　オ　過失割合の記載 ………………………………………………………205
　　カ　結論の記載 ……………………………………………………………206
　　　〔全部認容の場合の結論の記載〕　206
　　　〔一部認容の場合の結論の記載〕　206
　　　　①（通常の場合）　206
　　　　②（本訴・反訴がある場合）　207
　　　　③（原告が複数の場合）（被害者と損害の保険代位による保険会社が原

目　次

　　　　告となった場合）　207
　　　〔請求棄却の場合の結論の記載〕　207
　　(8)　前記基準が当てはまらない事件——事故発生自体が認められない請求棄
　　　　却事例等 ……………………………………………………………………207
　　(9)　判決記載例 ………………………………………………………………207
　　　〔事例1〕「事故態様，原告の過失及び過失割合」及び「原告車評価損」が
　　　　争点となった事例（請求一部認容） ………………………………………208
　　　〔事例2〕「原告車の損害の発生及びその額」及び「原告の精神的損害の発
　　　　生」が争点となった事例（請求一部認容） ………………………………215

事項索引・221
裁判例索引・229
法令索引・237

xxix

第 1 章

交通事故における保険制度

第1　自賠責保険

Ⅰ　自動車損害賠償責任

1　自動車損害賠償制度

　自動車（道路運送車両法2条2項に規定する自動車及び同条3項に規定する原動機付自転車（自賠2条））は、自動車損害賠償責任保険又は自動車損害賠償責任共済の契約が締結されているものでなければ、運行の用に供してはならないとされている（自賠5条・86条の3第1号（刑罰））。この自動車損害賠償制度の対象となるのは、自動車の運行によって人の生命又は身体が害された場合における損害賠償〔人身損害、人損〕を対象とし、物件損害〔物損〕が生じた事故は対象外とされる（自賠1条）。

> ✏️〔自動車損害賠償責任保険〔自賠責保険〕と自動車損害賠償責任共済〔自賠責共済〕〕
> 　自動車損害賠償責任保険〔自賠責保険〕とは、損害保険会社・外国損害保険会社等を、保険者〔保険会社〕とするものであり（自賠6条1項）、自動車損害賠償責任共済〔自賠責共済〕とは、農業協同組合法に基づく農業協同組合又は農業協同組合連合会、消費生活協同組合法に基づく消費生活協同組合又は消費生活協同組合連合会、中小企業等協同組合法に基づく事業協同組合又は協同組合連合会を、共済責任を負う者とするものである（自賠6条2項）。

2　自動車損害賠償責任──運行供用者責任

　自己のために自動車を運行の用に供する者は、その運行によって他人の生命又は身体を害したときは、自己及び運転者が自動車の運行に関し注意を怠

らなかったこと，被害者又は運転者以外の第三者に故意又は過失があったこと並びに自動車に構造上の欠陥又は機能の障害がなかったことを証明したときを除き，これによって生じた損害を賠償する責任を負う（自賠3条）。

ここでいう「自己のために自動車を運行の用に供する者」とは，自動車の使用について支配権を有し，かつ，その使用により享受する利益が自己に帰属するものを意味するとされている（最判昭43・9・24集民92号369頁・判タ228号112頁・判時539号40頁，最判昭44・1・31集民94号155頁・判時553号45頁・交民集2巻1号1頁，最判昭44・9・18民集23巻9号1699頁・判タ240号144頁・判時572号29頁，最判昭46・1・26民集25巻1号126頁・判タ260号214頁・判時621号34頁）。

〈自動車損害賠償責任保険〔自賠責保険〕又は自動車損害賠償責任共済〔自賠責共済〕〉の支払

自賠責保険又は自賠責共済の契約は，自動車の所有者その他自動車を使用する権利を有する者（無償での借用者も含む。）で，自己のために自動車を運行の用に供する者である**保有者**（自賠2条3項）の損害賠償の責任が発生した場合において，これによる保有者の損害及び運転者もその被害者に対して損害賠償の責任を負うべきときのこれによる運転者の損害を保険会社又は協同組合がてん補することを約し，保険契約者又は共済契約者が保険会社又は協同組合に保険料を支払うことを約することによって，その効力を生ずる（自賠11条）。

自動車の正当な権限に基づく使用権を有する者が自己のために自動車を運行の用に供したものと認められるときは，自動車損害賠償保障法3条の規定による保有者の損害賠償責任が発生する場合にあたり，被害者に対して自賠責保険金等が支払われる。無断運転車，泥棒運転者等の事例では，自動車の保有者が運行供用者の地位を喪失し，自賠責保険等の被保険者・保有者ではない運行供用者が，自動車損害賠償保障法3条に基づく損害賠償責任を負うにすぎないので，被害者に対して自賠責保険金は支払われず（森冨ほか「交通関係訴訟の実務」24頁），政府の自動車損害賠償保障事業から損害てん補がされ

第1　自賠責保険

るにとどまることになる（自賠72条1項）（川井ほか「注解交通損害賠償法〔新版〕①」134頁・135頁）。

Ⅱ 被保険者〔加害者〕からの自賠責保険金請求

1 被保険者〔加害者〕からの自賠責保険金の請求

　被保険者（保険事故が発生したときに契約上定められた給付を受ける立場の者。自賠責保険では「車両保有者及び運転者」。）は，被害者にその損害賠償金を支払った場合，その支払った限度においてのみ，自賠責保険会社に対し，保険金の支払を請求することができる（自賠15条）。つまり，事故の被害者に対する損害賠償については，被保険者（車両保有者及び運転者）に先履行義務があり，自賠責保険の保険金は，その後でなければ支払われないことになる。

> 〔被害者の債権者代位による自賠責保険金請求〕
> 　被害者に対する支払が自賠責保険における損害てん補の要件である以上，被害者による債権者代位により請求は認められない（大阪地判昭54・6・29判時948号87頁）。被害者としては，自賠責保険金の被害者請求（後記Ⅲ（8頁）参照）が可能であるから，代位行使を認める実益がない。なお，最判昭56・3・24民集35巻2号271頁・判タ440号83頁・判時998号57頁は，自賠責保険金の加害者請求権（自賠15条）についての被転付適格を認めている。

2 被保険者〔加害者〕からの自賠責保険金請求権の消滅時効

(1) 被保険者〔加害者〕からの自賠責保険金請求権の消滅時効期間

　被保険者（車両保有者及び運転者）〔加害者〕からの保険金請求権についての消滅時効は，3年である（保険95条）＊。

> ＊　保険法の制定（平成22年4月1日施行）により，従前時効期間が2年であったものが3年に延長され，平成22年3月31日までの事故における被保険者からの保険金請求の消滅時効期間は2年となる。

(2) 被保険者〔加害者〕からの自賠責保険金請求権の消滅時効の起

第1　自賠責保険

算点

　被保険者〔加害者〕は被害者に対し実際に損害賠償額を支払った場合にのみ保険会社に自賠責保険金を請求することができるのであるから，被保険者〔加害者〕からの自賠責保険金請求権の消滅時効の起算点は，被害者に損害賠償額を支払った時である（東弁法友「改訂交通事故実務マニュアル」24頁）。

Ⅲ 自賠責保険金の被害者請求

1 自賠責保険金の被害者請求

　被保険者（車両保有者及び運転者）からの自賠責保険金の請求については，被保険者（車両保有者及び運転者）の事故の被害者に対する損害の賠償について先履行義務があり，事故の被害者は，加害者である被保険者（車両保有者及び運転者）との間で損害賠償支払について話合いがまとまって支払を受けない限り，支払を受けられないことになってしまう。そのため，自動車損害賠償保障法3条の自動車損害賠償責任が発生したときには，被害者は，自賠責保険会社に対し，直接保険金額の限度で，損害賠償額の支払をなすべきことを請求することができるとされた（自賠16条）。

　自賠責保険の場合，被害者は，保険契約の当事者ではなく，本来は保険金についての権利はなく，保険会社に対して保険金を請求することはできないことになるが，自賠責保険における被害者救済の目的を実現するために，被害者による保険会社への直接請求を認めたのである。

2 自賠責保険の被害者請求と自賠責保険における支払金額の算出

(1) 自賠責保険の保険金支払における被害者の重大な過失による減額

　自賠責保険においても，被害者に落ち度がある場合には過失相殺減額が行われているが，自賠責保険における過失相殺額は，裁判所の認定する過失相殺のように厳密な運用が行われているのではなく，被害者救済の見地から，被害者の重大な過失に起因する事故に限り減額が行われている。

　被害者の過失割合が7割未満の場合は，自賠責保険においては減額されない。後遺障害又は死亡に係るものについては，被害者の過失割合が7割以上

第1 自賠責保険

8割未満の場合に2割減額，過失割合が8割以上9割未満の場合に3割減額，過失割合が9割以上10割未満の場合に5割減額をするという運用を行っている。この場合の減額の基準となる損害額は，自賠責保険金の最高限度額内の金額であればその金額が基準となり，当該損害額が最高限度額を超えるときはその限度額が基準となる。例えば，被害者の過失割合が7割以上8割未満の場合は2割の減額をされるが，死亡の場合で積算された損害額が4000万円であれば，保険金額は限度額の3000万円となり，その金額から2割減額された2400万円が支払われ，積算損害額が2000万円であれば，2000万円の2割減額された1600万円が支払われることになる（梶村ほか「プラクティス交通事故訴訟」306頁(2)）。傷害に係るものについては，被害者の過失割合が7割以上10割未満の場合に2割減価するという運用を行っている。被害者の傷害による賠償額が20万円以下の場合は，重大な過失による減額を行わず，また，重大な過失による減額を行った結果20万円以下になる場合には，20万円にするとされている（「自動車損害賠償責任保険の保険金等及び自動車損害賠償責任共済の共済金等の支払基準」第6・1，日弁連東京「損害賠償額算定基準上2018」414頁）。

〔自賠責保険の保険金支払における被害者の重大な過失による減額〕

減額適用上の被害者の過失割合	減額割合	
	後遺障害又は死亡に係るもの	傷害に係るもの
7割未満	減額なし	減額なし
7割以上8割未満	2割減額	2割減額 ①賠償額が20万円以下の場合は重大な過失による減額を行わない。②重大な過失による減額の結果20万円以下となる場合は20万円とする。
8割以上9割未満	3割減額	
9割以上10割未満	5割減額	

(2) 自賠責保険の保険金支払における因果関係の認定

訴訟においては，被害者が既往症等を有していたため，死因又は後遺障害発生原因が明らかでない場合等，事故による受傷と死亡又は後遺障害との間

に因果関係があると判断することが困難な場合は，事故による死亡又は後遺障害に伴う損害賠償請求が棄却されることになる。また，被害者の素因減価として，最終的な認容額が認定された損害額よりも5割以上減じられることもある。しかし，自賠責保険では，事故との間に因果関係がないことが明らかなときは別として，死亡及び後遺障害による損害について，積算した損害額が保険金額に満たない場合には積算した損害額から，保険金額以上となる場合には保険金額から，それぞれ5割の減額をしたうえで支払う取扱いをしている（「自動車損害賠償責任保険の保険金等及び自動車損害賠償責任共済の共済金等の支払基準」第6・2，日弁連東京「損害賠償額算定基準上2018」414頁）。

(3) 自賠責保険の保険金支払認定と被害者請求の時期

　しかし，これらの事案でも，訴訟になった場合は裁判所は自賠責保険における支払基準の判断に拘束されず（最判平18・3・30民集60巻3号1242頁・判タ1207号70頁・判時1928号36頁），損害保険料率算出機構は，いったん訴訟が係属すると裁判所の司法判断を優先させ，上記の被害者に有利な取扱いをせず，裁判所の認定と同様の厳密な認定をして結論を出したり，訴訟で結論が出るまで認定を留保したりすることがあるため，相当程度の過失相殺が見込まれる事案や受傷と死亡・後遺障害との因果関係の認定に困難が予想される事案では，訴訟提起前に被害請求を済ませておいた方が有利になる場合も多いといえる（東京地裁「過失相殺率の認定基準全訂5版」2頁，森冨ほか「交通関係訴訟の実務」3頁）。

> ＊　最判平18・3・30民集60巻3号1242頁・判タ1207号70頁・判時1928号36頁（自動車損害賠償保障法16条1項に基づいて被害者が保険会社に対して損害賠償額の支払を請求する訴訟において，裁判所は，同法16条の3第1項が規定する支払基準によることなく損害賠償額を算定して支払を命ずることができる。）

3　社会保険者の代位請求権と自賠責保険の被害者請求の関係

　交通事故の被害者は社会保険としての健康保険や労災保険による医療給付

第1　自賠責保険

を受けることができるが，先に社会保険から医療給付を受けた場合，その受給額については社会保険者が自賠責保険の被害者請求権の代位請求をすることができ（健康保険法57条1項，高齢者の医療の確保に関する法律58条1項，労災12条の4第1項等），社会保険者の請求額と被害者の残医療費についての被害者請求の額が，自賠責保険の保険金額を超える場合，社会保険者の代位請求権と被害者からの被害者請求との優先関係が問題となる。

　従来の自賠責保険の実務では，按分説が採用され，この場合，社会保険者の代位取得した直接請求権と被害者の直接請求権は同質であるとして，平等の原則（民427条）により，代位請求権と被害者請求権の各金額に応じて按分した金額が支払われる扱いとなっていた。これについては，最高裁判例が出され（最判平20・2・19民集62巻2号534頁・判タ1268号123頁・判時2004号77頁），老人保健法（現「高齢者の医療の確保に関する法律」）に基づく医療給付に関し，被害者が社会保険の給付を受けてもなおてん補されない損害について被害者請求を行使する場合，他方で市町村長が老人保健法41条1項により取得した直接請求権を行使し，被害者の直接請求権の額と市町村長が取得した直接請求権の額の合計額が自賠責保険金額を超えるときであっても，被害者は，市町村長に優先して自賠責保険の保険会社から自賠責保険金額の限度で自動車損害賠償保障法16条1項に基づき損害賠償額の支払を受けることができると解するのが相当であるとされた。このため，現時点では，健康保険・国民健康保険については，被害者からの被害者請求が優先する取扱いになっている（東弁法友「改訂交通事故実務マニュアル」16頁）。

4　自賠責保険の被害者請求における損害賠償支払請求権の差押禁止

　被害者からの自賠責保険金の損害賠償請求権は，被害者救済の目的を実現するために，差押えが禁止されている（自賠18条）。

5　自賠責保険の被害者請求における遅延損害金

　自動車損害賠償保障法16条に基づく保険会社の被害者に対する損害賠償支払債務は，期限の定めのない債務として発生し，民法412条3項により保険会社が被害者からの履行の請求を受けた時に初めて遅滞に陥るものと解されている（最判昭61・10・9集民149号21頁・判タ639号118頁・判時1236号65頁，最判平6・3・25交民集27巻2号283頁）（東京地裁「過失相殺率の認定基準全訂5版」19頁・20頁47），「大阪地裁交通損害賠償算定基準〔3版〕」69頁・70頁）。

　遅延損害金の利率は，年5％である（最判昭57・1・19民集36巻1号1頁・判タ463号123頁・判時1031号120頁）（「大阪地裁交通損害賠償算定基準〔3版〕」69頁・70頁）。

> 〔平成29年6月2日法律第44号民法改正法（平成32年（2020年）4月1日施行）〕
> 　上記民法改正法により，改正前年5％の固定利率であった民事法定利率が，年3％となり（民404条2項），法務省令で定めるところにより，3年を1期として，1期ごとに変更される（民404条3項〜5項）。

6　自賠責保険の被害者請求における損害賠償支払請求権の消滅時効

(1)　自賠責保険の被害者請求における損害賠償請求権の消滅時効期間

　被害者からの自賠責保険金の損害賠償額支払請求権の消滅時効は，3年である（自賠19条）＊。

＊　保険法の制定（平成22年4月1日施行）に伴い，自動車損害賠償保障法の自賠責保険金の被害者請求における損害賠償支払請求権の消滅時効期間についても改正され（平成22年4月1日施行），従前時効期間が2年であったものが3年に延長され，平成22年3月31日までの事故における被保険者からの保険金請求の消滅時効期間は2年となる。

(2)　自賠責保険の被害者請求における損害賠償請求権の消滅時効の

第1　自賠責保険

起算点

　自賠責保険における被害者の保険会社に対する直接請求については，加害者に対する損害賠償請求権と同様に，「損害及び加害者を知った時」（民724条）から消滅時効が進行すると解されている。この場合損害の詳細な内容，程度，額等まで明らかである必要はないので，ひき逃げ等で加害者が不明というような特殊な事情がある場合を除いて，原則として事故発生日から消滅時効が進行することになる。ただ，事故当時予想し得なかったような損害については，その損害の存在が明らかになった時点から消滅時効が進行すると解される。後遺障害については症状固定日又は死亡日から消滅時効が進行する（東弁法友「改訂交通事故実務マニュアル」24頁・25頁）。

> 〔平成29年6月2日法律第44号の民法改正法（平成32年（2020年）4月1日施行）〕
> 　上記民法改正法により，①民法724条前段は同条1号となり，②民法724条後段は同条2号となり，20年の期間が消滅時効期間であることを明示した（改正前民法下で除斥期間構成をとっていた判例（最判平元・12・21民集43巻12号2209頁・判タ753号84頁・判時1379号76頁）法理の不採用）が，期間は不法行為の時から進行するとされた（筒井ほか「一問一答民法（債権関係）改正」41頁・63頁Q32，潮見「民法改正法の概要」48頁）。

　なお，被害者が保険会社に支払請求をし，保険会社が損害賠償額を支払ったとしても，加害者に対する損害賠償請求権は，別個の権利であり，時効は中断しない（梶村ほか「プラクティス交通事故訴訟」53頁）。

Ⅳ 自賠責保険金の支払基準

1 自賠責保険金の支払基準

　保険会社が被保険者に対して保険金を支払うとき（自賠15条）又は保険会社が被害者に対して直接損害賠償額を支払うとき（自賠16条1項）は，死亡，後遺障害及び傷害の別に国土交通大臣及び内閣総理大臣が定める基準に従ってこれを支払わなければならないとされている（自賠16条の3）。

2 自賠責保険金支払基準の裁判における拘束力

　ただ，この支払基準は，被害者請求（自賠16条1項）でも加害者請求（自賠15条）でも，訴訟になった段階では，裁判所に対する拘束力は有しないと解されている（最判平18・3・30民集60巻3号1242頁・判タ1207号70頁・判時1928号36頁（自賠法16条1項に基づく損害賠償請求支払請求訴訟），（最判平24・10・11集民241号75頁・判タ1384号118頁・判時2169号3頁（自賠法15条1項に基づく保険金請求訴訟）））。

第1　自賠責保険

V　仮渡金制度

> ✏️〔[自賠責保険における]内払制度〕
> 　明文の規定はなかったが，自賠責保険においては，内払制度があり，傷害による損害について被害者が治療継続中のため総損害額が確定しないときでも，既に発生した損害額について被保険者又は被害者から保険金又は損害賠償額の内払の請求がなされたときに行われていたが，治療係属中であっても仮渡金請求を認める実務が一般化されていたため，当該内払制度は平成20年10月1日より廃止された（加藤「交通事故法律相談〔全訂4版〕」301頁，東弁法友「改訂交通事故実務マニュアル」5頁・20頁イ）。

1　[自賠責保険における]仮渡金請求

　被害者と被保険者（車両保有者及び運転者）との間に損害賠償責任の有無について争いがあるような場合，被害者が長期間損害賠償金の支払を受けられないことにもなり，治療費，葬儀費用，生活費等の当座の出費に事欠くこともあり得ることになる。このような場合に，自動車の保有者が，その自動車につき自賠責保険契約を結んでおり，かつ，その自動車の運行によって他人の生命又は身体を害したときは，被害者は，保険会社に対し，自動車損害賠償保障法16条の被害者請求による損害賠償額の支払に先立って，そのために一定金額の支払を請求することができる（自賠17条1項，自賠令5条）。

　仮渡金は，損害賠償額の前渡しの性質を有し，後日，損害賠償額が確定したときは，保険会社は，確定した損害賠償額から支払済みの仮渡金を控除した残額を支払うことになる。確定した損害賠償額が支払済みの仮渡金の額を下回ったときは，保険会社が被害者に対しその差額の返還を請求することになる（自賠17条3項）。自動車の保有者の賠償責任が生じないと確定したときは，保険会社は，支払済みの仮渡金につき，政府に対し補償を求めることができる（自賠17条4項）。政府は，仮渡金の支払を受けた被害者に対し同額の

第1章　交通事故における保険制度

〔自賠責保険における仮渡金額〕

生命・身体損害を受けた対象者	仮渡金額
(1) 死亡した者	290万円
(2) 次の傷害を受けた者 　① 脊柱骨折で脊髄損傷の症状を有するもの 　② 上腕又は前腕の骨折で合併症を有するもの 　③ 大腿又は下腿の骨折 　④ 内臓の破裂で腹膜炎を併発したもの 　⑤ 14日以上病院に入院することを要する傷害で，30日以上の医師の治療を要するもの	40万円
(3) 次の傷害を受けた者 　① 脊柱骨折 　② 上腕又は前腕の骨折 　③ 内臓の破裂 　④ 病院に入院を要する傷害で，30日以上の医師の治療を要するもの 　⑤ 14日以上病院に入院することを要する傷害	20万円
(4) 11日以上医師の治療を要する傷害（上記(2)，(3)の傷害を除く）を受けた者	5万円

※　日弁連東京「損害賠償額算定基準上2018」381頁参照。

返還を求めることができる（自賠76条3項）。

2　［自賠責保険における］仮渡金請求権の差押禁止

　仮渡金請求権は，被害者救済の目的を実現するために，差押えが禁止されている（自賠18条）。

Ⅵ 自賠責保険契約の解除等

　自動車について自賠責保険契約を締結した当事者は，登録自動車について滅失等運行の用に供することをやめたことにより抹消登録を受けた場合又は軽自動車・二輪小型自動車について使用を廃止し車両番号標を軽自動車検査協会・運輸支局長等に提出した場合（自賠20条の2第1項4号，自賠規5条の2第1項）等に限り，自動車責任保険契約を解除することができる（自賠20条の2第1項）。

　自動車の自賠責保険契約が解除されたときは，一定の手続をとることにより，契約した保険の残期間に応じた解約返戻金の払戻しがされることになる。

　自動車について自賠責保険契約を締結した当事者は，その自賠責保険契約を合意解除し，又はその契約に解除条件を付することはできないとされている（自賠20条の2第2項）。

第1章　交通事故における保険制度

Ⅶ　政府の自動車損害賠償保障事業

1　自動車損害賠償保障事業の概要・目的

　自動車を運行の用に供するには，自動車損害賠償責任保険又は自動車損害賠償責任共済に加入しなければならないとされており（自賠5条），本来，自動車事故の被害者は，自賠責保険等の範囲内の救済は受けられるようになっている。しかし，加害車両に自賠責保険等が付されていないこともあり得，そのような場合，被害者はどの自賠責保険会社等に対しても損害賠償の請求をすることができないことになる。また，ひき逃げ事故で加害者が不明の場合も同様である。そのような場合に，健康保険法や労働者災害補償保険法等の社会保険給付や損害賠償責任者の支払も受けられないときは（自賠73条），政府が自動車損害賠償保障事業を行うことによって，無保険車・盗難車による事故，ひき逃げ事故等による被害者の救済・保護を図っている（自賠72条）。

2　自動車損害賠償保障事業の対象

　政府の自動車損害賠償保障事業の対象となるものとして，以下のものがある。

(1)　被害者に対する損害のてん補

　ア　加害車両の保有者が不明の場合

　ひき逃げ事故のように加害車両の保有者が不明の場合，被害者は，自賠責保険会社等に対して保険金請求をすることができず，自賠責保険等による救済を受けることができない。そのため，このような場合を，自動車損害賠償保障事業による被害者に対する損害てん補の対象としている（自賠72条1項前段）（川井ほか「注解交通損害賠償法〔新版〕①」303頁・304頁）。

　実務においては，加害者と疑われている者がいても，その者が加害者であることを否認し，事実関係を争っているような場合，被害者請求権の消滅時

第1　自賠責保険

効との関連で，とりあえず保有者不明のひき逃げ事故として取り扱うことがなされている（東弁法友「改訂交通事故実務マニュアル」27頁・28頁，梶村ほか「プラクティス交通事故訴訟」37頁）。

イ　無保険車による事故の場合

(ｱ)　無保険車による事故の場合

運行の用に供する自動車は自賠責保険又は自賠責共済の加入が強制されている（自賠5条）が，それに反して自賠責保険等へ加入していない運行車両も存在し，このような無保険車が交通事故（人身事故）を起こした場合，自賠責保険等による救済を受けることができないので，このような場合も，自動車損害賠償保障事業による被害者に対する損害てん補の対象としている（自賠72条1項後段）（川井ほか「注解交通損害賠償法〔新版〕①」305頁，東弁法友「改訂交通事故実務マニュアル」28頁ｂ）。

(ｲ)　構内専用車等の一般道路上での交通事故（人身事故）の場合

構内専用車等の一般道路上での運転が予定されていない自動車で，自動車登録等をせず，自賠責保険等にも加入していない自動車（自賠10条）が，一般道路上で交通事故（人身事故）を起こした場合も，無保険車事故にあたり，自動車損害賠償保障事業による被害者に対する損害てん補の対象としている（自賠72条1項後段）（最判平5・3・16集民168号21頁・判タ820号191頁・判時1462号99頁）（川井ほか「注解交通損害賠償法〔新版〕①」305頁・306頁）。

(ｳ)　〈自衛隊，在日アメリカ軍，国連軍〉の自動車による事故の場合

自衛隊，在日アメリカ軍，国連軍の自動車は，自賠責保険等強制加入の適用除外とされている（自賠10条，自賠令1条の2）。これらの適用除外車の事故については，国が損害賠償義務を負い，被害者は国に対し損害賠償請求をすることになり，政府の自動車損害賠償保障事業の対象とはならない（自賠72条1項後段）（東弁法友「改訂交通事故実務マニュアル」28頁）。

ウ　自動車保有者が運行供用者に該当しない場合

盗難車，無断運転等による交通事故の場合で，加害自動車の保有者の管理に手落ちがなく，保有者が運行供用者に該当せず，保有者に損害賠償責任が

生じない場合，被害者は加害自動車の自賠責保険等に対して損害賠償金の請求をすることができない。このような場合，自動車損害賠償保障事業による被害者に対する損害てん補の対象としている（自賠72条1項後段）（川井ほか「注解交通損害賠償法〔新版〕①」305頁，東弁法友「改訂交通事故実務マニュアル」28頁）。

(2) 保険会社等に対する補償

ア　悪意事故の場合

保険契約者，被保険者の悪意によって発生した損害については，保険会社は，保険金の支払義務を免れる（自賠14条）が，被害者からの直接請求に対しては，損害賠償金を支払わなければならず，この場合，自賠責保険会社は支払った金額について，政府の自動車損害賠償保障事業からてん補を受けることができる（自賠16条4項・72条2項）。

イ　自動車保有者に賠償責任がない場合

被害者救済のため，事故が発生したという事実のみで，調査事務所の調査の過程を省略して，一定の金額が仮渡金として支払われることがある（自賠17条1項・2項）（本章**第1 V**（15頁）参照）。この仮渡金が支払われた後に保有者に賠償責任がないことが判明した場合，自賠責保険会社は支払義務のない金銭を支払ったことになり，この場合自賠責保険会社は被害者に対し，仮渡金として支払った金額の返還を請求することができるが，実際にその回収をすることは困難となる。そこで，自賠責保険会社は，支払った金額について，政府の自動車損害賠償保障事業からてん補を受けることができる（自賠17条4項・72条2項）（東弁法友「改訂交通事故実務マニュアル」29頁 b，梶村ほか「プラクティス交通事故訴訟」38頁）。

この場合，政府は，仮払金の支払を受けた被害者に対し同額の返還を請求することができる（自賠76条3項）。

3　自動車損害賠償保障事業による保障内容

(1) 他の給付等の優先

政府の自動車損害賠償保障事業による損害のてん補は，自賠責保険その他

第1　自賠責保険

の方法による救済が受けられない被害者のための最終的な救済制度であるから，自賠責保険による救済が受けられなくとも，健康保険法や労働者災害補償保険法その他の法令による給付を受けられる場合には，自動車損害賠償保障事業によるてん補は受けられない（自賠73条1項）（東弁法友「改訂交通事故実務マニュアル」29頁，梶村ほか「プラクティス交通事故訴訟」39頁）。

自動車損害賠償保障事業からのてん補を受ける際に，控除されるのは，各種社会保険からの給付のみではなく，賠償義務者（加害者）から賠償を受けた分についても含まれる。その賠償金については，名目いかんを問わず，賠償義務者から受け取った金額はすべて控除の対象となるが，自賠責保険は生命又は身体の損害について賠償する制度であるから，「物損」について支払われた金額は控除の対象とはならない（東弁法友「改訂交通事故実務マニュアル」29頁，梶村ほか「プラクティス交通事故訴訟」39頁）。

(2)　**複数の自動車による事故と自動車損害賠償保障事業に対する保険金請求**

A車とB車の双方の過失によってA車とB車が衝突してB車に同乗していたXが受傷したような場合，被害者XがA車の保有者との関係では自賠責保険からの損害のてん補を受けることができないとしても，B車の保有者の加入している自賠責保険から損害のてん補を受けることができるときは，被害者Xは政府の行う自動車損害賠償保障事業に対してA車に関する補償金を請求することはできない（最判昭54・12・4民集33巻7号723頁・判タ406号83頁・判時952号47頁）（東京地裁「過失相殺率の認定基準全訂5版」3頁，園部「〔改訂〕民事事件論点ノート（紛争類型）」653頁(2)）。

(3)　**自動車損害賠償保障事業における過失相殺**

自賠責保険においては，被害者救済という自賠責保険制度の目的から，一般の損害賠償のような厳格な過失相殺は行わず，被害者に重大な過失があった場合のみ一定の減額を行うこととされている（本章**第1 Ⅲ 2**(1)（8頁）参照）。これに対し，政府による自動車損害賠償保障事業の場合は，事故発生日が平成19年3月31日以前のものについては一般の損害賠償の場合と同様の過失相

殺基準が適用されていたが，被害者救済を重視した改正を受けて，事故発生日が平成19年4月1日以降のものについては自賠責保険における過失相殺基準と同様の運用となった（東弁法友「改訂交通事故実務マニュアル」30頁エ，梶村ほか「プラクティス交通事故訴訟」39頁(d)）。

(4) 家族間の事故と自動車損害賠償保障事業

自賠責保険においては，賠償義務者（加害者）と被害者が同一の家族の場合であっても保険金は支払われるが，政府の自動車損害賠償保障事業においては，そのような場合に損害のてん補をすると，同一の家族内の賠償義務者に求償することになり，そのような求償は相当ではなく，自動車損害賠償保障事業による損害のてん補は行われないとされている（東弁法友「改訂交通事故実務マニュアル」30頁オ，梶村ほか「プラクティス交通事故訴訟」40頁(e)）。

(5) 好意同乗と自動車損害賠償保障事業

自賠責保険においては，好意同乗の場合の被害者に対する支払額は減額されない。政府の自動車損害賠償保障事業における損害のてん補の場合は，事故発生日が平成19年3月31日以前のときは，一定の減額がされていたが，事故発生日が平成19年4月1日以降のときは，被害者救済の趣旨を重視して，自賠責保険の場合と同様に減額されないことになった（東弁法友「改訂交通事故実務マニュアル」30頁カ，梶村ほか「プラクティス交通事故訴訟」40頁(f)）。

(6) 共同不法行為と自動車損害賠償保障事業

交通事故が複数の自動車の過失によって起こされた場合，自賠責保険では，被害者は各加害自動車の自賠責保険に対し損害賠償金を請求することができ，被害者は自賠責保険の限度額の加害車両の数の倍数の範囲内で自賠責保険から支払を受けることができる。

これに対し，複数の加害車両の中に無保険車と自賠責保険加入車両があった場合，被害者は，自賠責保険加入車両の自賠責保険から賠償金の支払を受けられるのみで，政府の自動車損害賠償保障事業からの損害のてん補は受けられない。また，複数の加害車両による事故で，加害車両すべてが無保険車であった場合に自動車損害賠償保障事業からてん補を受けることができる額

第1　自賠責保険

は，1台の無保険車の場合と同じである。これらは，自動車損害賠償保障事業が，交通事故の被害者に必要最低限度の救済を受けさせることを目的とする制度だからである（東弁法友「改訂交通事故実務マニュアル」31頁，梶村ほか「プラクティス交通事故訴訟」40頁）。

(7) 自動車損害賠償保障事業による損害てん補額の支払義務の遅滞の時期

政府の自動車損害賠償保障事業による損害のてん補額の支払義務については，期間の定めのない債務として，民法412条3項の規定により，政府が被害者から履行の請求を受けた時から遅滞に陥る（最判平17・6・2民集59巻5号901頁・判タ1183号234頁・判時1900号119頁）（園部「〔改訂〕民事事件論点ノート（紛争類型）」653頁(3)）。

(8) 自動車損害賠償保障事業に対する請求権の時効消滅

政府の自動車損害賠償保障事業に対する請求権は，法改正により，事故発生日が平成22年4月1日以降の場合は，3年間となる（自賠75条）＊。

> ＊　保険法の制定（平成22年4月1日施行）に伴い，自動車損害賠償保障法の政府の自動車損害賠償保障事業に対する請求権の消滅時効期間についても改正され（平成22年4月1日施行），従前時効期間が2年であったものが3年に延長され，平成22年3月31日までの事故における被保険者からの保険金請求の消滅時効期間は2年となる。

時効の起算日は，①傷害に基づく請求権の場合は治療終了時，②後遺障害に基づく請求の場合は症状固定日，③死亡に基づく請求権の場合は死亡日である（川井ほか「注解交通損害賠償法〔新版〕①」321頁・322頁，東弁法友「改訂交通事故実務マニュアル」30頁）。

なお，加害自動車の保有者であるか否かをめぐって，その者と被害者との間で自動車損害賠償保障法3条による損害賠償請求権の存否が争われている場合には，自動車損害賠償保障法3条による損害賠償請求権が存在しないことが確定したときから，消滅時効が進行すると解される（最判平8・3・5民集50巻3号383頁・判タ910号76頁・判時1567号96頁）。

第2 任意自動車保険

I 任意自動車保険

　任意自動車保険とは，自動車の保有者や運転者が，自動車損害賠償責任保険〔自賠責保険〕とは別に，保険会社と任意に締結する保険契約であり，自動車の所有・使用・管理に起因して発生する損害賠償責任を補償するものである。

　この任意保険を構成するものとして，対人賠償責任保険，対物賠償責任保険，人身傷害補償保険，自損事故保険，無保険車傷害保険，搭乗者傷害保険及び車両保険などがある。

〔任意保険分類表〕

	補償の対象	
	人	物
相手方に対する損害に関する補償	対人賠償責任保険	対物賠償責任保険
自身の補償	人身傷害補償保険 自損事故保険 無保険車傷害保険 搭乗者傷害保険	車両保険
各種特約	弁護士費用等補償特約	

Ⅱ 相手方に対する賠償に関する補償

1 賠償責任保険

　賠償責任保険とは，自動車事故により，人を死傷させたり，物を損壊させたりするなどして損害賠償責任を負った場合に，その相手方に対する賠償責任を負う損害を補償するものである。つまり，事故の加害者となった場合の保険である。

2 対人賠償責任保険

(1) 対人賠償責任保険

　対人賠償責任保険とは，被保険自動車の所有・使用・管理に起因して，他人の生命・身体を侵害することによって被保険者が法律上の損害賠償責任を負う場合に，自賠責保険から支払われる保険金を超える部分について，被保険者の損害賠償責任を補償するために保険金が支払われる賠償保険をいう（「自動車保険の解説2017」28頁，森冨ほか「交通関係訴訟の実務」35頁1）。

　保険金支払の対象である損害賠償責任の原因となる被保険自動車の「所有・使用・管理」とは，自賠責保険における「運行」より広い概念であり，自賠責保険の支払が行われない場合であっても，対人賠償責任保険の支払が行われることもある（「自動車保険の解説2017」29頁(3)，森冨ほか「交通関係訴訟の実務」36頁）。

(2) 対人賠償責任保険の被保険者

　被保険者とは，保険の補償を受ける者をいう。

　自賠責保険における被保険者は，被保険自動車の保有者及び運転者である（自賠11条）が，任意保険の対人賠償責任保険における被保険者は，㋐記名被保険者（保険契約証書に名前が記載されている者），㋑被保険自動車の使用・管理中の①記名被保険者の配偶者（内縁の配偶者を含む。），②記名被保険者又はそ

の配偶者の同居の親族，③記名被保険者又はその配偶者の別居の未婚の子（これまでに法律上の婚姻歴がない者），㋒許諾被保険者（記名保険者の承諾を得て被保険自動車を使用・管理中の者（自動車取扱業者を除く。）），㋓記名被保険者の使用者（記名被保険者が被保険自動車を使用者の業務に使用している場合に限る。）とされている場合が多く（「自動車保険の解説2017」43頁），自賠責保険の場合より被保険者の範囲が拡張されている。

(3) 対人賠償責任保険における免責事由

対人賠償責任保険においては，多くの場合において，以下の免責事由が定められており，以下の損害に対しては保険金は支払われない（「自動車保険の解説2017」31頁〔4〕・36頁〔5〕）。

㋐ 保険契約者や被保険者などの故意によって生じた損害
㋑ 戦争，内乱などの事変又は暴動などによって生じた損害
㋒ 地震や噴火又はこれらによる津波によって生じた損害
㋓ 台風，洪水又は高潮によって生じた損害
㋔ 異常危険（核燃料物質に由来する事故，放射能汚染など）によって生じた損害
㋕ 被保険自動車の競技や曲芸などへの使用によって生じた損害
㋖ 被保険者や家族などが被害者である損害

　自動車事故により，①記名被保険者，②被保険者の父母，配偶者（内縁の配偶者を含む（最判平7・11・10民集49巻9号2918頁・判タ897号251頁・判時1553号92頁））又は子，③被保険自動車を運転中の者，④③の者の父母，配偶者又は子が被害者となって，被保険者が被る損害については，対人賠償責任保険の支払対象とはされていないということである。

　これは，②の者からは一般的に被保険者に対し損害賠償請求はされることがなく，③の者は事故の当事者であって，本来加害者として賠償責任を負う立場にあり，一般的にこの者からも被保険者に対し損害賠償請求はされず，④の者からも一般的に被保険者に対し損害賠償請求をされることはなく，①を含め，「被保険者が法律上の損害賠償責任を負う場

第2　任意自動車保険

合」に当たらないことになり，対人賠償責任保険の支払対象から除外され，また，これらの者に保険金を支払うとなるとモラルハザード（不当な保険金支払）を生じさせるおそれがあると考えられたため除外されたものである。

自賠責保険に基づく損害賠償額支払請求については，夫の運転する自動車に同乗中に負傷した妻は自動車損害賠償保障法3条の「他人」にあたり，当該妻は，自動車損害賠償保障法16条1項による被害者の保険会社に対する損害賠償額支払請求権を有するとされている（最判昭47・5・30民集26巻4号898頁・判タ278号106頁・判時667号3頁）が，この任意保険の対人賠償責任保険においては，運転者の配偶者等が被害者となった場合には，当該被害者の損害に関する保険金支払責任は絶対的に免責されると定められていることになる。自賠責保険は自動車損害賠償保障法に基づく強制保険であって「被害者の保護」に重点が置かれている（自賠1条）が，任意保険は保険会社との契約に基づくものであるから，同様の取扱いをしなければならないということはなく，親族免責規定は親族間においては損害賠償請求をしないことが一般的であるという実情を踏まえて定められたものであり，公序良俗に反することもないと考えられる（森冨ほか「交通関係訴訟の実務」46頁）。

⑦　被保険者の業務に従事中の使用者が被害者である場合
⑦　被保険者の使用者の業務に従事中の他の使用人（被保険者の同僚）が被害者である場合

> ※　対人賠償責任保険・対物賠償責任保険においては，被害者救済の観点から，無免許・酒酔い等運転によって事故が生じた場合には免責にならない（保険金支払の対象となる）としている。

(4) 対人賠償責任保険における請求権者

対人賠償責任保険においては，自賠責保険の場合と同様に，①被保険者からの請求のほか，通常，保険約款によって，②被害者からの直接請求も認められている。②の被害者請求については，被害者は対人賠償責任保険契約の

(5) 対人賠償責任保険における保険金請求権の消滅時効

対人賠償責任保険における被保険者からの保険金請求権についての消滅時効は、3年である（保険95条）＊1。被害者の直接請求についても、保険約款によって、消滅時効期間は3年とされている＊2。

> ＊1　保険法の制定（平成22年4月1日施行）により、従前時効期間が2年であったものが3年に延長され、平成22年3月31日までの事故における被保険者からの保険金請求の消滅時効期間は2年となる。
>
> ＊2　被害者の直接請求については、＊1の保険法の制定・施行にあわせて、保険約款の改定がなされ、従前時効期間が2年であったものが3年に延長され、平成22年3月31日までの事故における被保険者からの保険金請求の消滅時効期間は2年となる。

3　対物賠償責任保険

(1) 対物賠償責任保険

対物賠償責任保険とは、被保険自動車の所有・使用・管理に起因して他人の財物を滅失・毀損・汚損したことによって被保険者が法律上の損害賠償責任を負う場合に、当該損害を補償するために保険金が支払われる損害保険である（「自動車保険の解説2017」30頁、森冨ほか「交通関係訴訟の実務」35頁1）。この対物賠償責任保険によって、①交通事故の相手方車両の修理費や事故によって損壊した家屋の塀の修理費等の直接損害のほか、②相手方車両の修理期間中の代車費用や休車損害等の間接損害についてもてん補されることになる（梶村ほか「プラクティス交通関係訴訟」21頁）。

(2) 対物賠償責任保険の被保険者

対物賠償責任保険の被保険者は、対人賠償責任保険の場合と同一である（前記2(2)（25頁）参照）。

(3) 対物賠償責任保険における免責事由

対物賠償責任保険における免責事由については、多くの場合、対人賠償責

第2　任意自動車保険

任保険の場合の免責事由㋐ないし㋕と同一の事由が設けられている（「自動車保険の解説2017」31頁〔4〕）（前記2(3)（26頁）参照）。

(4) 対物賠償責任保険における請求権者

対物賠償責任保険における請求権者については，通常，保険約款によって被害者の直接請求が認められている（前記2(4)（27頁）参照）。

(5) 対物賠償責任保険における保険金請求権の消滅時効

対物賠償責任保険における保険金請求権の消滅時効は，対人賠償責任保険の場合と同一であり，被保険者からの保険金請求権についての消滅時効は，3年であり（保険95条）＊1，被害者の直接請求についても，保険約款によって，消滅時効期間は3年とされている（前記2(5)（28頁）参照）＊2。

> ＊1　保険法の制定（平成22年4月1日施行）により，従前時効期間が2年であったものが3年に延長され，平成22年3月31日までの事故における被保険者からの保険金請求の消滅時効期間は2年となる。
>
> ＊2　被害者の直接請求については，＊1の保険法の制定・施行にあわせて，保険約款の改定がなされ，従前時効期間が2年であったものが3年に延長され，平成22年3月31日までの事故における被保険者からの保険金請求の消滅時効期間は2年となる。

4 ［〈対人・対物〉事故の］被害者の任意保険会社に対する損害賠償請求権

任意保険においては，対人及び対物の被害者が保険会社に対して直接損害賠償額を請求する権利を規定しているのが通常であり，約款上の支払要件（①被保険者が損害賠償請求権者に対して負担する法律上の損害賠償責任の額について，被保険者と損害賠償請求権者との間で，判決が確定した場合又は裁判上の和解若しくは調停が成立した場合，②被保険者が損害賠償請求権者に対して負担する法律上の損害賠償責任の額について，被保険者と損害賠償請求権者との間で，書面による合意が成立した場合等）に該当することが支払要件となっている（「自動車保険の解説2017」56頁〔11〕，65頁〔13〕，森冨ほか「交通関係訴訟の実務」47頁）。

この任意保険の直接請求権は，保険契約当事者の「第三者のためにする契約」に基づく効果として生ずるものであり，具体的には保険会社が被保険者の損害賠償請求権者に対する債務を重畳的に引き受けることによって発生する効果と考えられる（森冨ほか「交通関係訴訟の実務」48頁）。

第2　任意自動車保険

Ⅲ　被害者自身の損害の補償

1　傷害保険及び車両保険

　自動車事故にあった場合に，被保険者等自身の損害をてん補するための保険として，傷害保険と車両保険がある。**傷害保険**は，被保険自動車の運転者，同乗者又は保有者に生じた損害をてん補するものである。傷害保険には，概ね，①人身傷害補償保険，②自損事故保険，③無保険車傷害保険，④搭乗者保険がある。車両保険は，契約自動車が偶然の事故により損害を被ったときに被保険者に保険金が支払われるものである。

2　人身傷害補償保険

(1)　人身傷害補償保険

　人身傷害補償保険とは，被保険者が自動車事故の運行に起因する事故あるいは被保険自動車の運行における飛来・落下中の他物との衝突，火災，爆発又は自車の落下による急激かつ偶然の外来の事故により身体に傷害を受けた場合に，被保険者の過失割合のいかんにかかわらず（被保険者自身に過失がある場合も，過失部分も含めて補償される。），保険会社（被害者側の保険会社）が，保険金額の範囲内で，当該保険会社の基準に従って算定される保険金を支払うものである（「自動車保険の解説2017」373頁(2)・375頁）。

　この人身傷害補償保険は，被保険者だけでなく，その配偶者・子も補償の対象になっており（下記(2)（31頁）参照），これらの者が被保険自動車以外の車両に乗車していた場合の事故も補償されており（補償されない場合について下記(3)（32頁）参照），これらの者が歩行中又は自転車に乗っているときの自動車事故に対しても補償され，単独事故でも補償される（「自動車保険の解説2017」392頁，東弁法友「改訂交通事故実務マニュアル」48頁）。

(2)　人身傷害補償保険における被保険者

第 1 章　交通事故における保険制度

　人身傷害補償保険の被保険者（人身傷害補償保険から補償を受ける者）は，①被保険者，②被保険者の配偶者（内縁を含む。），③被保険者の父母又は子，④これらの者以外で被保険自動車の正規の乗車装置又はその装置のある室内に搭乗していた者である（「自動車保険の解説2017」375頁〔2〕）。

　人身傷害補償保険における支払保険金は，被保険者が交通事故の直接の結果として，傷害，後遺障害，死亡に至った場合に，保険約款に定める基準・計算方法に基づき計算した損害額及び保険契約者や被保険者が支出した所定の費用（損害防止費用，請求権の保全・行使手続費用）から，①自賠責保険から支払われた保険金や政府保障事業から支払われた給付金，②任意保険から支払われた保険金，③賠償義務者から取得した賠償金，④労災補償制度から支払われた給付金などを控除した金額となる（「自動車保険の解説2017」383頁(4)・386頁（第 4 項））。

(3)　人身傷害補償保険における免責事由

　人身傷害保険においては，多くの場合において，以下のような免責事由が定められており，以下の損害に対しては保険金は支払われない（「自動車保険の解説2017」379頁〔3〕・393頁(2)・394頁（第 2 項））。

①　被保険者の故意又は極めて重大な過失によって生じた損害
②　無免許，酒酔い等運転によって生じた損害
③　正当な権利者が承諾しない搭乗中に生じた損害
④　闘争行為・自殺・犯罪行為によって生じた損害
⑤　戦争，内乱などの事変又は暴動などによって生じた損害
⑥　地震や噴火又はこれらによる津波によって生じた損害
⑦　異常危険（核燃料物質に由来する事故，放射能汚染など）によって生じた損害
⑧　被保険自動車の競技又は曲芸などへの使用によって生じた損害
⑨　被保険者が，被保険自動車以外の自動車であって，被保険者，その配偶者，父母又は子等が所有する自動車，又はこれらの者が常時使用する自動車に搭乗中に生じた損害

⑩　事業用自動車を運転中に生じた損害

(4)　人身傷害補償保険における代位

人身傷害補償保険は，損害てん補型の保険であるから，保険会社が被保険者に対し人身傷害補償保険金を支払った場合には，支払った保険金額の限度において，被保険者の損害賠償請求権を代位取得し（保険25条），その限度で，被保険者の加害者に対する損害賠償請求権は喪失する。

　☆　人身傷害補償保険と損害賠償請求権との関係——人身傷害補償保険金支払における被害者側の過失と代位の範囲→第3章**第2 Ⅶ 1**(2)**イ**（157頁）参照

3　自損事故保険

(1)　自損事故保険

自損事故保険とは，被保険者が，以下のいずれかに該当する急激かつ偶然な外来の事故により死傷することを要件として定められた保険金が保険会社より支払われる内容の保険である（「自動車保険の解説2017」89頁〔2〕）。

①　被保険自動車の運行に起因する事故

②　被保険自動車の運行中の，飛来・落下してきた物との衝突，火災・爆発又は被保険自動車の落下。ただし，被保険者が被保険自動車の正規の乗車装置又は当該設置のある室内に搭乗中である場合に限る。

③　被保険者に生じた身体障害に対して自動車損害賠償保障法3条に基づく損害賠償請求権が発生しないこと

(2)　自損事故保険における被保険者

自損事故保険の被保険者（自損事故保険から補償を受ける者）は，①被保険自動車の保有者，②被保険自動車の運転者，又は，③①及び②以外の者で，被保険自動車の正規の乗車装置又はその装置のある室内に搭乗していた者である（「自動車保険の解説2017」101頁〔5〕）。

(3)　自損事故保険における免責事由

自損事故保険の場合，多くの場合，①被保険者などの故意によって生じた損害，②無免許・酒酔い等運転によって生じた損害，③正当な権利者が承諾

しないのに搭乗中に生じた損害，④闘争行為・自殺・犯罪行為によって生じた損害，⑤戦争，内乱などの事変又は暴動などによって生じた損害，⑥地震や噴火又はこれらによる津波によって生じた損害，⑦異常危険（核燃料物質に由来する事故，放射能汚染など）によって生じた損害，⑧被保険自動車の競技や曲芸などへの使用によって生じた損害などの，保険金を支払わない免責事由が設けられている（「自動車保険の解説2017」94頁〔3〕・99頁〔4〕）。

(4) 自損事故保険と代位

自損事故保険は，損害てん補型の保険ではないため，保険会社が保険金を支払った場合でも，被保険者に代位しない（「自動車保険の解説2017」113頁〔13〕，東弁法友「改訂交通事故実務マニュアル」56頁）。

4 無保険車傷害保険

(1) 無保険車傷害保険

無保険車傷害保険とは，被保険者が下記の要件を具備する場合に，保険会社より一定の額の保険金が支払われる内容の保険である（「自動車保険の解説2017」123頁〔2〕）。

㋐ 無保険自動車の所有，使用又は管理に起因して生じた偶然の事故により，被保険者の生命が侵害され，又は後遺障害が生じ，被保険者又はその父母，配偶者（内縁を含む。）もしくは子が被る損害に対して，損害賠償義務者がいること

㋑ ㋐の損害の額が，次の①と②の合計額又は①と③の合計額のうちいずれか高い額を超過する場合であること

　① 自賠責保険等によって支払われる金額
　② 対人賠償責任保険等によって，賠償義務者が保険金等の支払を受けることができる場合，その保険金額等
　③ 他の自動車の無保険車傷害保険等によって，保険金請求権者が保険金等の支払を受けることができる場合は，他の自動車の無保険車傷害保険等の保険金額等

第2　任意自動車保険

　無保険自動車とは，被保険者を死傷させた相手自動車であって，かつ，次のいずれかに該当する自動車をいう（「自動車保険の解説2017」120頁16）。
①　相手自動車に適用される対人賠償責任保険等が付されていない場合
②　相手自動車について適用される対人賠償責任保険等が付されているが，免責等の事情により保険金がまったく支払われない場合
③　相手自動車に適用される対人賠償責任保険等は付されているが，その保険金額が被保険自動車の無保険車傷害保険金額よりも低い場合

　無保険車傷害保険は，被保険者が死亡した場合や後遺障害を伴う傷害を負った場合にのみ支払われる保険であり，後遺障害を伴わない傷害については補償されない（「自動車保険の解説2017」123頁20）。

(2)　無保険車傷害保険における被保険者

　被保険者は，次のいずれかに該当する者である（「自動車保険の解説2017」141頁〔6〕）。
①　記名被保険者
②　記名被保険者の配偶者（内縁を含む。）
③　記名被保険者又はその配偶者の同居の親族
④　記名被保険者又はその配偶者の別居の未婚の子
⑤　上記以外の者で，被保険者の正規の乗車装置又は当該装置のある室内に搭乗中の者

　ただし，極めて異常かつ危険な方法で自動車に搭乗中の者は含まない。

(3)　無保険車傷害保険における免責事由

　無保険車傷害保険の場合，一般に，①被保険者などの故意によって生じた損害，②無免許・酒酔い等運転によって生じた損害，③正当な権利者が承諾しないのに搭乗中に生じた損害，④闘争行為・自殺・犯罪行為によって生じた損害，⑤戦争，内乱などの事変又は暴動などによって生じた損害，⑥台風，洪水又は高潮によって生じた損害，⑦異常危険（核燃料物質に由来する事故，放射能汚染など）によって生じた損害，⑧被保険自動車の競技や曲芸などへの使用によって生じた損害，⑨被保険者の父母，配偶者又は子などが賠償

義務者である場合の損害などの，保険金を支払わない免責事由が設けられている（「自動車保険の解説2017」130頁〔3〕・132頁〔4〕・〔5〕）。

(4) 無保険車傷害保険における代位

無保険車傷害保険は，損害てん補型の保険であるから，保険会社がその支払った保険金額の限度において被保険者に代位し，保険会社が被保険者の加害者に対する賠償請求権を取得し（保険25条），その限度で被保険者の損害賠償請求権は喪失する（「自動車保険の解説2017」153頁〔13〕，東弁法友「改訂交通事故実務マニュアル」58頁カ）。

5 搭乗者傷害保険

(1) 搭乗者傷害保険

搭乗者傷害保険とは，被保険者が次のいずれかに該当する急激かつ偶然の外来の事故により死傷することを要件として，定められた保険金が保険会社から支払われるものである（「自動車保険の解説2017」156頁〔2〕）。

① 被保険自動車の運行に起因する事故
② 被保険自動車の運行中の，飛来もしくは落下中の物との衝突，火災・爆発又は被保険自動車の落下

搭乗者傷害保険の保険金は，相手方の対人賠償責任保険から保険金が支払われる場合にも，自身の人身傷害保険や自損事故傷害保険や無保険車傷害保険から保険金が支払われる場合にも，それらの保険金とは別に支払われる（梶村ほか「プラクティス交通事故訴訟」31頁）。

(2) 搭乗者傷害保険における被保険者

搭乗者傷害保険における被保険者は，被保険自動車の正規の乗車装置又は当該装置のある室内に搭乗中の者をいう（「自動車保険の解説2017」159頁〔5〕）。

(3) 搭乗者傷害保険における免責事由

搭乗者傷害保険における免責については，基本的に自損事故保険における免責と同様である（前記3(3)（33頁）参照）が，被保険者の故意・不正行為による免責においては，被保険者の「重過失によって生じた傷害」も免責事由

とされている（「自動車保険の解説2017」157頁〔3〕・158頁〔4〕）。

(4) 搭乗者傷害保険と代位

搭乗者傷害保険は，損害てん補のための保険ではなく，保険会社が保険金を支払った場合であっても，代位の対象とはならない（「自動車保険の解説2017」169頁〔13〕）。

6 車両保険

(1) 車両保険

車両保険とは，被保険自動車（任意保険契約においてその対象として保険契約証書に記載された自動車）が，偶然の事故（自動車事故，盗難，火災，台風等による事故）により損害を被ったときに被保険者に保険金が支払われるものである（「自動車保険の解説2017」174頁〔2〕，東弁法友「改訂交通事故実務マニュアル」59頁1）。

(2) 車両保険における免責事由

車両保険の場合，多くの場合，①保険契約者や被保険者などの故意や重過失によって生じた損害，②無免許・酒酔い等運転によって生じた損害，③戦争，内乱などの事変又は暴動などによって生じた損害，④地震や噴火又はこれらによる津波によって生じた損害，⑤異常危険（核燃料物質に由来する事故，放射能汚染など）によって生じた損害，⑥差押えや没収などの国や公共団体の公権力の行使によって生じた損害，⑦詐欺，横領により生じた損害，⑧被保険自動車の競技や曲芸などへの使用によって生じた損害，⑨被保険自動車の欠陥や腐食など自然の消耗によって生じた損害，⑩故障損害，⑪タイヤの損害（被保険自動車の他の部品と同時に損害を被った場合，火災や盗難の場合を除く。）などの，保険金を支払わない免責事由が設けられている（「自動車保険の解説2017」175頁〔3〕・179頁〔4〕・182頁〔5〕）。

(3) 車両保険における代位

ア 車両保険における代位

車両保険は，損害てん補型の保険であるから，保険会社が被保険者に対し車両保険金を支払った場合には，支払った保険金額の限度において，被保険

者の損害賠償請求権を代位取得し（保険25条），その限度で，被保険者の加害者に対する損害賠償請求権は喪失する。

イ　車両保険と損害賠償請求権との関係──車両保険金支払における被保険者の過失と代位の範囲

　車両保険においても，上記アのとおり，保険会社が被保険者に対し車両保険金を支払った場合には，支払った保険金額の限度において，保険会社が被保険者の損害賠償請求権を代位取得し（保険25条），被害者にも過失があり過失相殺がされる場合における保険代位の範囲については，上記人身傷害補償保険の場合と同様の問題を生ずる。これについては，平成22年４月１日から施行された保険法25条１項２号は差額説を採用し（被保険者に不利な特約の無効（保険26条）），車両保険の場合も，裁判基準差額説を採用すべきであると考えられる（梶村ほか「プラクティス交通事故訴訟」26頁＊６）。

　　☆　車両保険に免責特約が付されている場合の車両保険金支払による代位の範囲→第３章**第２**Ⅶ１⑶**イ**(イ)（162頁）参照
　　☆　車両保険に代車損害の特約が付されていない場合の車両保険金支払による代位の範囲→第３章**第２**Ⅶ１⑶**イ**(ウ)（162頁）参照

第2　任意自動車保険

Ⅳ　[任意保険における] 保険金の請求

1　[任意保険における] 保険金請求権の発生時期

　任意保険における保険金請求権の発生時期は，以下のとおりである（「自動車保険の解説2017」230頁・231頁，東弁法友「改訂交通事故実務マニュアル」64頁1）。
　㋐　対人・対物賠償責任保険
　　　被保険者が損害賠償請求権者に対して負担する法律上の損害賠償責任の額について，被保険者と損害賠償請求権者との間で，判決が確定した時，又は裁判上の和解，調停もしくは書面による合意が成立した時
　㋑　人身傷害補償保険
　　①　死亡保険金　被保険者が死亡した時
　　②　後遺障害保険金　被保険者に後遺障害が生じた時
　　③　傷害を負った場合　被保険者が医師の治療等を必要としない程度に治った時又は後遺障害が生じた時
　㋒　自損事故保険
　　①　死亡保険金　被保険者が死亡した時
　　②　後遺障害保険金　被保険者に後遺障害が生じた時
　　③　介護費用保険金　被保険者に後遺障害が生じた時（ただし，事故発生日を含めてその日から30日を経過した時以降）
　　④　医療保険金　被保険者が平常の生活もしくは平常の業務に従事することができる程度に治った時又は事故発生日を含めてその日から160日を経過した時のいずれか早い時
　㋓　無保険車傷害保険
　　　被保険者が死亡した時又は被保険者に後遺障害が生じた時
　㋔　搭乗者傷害保険
　　①　死亡保険金　被保険者が死亡した時

②　後遺障害保険金，重度後遺障害特別保険金，重度後遺障害介護費用保険金　被保険者に後遺障害が生じた時又は事故発生日を含めて180日を経過した時のいずれか早い時
③　医療保険金　被保険者が平常の生活もしくは平常の業務に従事することができる程度に治った時又は事故発生日を含めて200日を経過した時のいずれか早い時
㋕　車両保険　事故発生の時

2　［任意保険における］保険金請求権の消滅時効

　任意保険における保険金請求権は，被保険者が保険金請求手続を行わなかった場合には，保険金請求権が発生した時（前記**1**（39頁）参照）から3年間を経過した場合は，時効によって消滅する（保険95条1項）。保険法の制定（平成22年4月1日施行）により，商法663条で消滅時効は2年と定められていたものが，同保険法により，保険契約者等保護の観点から，保険金請求の消滅時効期間が3年と改められた。

3　［任意保険における］被害者請求

(1)　被害者請求制度

　任意保険においては，被保険者からの保険金請求のほかに，被害者から保険会社に保険金額の枠内で直接損害賠償額を請求する被害者請求制度がある。この被害者請求制度は，自動車保険標準約款において，「損害賠償請求権者の直接請求権」として規定されている。

(2)　被害者請求の法的性質

　保険約款による被害者（損害賠償請求権者）の直接請求は，被害者保護の観点から創設されたものであり，その請求権の法的性質については，民法537条の「第三者のためにする契約」と解される。つまり，保険契約者と保険会社との間に自動車保険契約が締結された時点で，将来発生すべき被害者に対する直接請求権を付与する契約（「第三者のためにする契約」）が成立し，これに

より，保険会社は，被保険者の被害者に対する損害賠償債務の履行を引き受け，被害者の直接請求権が成立するのである。第三者による「受益の意思表示」は，被害者からの保険会社に対する直接請求のときになされたものとみなされる（東弁法友「改訂交通事故実務マニュアル」66頁ａ）。

(3) 被害者直接請求権者

この被害者請求における請求権者は，被害者ということになるが，死亡事故の場合には，相続人並びに慰謝料請求権者である被害者の父母，配偶者及び子も含まれる（「自動車保険の解説2017」57頁１）。

(4) 被害者直接請求の損害賠償額及びその意義

被害者直接請求権者が保険会社に対して請求することができる損害賠償額は，被保険者が直接請求権者に対し負担する法律上の損害賠償額から自賠責保険等によって支払われた額及び被保険者による損害賠償金の既払額を差し引いた残額である（「自動車保険の解説2017」57頁(3)）。

保険会社が直接請求権者に対し損害賠償額を支払った場合，その金額の限度において，保険会社は被保険者に対し損害をてん補した（保険金を支払った）ものとみなされる（「自動車保険の解説2017」57頁(5)）。

(5) 被害者直接請求権者への損害賠償支払要件

次のいずれかの条件に該当した場合は，被害者は，保険会社への直接請求により損害賠償額の支払を受けることができる（「自動車保険の解説2017」56頁(2)）。

㋐ 被保険者が損害賠償請求権者（被害者）に対して負担する法律上の損害賠償責任の額について，被保険者と損害賠償請求権者との間で，判決が確定した場合又は裁判上の和解もしくは調停が成立した場合

㋑ 被保険者が損害賠償請求権者（被害者）に対して負担する法律上の損害賠償責任の額について，被保険者と損害賠償請求権者との間で，書面による合意が成立した場合

㋒ 損害賠償請求権者（被害者）が，保険会社から損害賠償額の支払を受けた後は，被保険者に対する損害賠償請求権を行使しないことを被保険

者に対して書面で承諾した場合（「自動車保険の解説2017」58頁(ロ)）
(エ)　直接請求権者が保険会社に対して請求することができる損害賠償額（被保険者が直接請求権者に対し負担する法律上の損害賠償額から自賠責保険等によって支払われた額及び被保険者による損害賠償金の既払額を差し引いた残額）（前記(4)（41頁）参照）が，保険証書記載の保険金額を超えることが明らかとなった場合

　この場合，保険会社は，保険金額相当額を被害者に支払い，保険金額超過部分についての賠償責任額の確定は，被保険者と直接請求権者との交渉・調停・裁判等によりなされることになる（東弁法友「改訂交通事故実務マニュアル」67頁）。

(オ)　法律上損害賠償責任を負担すべきすべての被保険者について，次のいずれかに該当する事由があった場合
　①　被保険者又はその法定相続人の破産又は生死不明
　②　被保険者が死亡し，かつ，その法定相続人がいないこと

(6)　被害者直接請求権の行使制限

被害者による損害賠償請求権の直接請求は，次のいずれかに該当する場合には，これを行使することはできない（「自動車保険の解説2017」245頁）。
①　被保険者が損害賠償請求権者に対し負担する法律上の損害賠償責任の額について，被保険者と損害賠償請求権者との間で，判決が確定し，又は裁判上の和解，調停もしくは書面による合意が成立した時の翌日から起算して3年を経過した場合
②　損害賠償請求権者の被保険者に対する損害賠償請求権が時効によって消滅した場合

第 2 章

交通事故における損害及び損害賠償請求権

第1 交通事故における損害

I 損害の分類

交通事故における損害は，以下のように分類することができる。

〔交通事故における損害〕
(1) 物件損害〔物的損害，物損〕
(2) 人身損害〔人的損害，人損〕
　㋐財産的損害 ─ ⓐ積極的損害
　　　　　　　　 ⓑ消極的損害
　㋑精神的損害〔慰謝料〕

　人身損害〔人的損害，人損〕は，生命・身体に対する侵害により生じた損害である。その中の積極的財産損害とは，死傷事故によって財産が滅失・毀損したために生じた損害あるいは死傷事故の結果実際に出資を余儀なくされたために生じた損害である。具体的には，身体損害における治療関係費，付添看護費，将来の付添看護費等がある。消極的財産損害とは，不法行為により死傷した被害者が仮に生きていたならば又は負傷しなければ得られたであろう利益を得べかりし利益として，これが得られなかった利益（損害）のことである。具体的には，休業損害，逸失利益等がある。
　被害者が事故によって負傷した場合，症状固定（治療を続けてもこれ以上症状の改善が認められない状態になった時）までの損害が治療関係費（積極的財産損害）となり，症状固定後の損害は後遺障害逸失利益（消極的財産損害）となる。

Ⅱ 物件損害〔物的損害,物損〕

1 修理費等

(1) 修理費相当額の請求

　事故車の修理費は,修理が相当な場合に,適正な修理費相当額が損害となる。損傷を受けている以上,損害は現実に発生しており,修理を予定していなくとも同様である(大阪地判平10・2・24自動車保険ジャーナル1261号2頁)。

> ✏️〔分損〕
> 　実務では,物理的全損(後記(2)(46頁)参照)又は経済的全損(後記(3)(47頁)参照)にならなかったときを「分損」と呼んでいる(「簡裁交通損害賠償訴訟事件審理・判決研究」14頁29)。

(2) 物理的全損における損害

ア 物理的全損における損害額

　自動車のフレーム等車体の本質的構造部分が事故によって重大な損傷を受けた場合等,自動車の基幹部分に損害が加わり,修理によって回復不能な損害が生じた場合は,物理的全損として,事故車と同等の車両の事故時における市場価格(取引価格,時価額)が損害と認められる。この自動車の事故当時における取引価格は,原則として,これと同一の車種・年式・型,同程度の使用状態・走行距離等の自動車を中古車市場において取得し得るに要する価格によって定めるべきであるとされている(最判昭49・4・15民集28巻3号385頁・交民集7巻2号275頁)。事故車両の全損によって同種同等の車両の購入が必要となった場合,当該車両時価額の消費税分も相当因果関係のある損害と認められる(東京地判平22・1・27交民集43巻1号48頁)。この場合,事故車の売却代金(スクラップ代金)は損益相殺し,事故車の市場価格との差額が損害となる〔買替差額〕(前掲最判昭49・4・15)。

第1　交通事故における損害

イ　車両時価額の認定

　この場合に損害とされる車両時価額は，事故当時の車両時価額（中古車市場における価格）であり，『オートガイド自動車価格月報』（通称「レッドブック」）（オートガイド社），『中古車価格ガイドブック』（通称「イエローブック」，「シルバーブック」）（一般財団法人日本自動車査定協会），「建設車両・特殊車両標準価格表」（全国技術アジャスター協会）やインターネット上での中古車販売情報等を参考に認定する（東京地裁「過失相殺率の認定基準全訂5版」17頁，「大阪地裁交通損害賠償算定基準〔3版〕」10頁・63頁，「簡裁交通損害賠償訴訟事件審理・判決研究」13頁・14頁，森冨ほか「交通関係訴訟の実務」432頁）。

(3)　経済的全損における損害

ア　経済的全損における損害額

　修理費用が車両価格を超える場合には，事故前の車両価格（原則として，事故前の車と同一の車種・年式・型，同程度の使用状態・走行距離等の自動車を中古車市場において取得し得るに要する価格（最判昭49・4・15民集28巻3号385頁・交民集7巻2号275頁））の限度でしか賠償請求できないが，この場合，事故前の車両価格の損害賠償を受けると，被害者の手元に残っている事故車の売却代金（スクラップ代金）を二重に取得することになるので，そのスクラップ代金を損益相殺し，事故前の事故車の市場価格と事故車の売却代金（スクラップ代金）の差額を損害とする〔買替差額〕（最判昭49・4・15民集28巻3号385頁・交民集7巻2号275頁）。

イ　車両時価額の認定

　この場合に損害とされる車両時価額の認定については，物理的全損の場合と同様である（前記(2)イ（47頁）参照）。

ウ　経済的全損判断のために修理費と比較すべき損害額

　経済的全損か否かは，修理費の額と事故車両時価額（東京地判平26・8・22（平25(ワ)22775，26(ワ)714，1118）判例秘書（自動車価格月報（レッドブック）の事故車と同一の車種・年式の車両の中古車販売価格に消費税を加えた額とする。））及び新たな車両購入諸費用等を含めた額が修理費の額を超える場合に経済的全損となると

第2章　交通事故における損害及び損害賠償請求権

解される（東京地判平14・9・9交民集35巻6号1780頁，名古屋地判平15・2・28自動車保険ジャーナル1499号17頁，東京地判平15・8・4交民集36巻4号1028頁）。

エ　経済的全損の主張立証責任

被害車両が経済的全損となったこと，つまり，適正修理費用が交通事故前の被害車両の価格及び買替諸費用の合計額を上回ることは，被害者（原告）についての適正修理費用の損害賠償を免れようとする加害者（被告）において立証する必要があると解するのが相当である（東京地判平28・6・17交民集49巻3号750頁）（梶村ほか「プラクティス交通事故訴訟」450頁・472頁）。

(4)　車両購入諸費用等

ア　買替えのための車両購入諸費用等の損害性

交通事故に伴う事故車両の物理的・経済的全損による買替えが必要となった場合，その車両そのものの価格（時価）が損害となるほか，新たな自動車の再調達のための買替諸費用も損害となる（名古屋地判平15・2・28自動車保険ジャーナル1499号17頁，東京地判平15・8・4交民集36巻4号1028頁，名古屋地判平21・2・13交民集42巻1号148頁，横浜地判平28・3・31自保ジャーナル1977号136頁（普通自動二輪車））。

なお，事故車両の修理費が事故車両時価及び買替費用額の合計額を上回る経済的全損の場合，買替えの有無にかかわらず，買替諸費用を事故と相当因果関係のある損害と認めるべきである（東京地判平27・8・4（平27(レ)384）判例秘書）。

イ　新たな取得車両の買替諸費用の損害性

交通事故に伴う事故車両の物理的・経済的全損による買替えが必要となった場合，新たに取得する車両の自動車取得税は損害として認められる（東京地判平6・10・7交民集27巻5号1388頁，名古屋地判平10・10・2自動車保険ジャーナル1297号2頁，東京地判平25・9・30自保ジャーナル1911号119頁）。自動車の取得価格が50万円以下の場合には自動車取得税は課税されないので（地方税法120条（1条2項），制定附則12条の24），被害車両の事故時の時価が50万円以下で，それと同程度のものとして新たに取得することが認められる車両の価格が50万円以

第1　交通事故における損害

下となる場合は，現実に新たに取得した車両の価格が50万円を超えて自動車取得税がかかったとしても，当該自動車取得税は，事故による損害とは認められない（神戸地判平18・11・17交民集39巻6号1620頁）。

　交通事故に伴う事故車両の物理的・経済的全損による買替えが必要となった場合，新たに取得した車両の自動車重量税については，損害として認めることができない（名古屋地判平10・10・2自動車保険ジャーナル1297号2頁）。また，事故に伴う事故車両の物理的・経済的全損による買替えが必要となった場合，新たに取得した車両の自動車税・自賠責保険料は，損害として認められない（大阪地判平26・1・21交民集47巻1号68頁）。

　交通事故に伴う事故車両の物理的・経済的全損により買替えが必要となった場合，リサイクル料金〔再資源化等預託金〕も，事故と相当因果関係のある損害として認められる（大阪地堺支判平22・1・18自保ジャーナル1824号104頁，東京地判平25・9・30自保ジャーナル1911号119頁，東京地判平26・3・12交民集47巻2号308頁）。

　交通事故に伴う事故車両の物理的・経済的全損により買替えが必要となった場合，車両購入費用として，検査・登録手続費用及び車庫証明費用があり（東京地判平14・9・9交民集35巻6号1780頁），それらは，車両を取得する都度出捐を余儀なくされる法定の費用として，損害賠償請求の対象となる（名古屋地判平21・2・13交民集42巻1号148頁）。

　検査・登録手続代行費用，車庫証明手続代行費用，納車費用については，車両購入者が通常それらを販売店に依頼している実情から，車両の取得行為に付随するものとして損害賠償の対象となるとした裁判例が多い（東京地判平14・9・9交民集35巻6号1780頁，東京地判平15・8・4交民集36巻4号1028頁，東京地判平15・8・26交民集36巻4号1067頁，名古屋地判平21・2・13交民集42巻1号148頁）。

　　ウ　事故車両分の諸費用の損害性

　事故車両の廃車に要する費用や事故車両の未経過自動車重量税等も，買替諸費用に含めて，事故による損害として認められる（東京地判平15・8・4交民集36巻4号1028頁，東京地判平22・1・27交民集43巻1号48頁）。

第2章　交通事故における損害及び損害賠償請求権

　事故車両について支払われていた自動車税・自賠責保険料のうち未経過分については，被害者において返還を求めることができるから，事故と相当因果関係を有する損害とは認められず（東京地判平13・12・26交民集34巻6号1687頁，大阪地判平26・1・21交民集47巻1号68頁），返還を求め得る未経過分の自動車税・保険料の額は損害から控除すべきとされている（東京地判平元・10・26交民集22巻5号1192頁）。

> ＊　軽自動車税は，還付制度がないが，神戸地判平20・11・6交民集41巻6号1414頁・自動車保険ジャーナル1774号2頁は，事故が発生した年度分の自動二輪車の軽自動車税は，事故の有無にかかわらず，所有原告が納税義務を負うものであり，事故の年の翌年以降の分は原告が廃車手続をとらずに払い続けたものであるから，いずれも事故と相当因果関係がある損害とは認められないとした。

〔事故車両の〈未経過分自動車重量税，未経過分自動車税及び未経過分軽自動車税〉の買替諸費用としての損害性〕

　自動車検査証の交付等を受ける者は，自動車重量税を納める義務があり（自動車重量税法4条1項），自動車検査証の交付等を受ける者は，その自動車検査証の交付等を受ける時までに自動車重量税を納付しなければならず（同法8条），賦課期日後に納税義務が消滅した者に関する規定はないため，事故車両について，廃車日の翌日以降の未経過分自動車重量税の還付は認められず（使用済み自動車に係る自動車重量税廃車還付制度を利用する場合を除く。），賦課期日後に納付義務が発生した者に関する規定もないため，買替車両について，その自動車検査証の交付等を受ける時までに自動車重量税を納付する必要がある。そうすると，自動車重量税については，事故車両分と買替車両分について二重に納付することが必要な期間が生ずることになる。そのため，事故車両の未経過分自動車重量税が買替諸費用として事故による損害性が認められることになる。

　これに対し，軽自動車税は，4月1日が賦課期日とされ（地方税法445条1項），納付は原則として4月中とされ（同条2項），賦課期日後に納付義務が消滅した者に関する規定はないので，事故車両について，廃車日の翌月以降の未経過分軽自動車税の還付は認められず，賦課期日後に納付義務が発生した者に

第1 交通事故における損害

　関する規定もないので，買替車両について，購入日該当年度内は軽自動車税を納付する必要はないことになる。そうすると，軽自動車税については，事故車両分と買替車両分について二重に納付することが必要となる期間が生ずることはない。そのため，買替による経済的損失が生ずることはないといえ，事故車両の未経過分軽自動車税を事故による損害として認めることはできないと解される。

　なお，自動車税は，4月1日が賦課期日とされ（地方税法148条），納付は原則として5月中とされ（同法149条），賦課期日後に納税義務が消滅した者には，その消滅した月まで月割をもって自動車税を課するとされ（同法150条2項），事故車両については，廃車日の翌月以降の未経過分自動車税は月割で還付され，賦課期日後に納付が発生した者には，その発生した月の翌月から月割をもって自動車税を課すとされ（同条1項），買替車両については，購入日の翌月以降の自動車税を月割で納める必要がある。そうすると，自動車税については，事故車両の未経過分について還付制度があるため，事故車両分と買替車両分の自動車税を二重に納付することにならず，事故車両の未経過分自動車税を事故による損害と認めることはできないことになる。

第2章　交通事故における損害及び損害賠償請求権

エ　事故車両の物理的・経済的全損によって損害となる買替諸費用等のまとめ

〔[事故車両の]〈物理的・経済的〉全損によって損害となる買替諸費用等〕

項　目	損　害　性
新たな取得車両分	
自動車取得税	○（自動車の価格が50万円を超える場合）
リサイクル料金〔再資源化等預託金〕	○
検査・登録手続費用	○
車庫証明費用	○
検査・登録手続代行費用，車庫証明手続代行費用，納車費用	○
ナンバープレート代	○
自動車重量税	×
自動車税	×
自賠責保険料	×
事故車両分	
未経過自動車重量税	○
廃車法定費用	○
未経過分軽自動車税	×
未経過分自動車税	×
未経過分自賠責保険料	×

2　評価損〔格落損〕

(1)　評価損〔格落損〕の定義

　評価損〔格落損〕とは，損害車両に対して十分な修理がなされた場合であっても，修理の後の車両価格が，事故前の価格を下回ることをいう。具体的には，①修理技術上の限界から，潜在的に，自動車の性能，外観等が，事故前より低下すること，②事故による衝撃のため，車体，各種部品等に負担がかかり，修理後間もなく不具合がなくとも経年的に不具合が発生することが起こりやすくなること，③修理の後も隠れた損傷があるかもしれないとの懸念が残ること，④事故にあったことが縁起が悪いということで嫌われる傾向にあること等の諸点により，中古車市場の価格が事故にあっていない車両よ

りも減価することをいうものと解されている（東京地判昭61・4・25判タ605号96頁・判時1193号116頁）（東京地裁「過失相殺率の認定基準全訂5版」17頁・18頁）。

(2) 評価損〔格落損〕の認定

　評価損については，初年度登録からの期間，走行距離，修理の程度，車種等を考慮して認定することになる。修理しても原状回復ができない欠陥が残った事例，購入して間もない事例等で評価損が認められている。具体的には，①修理費を基準に評価額を認めた事例，②車の時価を基準に評価損を定めた事例，③一般社団法人日本自動車査定協会の査定等を考慮して評価損を算定した事例等がある。具体例としては，初年度登録からの期間（例えば，3年以内程度），走行距離，修理の程度，車種等を考慮し，修理費を基準に30％程度を上限として認めている事例が多く（東京地裁「過失相殺率の認定基準全訂5版」18頁，「簡裁交通損害賠償訴訟事件審理・判決研究」14頁・15頁，佐久間ほか「交通損害関係訴訟〔補訂版〕」240頁24)），その他の事例も，修理費の半分程度の金額で収まっている事例が多く，少なくとも認めた金額は修理費の金額の範囲内で収まっているようである（園部「交通事故物損認定実務（改訂）」95頁(1)，園部「物損事故紛争解決手引〔3版〕」18頁・19頁）。

> ※　日弁連東京「損害賠償額算定基準2002」295頁以下では，裁判例の傾向として，外国車又は国産人気車種で初度登録から5年，走行距離で6万km，国産車で3年，走行距離で4万kmを超えると評価損が認められにくいとされている。

3　代車代〔代車使用料〕

(1) 代車代〔代車使用料〕が認められる場合

　代車代は，代車が必要な場合で，実際に代車を使用した場合に，損害として認められる（森冨ほか「交通関係訴訟の実務」435頁，「簡裁交通損害賠償訴訟事件審理・判決研究」15頁）。事故車を営業車として用いていた場合は，修理している間代車使用は不可欠であるとして，代車料〔代車使用料〕が損害として認められる。自家用車〔マイカー〕の場合，事故車の使用が日常生活に必要不

第2章　交通事故における損害及び損害賠償請求権

可欠であるような場合で，現実に代車料〔代車使用料〕を支出したときは，代車料〔代車使用料〕が損害として認められる（東京地判平6・10・7交民集27巻5号1388頁，東京地判平13・11・29交民集34巻6号1558頁）（園部「物損事故紛争解決手引〔3版〕」19頁）。マイカーを単に，近所への買い物や子供の送迎にときどき使用する程度では代車の必要性は認められない。

　代車を借りなくても，他の公共交通機関を利用することにより格別の不具合が生じない場合には，公共交通機関を利用すべきであり，公共交通機関の利用限度で損害を認める（東京地判平13・8・30交民集34巻4号1141頁，前掲東京地判平13・11・29）（園部「物損事故紛争解決手引〔3版〕」19頁・20頁）。この他の代替交通機関の利用については，代車使用料を争う側で，代車を使用するまでもなく他の交通機関を利用すれば足りることを主張立証することになると思われる（梶村ほか「プラクティス交通事故訴訟」243頁）。

(2)　代車料〔代車使用料〕を認める期間

　事故により損傷した自動車の修理をする期間あるいは買替えまでの期間中，代車を使用し，それに伴う支出をした場合，その費用は，相当な修理期間又は買替期間の範囲内で損害として認められる（東京地裁「過失相殺率の認定基準全訂5版」18頁，日弁連東京「損害賠償額算定基準上2018」227頁，園部「〔改訂〕民事事件論点ノート（紛争類型）」572頁，園部「物損事故紛争解決手引〔3版〕」20頁）。

　代車料が認められる修理期間は，1週間から2週間が通例である（名古屋地判平12・3・17交民集33巻2号546頁（10日間），大阪地判平27・5・19交民集48巻3号616頁（修理期間（代車期間）から，修理部品見積から発注までの期間を控除して，修理期間を14日間として代車費用を認めた。），東京地判平29・1・13自保ジャーナル1994号91頁（14日））。

　加害者が対物保険に加入している場合には，保険会社のアジャスターが事故車を確認し，修理の範囲，方法について修理業者と協議するのが一般的であり，これらの協議ができないと修理に着手しないのが普通であるから，修理期間は，厳密に修理行為そのものに必要な期間というのではなく，当該対物保険の査定実務を踏まえた修理の準備を含めた修理期間を考えるべきであ

第1　交通事故における損害

る（東京地判平12・3・15交民集33巻2号535頁，東京地判平14・10・15交民集35巻5号1371頁）（「簡裁交通損害賠償訴訟事件審理・判決研究」15頁，園部「〔改訂〕民事事件論点ノート（紛争類型）」572頁，園部「物損事故紛争解決手引〔3版〕」20頁）。

　事故車両が経済的全損の場合は，代車期間としては，買替相当期間1か月程度が相当である（大阪地判平13・6・8交民集34巻3号738頁（30日），京都地判平23・2・1交民集44巻1号187頁・自保ジャーナル1850号105頁（保険会社の調査に時間を要したとして40日間の代車使用の必要性認定），静岡地沼津支判平28・12・16自保ジャーナル1994号46頁（4週間））（園部「〔改訂〕民事事件論点ノート（紛争類型）」572頁・573頁，園部「物損事故紛争解決手引〔3版〕」20頁・21頁）。

(3)　代車料〔代車使用料〕の金額

　代車料は，通常の国産車で1日あたり5000円から2万円程度，高級車で1日あたり1万5000円から3万円程度認められることが多い。被害車両が高級外車の場合，被害車両の利用目的や利用状況に照らし，高級外車を利用する合理的必要性を認めるに足りる特別の事情が存しない限り，国産高級車の代車料の限度で認める例が多い（名古屋地判平27・5・18自保ジャーナル1955号64頁，大阪地判平27・5・19交民集48巻3号616頁）（園部「交通事故物損認定実務（改訂）」131頁）。

4　休車損〔休車損害〕

(1)　休車損〔休車損害〕が認められる場合

　運送会社の貨物自動車，タクシー等，営業車が事故により損傷して営業ができなかったために損害が生じた場合，その損害を休車損として，当該被害車の相当な修理期間又は買替期間の範囲内で損害が認められる（最判昭33・7・17民集12巻12号1751頁）（東京地裁「過失相殺率の認定基準全訂5版」18頁，日弁連東京「損害賠償額算定基準上2018」230頁，園部「〔改訂〕民事事件論点ノート（紛争類型）」573頁・574頁，園部「物損事故紛争解決手引〔3版〕」22頁）。

(2)　休車損〔休車損害〕の算出

　休車損は，被害車両によって1日あたりに得られる利益額に相当な修理期

第2章　交通事故における損害及び損害賠償請求権

間又は買替期間を乗じて算出される（東京地裁「過失相殺率の認定基準全訂5版」18頁，園部「〔改訂〕民事事件論点ノート（紛争類型）」574頁，園部「物損事故紛争解決手引〔3版〕」22頁）。

　具体的には，被害者の確定申告等で1日あたりの利益を算出し，これを車両の保有台数で除する方法や，1台あたりの売上から経費を控除する方法で，1日あたりの利益を算出する。1日あたりの営業収入は，事故前3か月ないし1年の売上実績を基に算出する。経費としては，流動経費（神戸地判平8・7・19交民集29巻4号1061頁）をはじめ，稼働しないことによって支出を免れた経費を控除する（東京地裁「過失相殺率の認定基準全訂5版」18頁，園部「〔改訂〕民事事件論点ノート（紛争類型）」574頁，園部「物損事故紛争解決手引〔3版〕」22頁・23頁）。

　売上から控除されるべき経費は，車両を使用しないことによって免れた変動経費（車両の実働率に応じて発生額が比較的に増減する経費）として，燃料費（大阪地判平5・1・29交民集26巻1号152頁，名古屋地判平10・10・2自動車保険ジャーナル1297号2頁），通行料（大阪地判平5・1・29交民集26巻1号152頁，名古屋地判平10・10・2自動車保険ジャーナル1297号2頁），修理代（名古屋地判平10・10・2自動車保険ジャーナル1297号2頁），運転手の乗務手当（東京地判平18・8・28交民集39巻4号1160頁）等に限るべきであり，固定経費（車両の実働率にかかわらず休車期間における発生額が一定である費用）である，乗務手当以外の人件費（横浜地判平元・6・26判時1350号96頁・交民集22巻3号714頁），減価償却費，保険料，駐車場使用料，税金等は控除すべきでない（札幌地判平11・8・23自動車保険ジャーナル1338号2頁，大阪地判平22・7・29自保ジャーナル1860号152頁）（園部「〔改訂〕民事事件論点ノート（紛争類型）」574頁，園部「物損事故紛争解決手引〔3版〕」23頁，園部「交通事故物損認定実務（改訂）」96頁，森冨ほか「交通関係訴訟の実務」441頁・442頁）。

〔休車損害算定式〕

休車損害＝〔被害車両の1日あたりの売上高－変動経費（燃料等）〕×必要な休車期間

第1　交通事故における損害

(3) 予備車両〔遊休車〕がある場合の休車損〔休車損害〕

　予備車両〔遊休車〕がある場合は，現実に休車損は発生しないので，休車損は認められない（東京簡判平25・6・25（平24(ハ)9363，33958）裁判所ＨＰ・判例秘書）（東京地裁「過失相殺率の認定基準全訂5版」18頁，園部「〔改訂〕民事事件論点ノート（紛争類型）」575頁，園部「物損事故紛争解決手引〔3版〕」23頁）。

　遊休車の存在については，立証資料が加害者の手元になく，証拠への距離等を考えれば，被害者が遊休車の不存在について立証責任を負担すると考えるべきである（東京地判平15・3・24交民集36巻2号350頁，神戸地判平18・11・17交民集39巻6号1620頁，大阪地判平21・2・24自保ジャーナル1815号149頁，東京地判平28・10・11交民集49巻5号1192頁・自保ジャーナル1989号138頁）（梶村ほか「プラクティス交通事故訴訟」235頁，東弁法友「改訂交通事故実務マニュアル」204頁，園部「物損事故紛争解決手引〔3版〕」24頁，園部「交通事故物損認定実務（改訂）」147頁）。

5　その他の物的損害

(1) レッカー代，事故車の保管料，修理見積費用，廃車料等

　事故によって被害車両が運転できなくなった場合，事故現場からの被害車両の引揚費用，レッカー代については，特に高すぎるなどの事情のない限り，事故と相当因果関係のある損害と認められる（東京地判平14・8・30交民集35巻4号1193頁，横浜地判平27・8・31交民集48巻4号1052頁・自保ジャーナル1959号114頁）（日弁連東京「損害賠償額算定基準上2018」233頁，園部「〔改訂〕民事事件論点ノート（紛争類型）」575頁，園部「物損事故紛争解決手引〔3版〕」25頁，園部「交通事故物損認定実務（改訂）」157頁）。

　事故車両を修理するか買替えをするかを判断するために必要な期間において保管料を支出した場合，その保管料は加害者が賠償すべき損害と解される（大阪地判平10・2・20交民集31巻1号243頁，東京地判平13・5・29交民集34巻3号659頁，東京地判平21・1・21交民集42巻1号31頁，大阪地判平28・7・15自保ジャーナル1985号95頁（自動二輪車））（日弁連東京「損害賠償額算定基準上2018」233頁，園部「〔改訂〕民事事件論点ノート（紛争類型）」575頁，園部「物損事故紛争解決手引〔3版〕」25

頁，園部「交通事故物損認定実務（改訂）」163頁3）。

結果として全損となった被害車両について，業者に依頼して修理費見積額を支出している場合，当該修理費見積費用は損害として認められる（大阪地判平16・2・13交民集37巻1号192頁，名古屋地判平21・2・13交民集42巻1号148頁）（日弁連東京「損害賠償額算定基準上2018」233頁，園部「物損事故紛争解決手引〔3版〕」25頁，園部「交通事故物損認定実務（改訂）」166頁・167頁）。

事故車両が全損となり買替えをする場合，事故車両の廃車費用を要したとすれば，それも事故と相当因果関係のある損害として認められる（大阪地判平10・2・20交民集31巻1号243頁，東京地判平13・5・29交民集34巻3号659頁，名古屋地判平21・2・13交民集42巻1号148頁）。事故車両が全損となった場合，その解体等の車両処分費用も事故と相当因果関係のある損害として認められる（東京地判平9・1・29交民集30巻1号149頁，大阪地判平16・2・13交民集37巻1号192頁）（日弁連東京「損害賠償額算定基準上2018」234頁，園部「〔改訂〕民事事件論点ノート（紛争類型）」575頁，園部「物損事故紛争解決手引〔3版〕」26頁，園部「交通事故物損認定実務（改訂）」168頁1・169頁2）。

(2) ペットの治療費等

一般に，不法行為によって物が毀損した場合の修理費等については，そのうちの不法行為時における当該物の時価額相当額に限り，これを不法行為との間に相当因果関係のある損害とすべきであるとされている。動物であるペットに関して生じた損害も，人に関する損害ではないので，物件損害〔物的損害，物損〕として扱われ，同様に考えることになる（園部「身近な損害賠償関係訴訟」102頁）。

しかし，愛玩動物（ペット）のうち家族の一員であるかのように扱われているものが，不法行為によって負傷した場合の治療費については，生命をもつ動物の性質上，必ずしも当該動物の時価相当額に限られるとすべきではなく，そのペットの当面の治療費や，その生命の確保・維持に必要不可欠なものについては，時価相当額を念頭においたうえで，社会通念上，相当と認められる限度で，不法行為との間に相当因果関係のある損害に当たると解す

第1　交通事故における損害

べきである（名古屋高判平20・9・30交民集41巻5号1186頁，大阪地判平27・8・25交民集48巻4号990頁・自保ジャーナル1962号162頁）（園部「身近な損害賠償関係訴訟」102頁，園部「〔改訂〕民事事件論点ノート（紛争類型）」576頁，園部「物損事故紛争解決手引〔3版〕」26頁，園部「交通事故物損認定実務（改訂）」205頁Ⅲ）。

(3) 損害賠償請求関係費用（事故証明取得費用等）

　交通事故による損害賠償請求のために支出した，交通事故証明取得費用は，交通事故と相当因果関係のある損害と認められる（東京地判平14・8・30交民集35巻4号1193頁，東京地判平22・1・27交民集43巻1号48頁，大阪地判平27・9・4交民集48巻5号1110頁・自保ジャーナル1962号1頁）（園部「物損事故紛争解決手引〔3版〕」27頁，園部「交通事故物損認定実務（改訂）」173頁Ⅰ）。

6　財産的利益に関する慰謝料

(1) 物損に関する慰謝料

　財産的利益に関する契約締結等についての意思表示に関し，仮に相手方からの情報の提供や説明に何らかの不十分，不適切な点があったとしても，特段の事情がない限り，これをもって慰謝料請求権の発生を肯定し得る違法行為と評価することはできないとされている（最判平15・12・9民集57巻11号1887頁・判タ1143号243頁・判時1849号93頁）。そして，一般に，物損に対する慰謝料は認められないとされている（大阪地判平12・10・12自動車保険ジャーナル1406号4頁）（園部「身近な損害賠償関係訴訟」102頁，園部「物損事故紛争解決手引〔3版〕」28頁，園部「交通事故物損認定実務（改訂）」230頁Ⅰ）。

　物損であっても，被害者のその物に対する特別の愛着が侵害されたようなときや，その物損が被害者の精神的平穏を著しく害するような場合（東京地判平元・3・24交民集22巻2号420頁）には，慰謝料が認められることがある。ただ，この場合でも，被害者個人の極めて特殊な感情まで保護するわけではなく，結局は，一般人の常識に照らして判断される（園部「身近な損害賠償関係訴訟」102頁，園部「〔改訂〕民事事件論点ノート（紛争類型）」576頁，園部「物損事故紛争解決手引〔3版〕」26頁，園部「交通事故物損認定実務（改訂）」232頁2）。

第2章　交通事故における損害及び損害賠償請求権

> 〔物損に対する慰謝料が認められる場合〕
> ㋐　家屋への自動車の飛込み事故
> 　①大阪地判平元・4・14交民集22巻2号476頁，②岡山地判平8・9・19交民集29巻5号1405頁，③神戸地判平13・6・22交民集34巻3号772頁，④大阪地判平15・7・30交民集36巻4号1008頁
> ㋑　自動車による墓石の損傷事故
> 　大阪地判平12・10・12自動車保険ジャーナル1406号4頁
> ㋒　自動車事故でペットが死亡したり，死亡にも匹敵する重い傷害を負った場合（後記(2)参照）
> 　①東京高判平16・2・26交民集37巻1号1頁，②大阪地判平18・3・22判時1938号97頁，③名古屋高判平20・9・30交民集41巻5号1186頁

(2)　ペットに関する慰謝料

　近時，愛玩動物（ペット）は，飼い主との間の交流を通じて，家族の一員であるかのようになり，飼い主にとってかけがえのない存在になっていることが少なくない。そして，そのような動物が不法行為によって，死亡したり，死亡にも匹敵する重い傷害を負って，飼い主が精神的苦痛を受けたときは，社会通念上，合理的な一般人の被る精神的損害ということができ，このような場合は，財産的損害の賠償によっては慰謝されることのできない精神的苦痛があるものとみることができる。したがって，このような場合，財産的損害の賠償のほかに，慰謝料を請求することができると解される（東京高判平16・2・26交民集37巻1号1頁，大阪地判平18・3・22判時1938号97頁，名古屋高判平20・9・30交民集41巻5号1186頁）（園部「身近な損害賠償関係訴訟」103頁イ，園部「〔改訂〕民事事件論点ノート（紛争類型）」577頁，園部「物損事故紛争解決手引〔3版〕」29頁，園部「交通事故物損認定実務（改訂）」237頁(3)）。

第1　交通事故における損害

人身損害〔人的損害，人損〕

1　積極的財産損害

(1)　治療関係費
　　ア　治療関係費
　交通事故により傷害を負った場合，それに伴う治療関係費は，治療のために必要かつ相当な範囲であれば，原則として，当該治療関係費の実費全額が損害として認められる。
　　イ　むち打ち症の治療期間
　むち打ち症の治療期間については，症状の把握と診断及び治療が適切にされた場合，一般的な医学的見地として概ね2，3か月程度の期間が相当とされている。その期間については，個人差もあり，衝撃が強くある程度重篤なものについては，6か月ないしそれ以上の治療期間を要する場合もある（東弁法友「改訂交通事故実務マニュアル」161頁）。事故によるむち打ち症に基づく損害賠償請求訴訟で，治療期間が長期に及ぶもので，一定の期間に限定した治療期間の治療費を損害として認めた裁判例がある。

>　＊①　最判昭62・10・30交民集20巻6号1662頁（信号待ちで停車中の車両に時速5km程度で追突し，被害者の運転手，同乗者が頸椎捻挫，腰部捻挫等の傷害を負ったとして損害賠償を請求した事案につき，時速約5km程度の追突では通常被追突車の乗員に傷害を生ずることはないこと，他覚的症状がないことなどを理由に，当該請求を認めなかった第二審判決支持し，請求を認めなかった。）
>　＊②　東京地判平10・1・20交民集31巻1号4頁（通院期間約5年の外傷性頸部症候群の治療に基づく治療費等の損害賠償請求訴訟において，「一般に，外傷性頸部症候群の場合，治療期間として，長くても3か月程度の治療期間が妥当されているところ（鑑定結果），本件事故以前から存在していた反訴原告の家庭内及び職場の状況に，本件事故を契機として

生じた反訴原告の心因性の存在も指摘されている等の事情を総合すれば，本件事故と相当因果関係のある治療期間としては，本件事故後，概ね1年間を経過したときまでとするのが相当である。」，「本件事故と相当因果関係の認められる反訴原告の就労不能期間としては，一般に他覚的所見の乏しい頸椎捻挫，外傷性頸部症候群の場合，3か月を経過すれば可能であるところ（鑑定結果），反訴原告は，スナックを経営し，就労時間が不規則であり，立っている時間が長いことを考慮すると，これを1年間と認めるのが相当である。」，「反訴原告の後遺障害等級としては，14級10号と認めるのが相当である（鑑定結果）。」として，治療費について約1年の期間の金額の範囲で認め，これを超える部分についてはこれを認める証拠がないとし，治療が長期化したのは反訴原告の心因性が関与していることは否定できないとして，民法722条を類推適用して，反訴原告の損害額から50％を減額した。）

ウ　症状固定後の治療費

　症状固定（治療を続けてもそれ以上症状の改善を望めない状態）後の治療費は，原則として損害としては認められないが，症状の内容・程度に照らし，必要かつ相当なものは認める（日弁連東京「損害賠償額算定基準上2018」7頁）。

エ　〈整骨院・鍼灸院〉等での施術費用

　治療には，医師による医行為〔医療行為〕以外に，あん摩マッサージ指圧師，はり師，きゅう師等に関する法律によるあん摩，マッサージもしくは指圧，はり又はきゅう（同法1条），柔道整復師法による施術，その他医療類似行為としての整体，カイロプラクティック等は，医師の指示があった場合又は症状により有効かつ相当と認められる場合は相当額が治療費として認められることがある（札幌地判昭56・7・10交民集14巻4号836頁）（東弁法友「改訂交通事故実務マニュアル」79頁・85頁，梶村ほか「プラクティス交通事故訴訟」92頁(b)）。

オ　付添費用

(ｱ)　入院付添費

　入院付添費については，医者の指示があった場合又はその必要性が認められる場合に，事故と相当因果関係のある損害として認められる（佐久間ほか

第1　交通事故における損害

「交通損害関係訴訟〔補訂版〕」131頁)。

> ※　日弁連東京「損害賠償額算定基準上2018」12頁は,「職業付添人の部分には実費全額,近親者付添人は1日につき6500円が被害者本人の損害として認められる。」とする。

(ｲ)　通院付添費

　通院付添費用は,社会通念上その必要性が認められる場合(足を骨折して歩行できないとき,高次脳機能障害や幼児等のため1人では通院できないときなど)には,事故と相当因果関係のある損害として認められる(佐久間ほか「交通損害関係訴訟〔補訂版〕」134頁)。

> ※　日弁連東京「損害賠償額算定基準上2018」18頁は,「1日につき3300円」とする。

(ｳ)　将来付添費〔将来介護費〕

　後遺障害について症状固定後に必要となる付添に要する費用〔将来付添費,将来介護費〕は,被害者が日常生活において必要とされる動作を自力で行うことができないような場合など,必要と認められる場合に認められる(佐久間ほか「交通損害関係訴訟〔補訂版〕」179頁・180頁)。

〔将来付添費の計算式〕

> 将来付添費＝日額×365日×介護期間年数(症状固定時から余命に相当する年数)に対応する中間利息控除に関するライプニッツ係数

※　佐久間ほか「交通損害関係訴訟〔補訂版〕」184頁参照。
※　日弁連東京「損害賠償額算定基準上2018」22頁は,「職業付添人は実費全額,近親者付添人は1日につき8000円」とする。

カ　入院雑費

　交通事故により入院した被害者は,入院中,日用雑貨費(衣類,洗面具等),栄養補給費,通信費,文化費〔新聞雑誌代,テレビ賃借料等〕,家族通院交通費等の支出を余儀なくされるが,これらの入院雑費の支出につき個別的に立証し,その相当性を判断することは,煩雑であり,実益に乏しいことか

ら，一般に定型化されて認められる（佐久間ほか「交通損害関係訴訟〔補訂版〕」131頁）。

> ※　日弁連東京「損害賠償額算定基準上2018」37頁は，「１日につき1500円」とする。

キ　交通費

(ア)　被害者本人の通院等交通費

被害者の入院・通院等のために要した交通費は，原則として，損害として認められるが，原則として公共交通機関（電車，バス）を利用した金額となる。タクシー等を利用した場合は，傷害の内容・程度，交通の便等からみて相当性が認められないときは，公共交通機関によった場合の金額が限度となる。自家用車を利用した場合は，その必要性相当性があることを前提に，ガソリン代，高速道路料金，病院の駐車場代等が認められる（佐久間ほか「交通損害関係訴訟〔補訂版〕」134頁・135頁）。

(イ)　付添人交通費

近親者が入通院中の被害者に付き添った場合において，その必要性が認められるときは，その近親者が付添のために通院に要した交通費や宿泊費も，事故と相当因果関係のある損害として認められる（佐久間ほか「交通損害関係訴訟〔補訂版〕」136頁）。

2　消極的財産損害

(1)　休業損害と逸失利益

交通事故により傷害等を負った場合，当該傷害による症状固定日を基準として，症状固定前に生じた障害及び療養等による就業制限に基づく所得喪失を**休業損害**といい，症状固定後の後遺障害による就労制限に基づく所得喪失又は死亡による所得喪失を**逸失利益**という。

(2)　休業損害

ア　休業損害の計算

休業損害とは，被害者が交通事故により受けた傷の症状が固定するまで

第1　交通事故における損害

の療養期間中に，傷害及びその療養のため休業し，又は十分に稼働することができなかったことから生ずる収入の喪失をいい，以下のように計算する（佐久間ほか「交通損害関係訴訟〔補訂版〕」139頁）。

〔休業損害の計算式〕

> 休業損害額＝事故前の収入（基礎収入）の日額×事故発生日から症状固定日までの休業日数×各休業割合－休業中の賃金等支払分

　　イ　給与所得者の休業損害

受傷のための休業により，現実に喪失した収入額を損害と認める（日弁連東京「損害賠償額算定基準上2018」67頁）。

　　ウ　家事従事者の休業損害

賃金センサス第1巻第1表産業計企業規模計学歴計女性年齢平均賃金を基礎として，受傷のため家事労働に従事できなかった期間について，損害を算定する（最判昭49・7・19民集28巻5号872頁・判タ311号134頁・判時748号23頁，最判昭50・7・8集民115号257頁・交民集8巻4号905頁）（日弁連東京「損害賠償額算定基準上2018」81頁）。

　(3)　逸失利益

　　ア　逸失利益

逸失利益とは，事故がなければ将来にわたって被害者が得たであろう利益であり，消極的損害である。傷害による症状固定日ないし死亡までの消極的損害は**休業損害**であり，それ以降の消極的損害である逸失利益には，**後遺障害逸失利益**と**死亡逸失利益**がある。

　　イ　後遺障害逸失利益

　　(ア)　後遺障害とは

後遺障害とは，交通事故による傷害と相当因果関係がある，症状固定時に存する精神的又は身体的な毀損状態で，その存在が医学的に認められ，労働能力喪失を伴うものである（東弁法友「改訂交通事故実務マニュアル」119頁1）。**症状固定**とは，自動車損害賠償保障法にいう「治ったとき」（自賠令2条1項

2号柱書括弧書。労基77条（治った場合），労災12条の8第3項1号（治って）・22条の3第1項（なおったとき）も同義。）であり，傷害に対して行われる医学上一般に承認された治療方法（療養）をもってしても，その効果が期待し得ない状態（療養の終了）で，かつ，残存する症状が，自然的経過によって到達すると認められる最終の状態（症状の固定）に達したときをいう。

(イ)　後遺障害逸失利益とは

被害者が，症状固定時以降，後遺障害を残し，労働能力が減少したために将来発生するであろう収入減，すなわち後遺障害による就労制限に基づく所得喪失が後遺障害逸失利益である。

(ウ)　後遺障害逸失利益の算定

a　後遺障害逸失利益の算定式

> 後遺障害逸失利益＝基礎収入(年収額)×労働能力喪失率×労働能力喪失期間（就労可能年数）に対応するライプニッツ係数

※　佐久間ほか「交通損害関係訴訟〔補訂版〕」146頁，日弁連東京「損害賠償額算定基準上2018」90頁参照。

b　労働能力喪失率（労働能力低下の程度）

労働能力喪失率（労働能力低下の程度）は，自動車損害賠償保障法施行令2条別表記載の後遺障害別等級表のどの等級に該当するかを認定し，その等級に対応する労働省労働局長通牒（昭32・7・2基発第551号）別表労働能力喪失率表を参考とし（最判昭42・11・10民集21巻9号2352頁・判タ215号94頁・判時505号35頁，最判昭48・11・16集民110号469頁・交民集6巻6号1693頁），被害者の職業，年齢，性別，後遺症の部位，程度，事故前後の稼働状況等を総合的に判断して具体例にあてはめて評価する（日弁連東京「損害賠償額算定基準上2018」89頁・382頁～，園部「〔改訂〕民事事件論点ノート（紛争類型）」595頁(エ)）。

c　労働能力喪失期間の始期

労働能力喪失期間の始期は，症状固定日である（日弁連東京「損害賠償額算定基準上2018」89頁，園部「〔改訂〕民事事件論点ノート（紛争類型）」605頁）。未就労者の就労の始期については，原則18歳とするが，大学卒業を前提とする場合は

第1　交通事故における損害

大学卒業時とする（日弁連東京「損害賠償額算定基準上2018」89頁，園部「〔改訂〕民事事件論点ノート（紛争類型）」605頁ａ）。

　　ｄ　労働能力算出期間の終期
　(a)　労働能力算出期間の終期

　労働能力喪失期間の終期は，一般には，67歳までとされることが多いが，症状固定時から67歳までの年数が平均余命の２分の１より短くなる高齢者の労働能力喪失期間は，原則として平均余命の２分の１とする。ただし，労働能力喪失期間の終期は，職種，地位，健康状態，能力等により上記原則と異なった判断がなされることがある（日弁連東京「損害賠償額算定基準上2018」89頁，園部「〔改訂〕民事事件論点ノート（紛争類型）」605頁）。

　(b)　むち打ち症の後遺障害における労働能力算出期間の終期

　むち打ち症の場合，他覚的所見として，画像診断や神経学的所見などが認められた場合に12級と認定され，受傷状況・症状・治療経過・臨床所見などから現在の症状が交通外傷として発生していると説明可能な場合には14級と判断される傾向があるようである（東弁法友「改訂交通事故実務マニュアル」162頁）。後遺障害等級が12級で10年程度，14級で５年程度に制限される例が多くみられる（日弁連東京「損害賠償額算定基準上2018」89頁，東弁法友「改訂交通事故実務マニュアル」162頁，園部「〔改訂〕民事事件論点ノート（紛争類型）」605頁）。

　　ｅ　労働能力喪失期間の中間利息の控除

　労働能力喪失期間の中間利息の控除は，ライプニッツ式により，中間利息控除の基準時は，症状固定時とするのが実務である（日弁連東京「損害賠償額算定基準上2018」89頁・90頁）。

　　ｆ　後遺障害逸失利益における生活費控除

　後遺障害逸失利益の場合は，死亡逸失利益の場合と異なり，生活費を控除しないのが原則である（日弁連東京「損害賠償額算定基準上2018」90頁(5)，園部「〔改訂〕民事事件論点ノート（紛争類型）」605頁(カ)）。

　　ウ　死亡逸失利益
　㋐　死亡逸失利益の算定式

第 2 章　交通事故における損害及び損害賠償請求権

a　死亡逸失利益の算定式

> 死亡逸失利益＝基礎収入（年収額）×（1 －生活費控除）×就労可能年数に対応するライプニッツ係数

（注）　就労可能年数は，原則として67歳とし，高齢者については，簡易生命表の平均余命の2分の1と67歳までの年数の長期の方を使用する。

※　日弁連東京「損害賠償額算定基準上2018」143頁・163頁参照。

b　18歳未満の未就労者の場合の就労可能年数における中間利息控除係数

> 18歳未満の未就労者の場合の就労可能年数における中間利息控除係数
> ＝事故時から67歳までの期間のライプニッツ係数－事故時から18歳までのライプニッツ係数

※　日弁連東京「損害賠償額算定基準上2018」143頁参照。

(イ)　基礎収入の算定

a　逸失利益算定の基礎となる収入

逸失利益算定の基礎となる収入は，原則として，事故前の現実収入を基礎とするが，将来，現実収入額以上の収入を得られる立証があれば，その金額が基礎収入となる。現実収入額が賃金センサスの平均賃金を下回っても，将来，平均賃金程度の収入を得られる蓋然性があれば，平均賃金を基礎収入と算定する（東京地裁「過失相殺率の認定基準全訂5版」14頁，園部「〔改訂〕民事事件論点ノート（紛争類型）」607頁 a）。

b　賃金センサスを用いる場合の統計年度

賃金センサスを用いる場合，死亡時の年度の統計を使用する（「大阪地裁交通損害賠償算定基準〔3版〕」8頁(注)②，園部「〔改訂〕民事事件論点ノート（紛争類型）」607頁 b）。

c　家事従事者の死亡逸失利益の基礎収入の算定

家事従事者については，賃金センサスの第1巻第1表産業計企業規模計学歴計女子労働者全年齢平均賃金額を基準とするのが一般的である（最判昭49・7・19民集28巻5号872頁・判タ311号134頁・判時748号23頁）（日弁連東京「損害賠償額算定基準上2018」151頁）。

第1　交通事故における損害

　　d　学生・生徒・幼児の死亡逸失利益の基礎収入の算定

　現実の収入のない学生・生徒・幼児については，長期間に及ぶ逸失利益の推定という性格上，賃金センサス第1巻第1表産業計企業規模計学歴計男女別全年齢平均賃金額を基準とするのが一般的である（日弁連東京「損害賠償額算定基準上2018」153頁）。

　女子年少者の逸失利益については，女性労働者の全年齢平均ではなく，男女を含む全労働者の全年齢平均賃金で算定するのが一般的である（日弁連東京「損害賠償額算定基準上2018」155頁）。

　　e　失業者の死亡逸失利益の基礎収入の算定

　失業者については，労働能力及び労働意欲があり，就労の蓋然性があるものは，逸失利益が認められる。再就職によって得られるであろう収入を基礎とすべきで，その場合特段の事情のない限り失業前の収入を参考とする。ただし，失業以前の収入が平均賃金以下の場合には，平均賃金が得られる蓋然性があれば，男女別の賃金センサスによる（日弁連東京「損害賠償額算定基準上2018」158頁）。

　(ｳ)　年金受給者の年金の逸失利益性

　被害者が死亡時に年金等の支給を受けていた場合に，この年金等について逸失利益として賠償が認められるかについては，次のように考えられる。

　老齢・退職時支給の年金等については，逸失利益の発生が認められる（老齢基礎年金（最判平5・9・21集民169号793頁・判タ832号70頁・判時1476号120頁），国家公務員の退職共済年金（最判昭50・10・24民集29巻9号1379頁・判タ329号127頁・判時798号16頁），地方公務員の退職共済年金（最判昭50・10・21集民116号307頁・判時799号39頁，最大判平5・3・24民集47巻4号3039頁・判タ853号63頁・判時1499号49頁），恩給（最判昭41・4・7民集20巻4号499頁・判時449号44頁，最判昭59・10・9集民143号49頁・判タ542号196頁・判時1140号78頁））。後遺障害支給の年金等については，逸失利益の発生は認められるが，子や妻の加給分については逸失利益として認められない（最判平11・10・22民集53巻7号1211頁・判タ1016号98頁・判時1692号50頁）（佐久間ほか「交通損害関係訴訟〔補訂版〕」83頁）。

遺族支給の年金等（恩給法上の扶助料等含む。）については，受給権者自身の生計の維持を目的とした給付という性格を有するものであること，受給権者自身が保険料を拠出しておらず，給付と保険料との牽連性が間接的であり，社会保障的性格の強い給付であること，存続が不確実であることなどから，逸失利益としては認められないとされている（最判平12・11・14民集54巻9号2683頁・判タ1049号220頁・判時1732号78頁，最判平12・11・14集民200号155頁・判タ1049号218頁・判時1732号83頁）（佐久間ほか「交通損害関係訴訟〔補訂版〕」83頁）。

(エ) 死亡逸失利益における生活費の控除

死亡による逸失利益を算出するには，将来の生活費相当分を損益相殺として，以下のように控除する（佐久間ほか「交通損害関係訴訟〔補訂版〕」85頁3，日弁連東京「損害賠償額算定基準上2018」159頁3）。

(ｱ) 被害者が一家の支柱の場合
　① 被扶養者1人の場合　40%
　② 被扶養者2人以上の場合　30%
(ｲ) 女性（主婦，独身，幼児等を含む。）　30%
(ｳ) 男性（独身，幼児等を含む。）　50%
(ｴ) 年金部分　通常より高くする。

エ　外国人の逸失利益

被害者が外国人である場合，当該被害者が永住資格を有しているか，定められた在留期間内のことであれば，日本人と同様の方法で，逸失利益を算定する（「大阪地裁交通損害賠償算定基準〔3版〕」54頁）。一時的に日本に滞在して将来出国が予定されている外国人の逸失利益については，予測される日本での就労可能期間ないし滞在可能期間内は日本での収入等を基礎として，その後は想定される出国先での収入等を基礎として，それぞれ逸失利益を算定することになる（最判平9・1・28民集51巻1号78頁・判タ934号216頁・判時1598号78頁（不法就労外国人事例））（「大阪地裁交通損害賠償算定基準〔3版〕」54頁）。

第1　交通事故における損害

 3　精神的損害〔慰謝料〕

(1) 死亡慰謝料

　ア　死亡慰謝料

　死亡慰謝料は，被害者の死亡によって当然に発生し，これを放棄・免除する等の特別の事情が認められない限り，被害者の相続人が相続する（最大判昭42・11・1民集21巻9号2249頁・判タ211号224頁・判時497号13頁，最判昭44・10・31集民97号143頁・交民集2巻5号1238頁，最判昭45・4・21集民99号89頁・判タ248号125頁・判時595号54頁，最判昭58・4・15交民集16巻2号284頁）（「大阪地裁交通損害賠償算定基準〔3版〕」56頁・57頁）。

　イ　死亡慰謝料の額

　① 一家の支柱　2800万円
　② 母親，配偶者　2500万円
　③ その他　2000万円〜2500万円

　　※　日弁連東京「損害賠償額算定基準上2018」167頁

　ウ　近親者固有の慰謝料

　被害者の慰謝料請求権の斟酌事由としては，近親者が受けた精神的苦痛も考慮されており，被害者の慰謝料請求権と近親者の慰謝料請求権（民711条）は重なり合うものがあり，近親者の多くは死亡した被害者の慰謝料請求権を相続しており，固有の慰謝料請求権を行使したか否かによって慰謝料額に差が生ずるのはあまり相当ではないことから，死亡慰謝料は本人分及び近親者分を含んだものとして定めている（「大阪地裁交通損害賠償算定基準〔3版〕」58頁）。

(2) 傷害慰謝料

　ア　傷害慰謝料の算出

　傷害慰謝料は，原則として，入通院期間を基礎として，算出する（日弁連東京「損害賠償額算定基準上2018」174頁）。

※ 傷害慰謝料は，原則として，入通院期間を基礎として，日弁連東京「損害賠償額算定基準上2018」175頁別表Ⅰに基づいて算出する。

イ 通院が長期かつ不規則である場合の傷害慰謝料

通院が長期にわたりかつ不規則である場合には，通院日数の3.5倍程度を慰謝料算定のための通院期間の目安とすることがある（日弁連東京「損害賠償額算定基準上2018」174頁，「大阪地裁交通損害賠償算定基準〔3版〕」9頁イ・60頁）。

ウ むち打ち症で他覚症状がない場合の傷害慰謝料

むち打ち症で他覚症状がない場合等は，通常の傷害慰謝料算定基準と異なる基準（通常の慰謝料の3分の2程度）で算定する（日弁連東京「損害賠償額算定基準上2018」174頁，「大阪地裁交通損害賠償算定基準〔3版〕」9頁ウ・60頁）。

※ むち打ち症の傷害慰謝料は，日弁連東京「損害賠償額算定基準上2018」176頁別表Ⅱに基づいて算出し，通院が長期にわたる場合は，症状，治療内容，通院頻度を踏まえ実通院日数の3倍程度を慰謝料算定のための通院期間の目安とする。

(3) 後遺障害〔後遺症〕慰謝料

ア 被害者本人の後遺障害〔後遺症〕慰謝料

〔被害者本人の後遺障害〔後遺症〕慰謝料額〕

第1級	2800万円	第2級	2370万円	第3級	1990万円	第4級	1670万円
第5級	1400万円	第6級	1180万円	第7級	1000万円	第8級	830万円
第9級	690万円	第10級	550万円	第11級	420万円	第12級	290万円
第13級	180万円	第14級	110万円				

※ 日弁連東京「損害賠償額算定基準上2018」178頁参照。

イ 近親者の後遺障害〔後遺症〕慰謝料

重度の後遺障害の場合には，近親者にも別途慰謝料請求権が認められる（最判昭33・8・5民集12巻12号1901頁・判時157号12頁・家月10巻8号21頁，最判昭42・1・31民集21巻1号61頁・判タ204号115頁・判時476号32頁）。死亡慰謝料は，近親者分を含めて基準となる慰謝料額を定めるが，重度の後遺障害事案については，近親者が現実に被害者の介護をしなければならないことなどから，近

第1 交通事故における損害

親者につき別途慰謝料を認めることが多い（日弁連東京「損害賠償額算定基準上2018」191頁,「大阪地裁交通損害賠償算定基準〔3版〕」10頁(注)②・62頁）。

Ⅳ 弁護士費用

☆ 自賠責保険会社に対する被害者請求と弁護士費用→第3章第2Ⅵ1(2)（152頁）参照

☆ 保険代位による求償金請求と弁護士費用→第3章第2Ⅶ1(4)（163頁）参照

1 弁護士費用の損害性

不法行為による損害賠償の場合，弁護士費用は，事案の難易，請求額，認容された額，その他の諸般の事情を斟酌して相当と認められる額の範囲内のものに限り，不法行為と相当因果関係に立つ損害として認められる（最判昭44・2・27民集23巻2号441頁・判タ232号276頁・判時548号19頁，最判昭57・1・19民集36巻1号1頁・判タ463号123頁・判時1031号120頁）。

不法行為の被害者が自己の権利擁護のため訴えを提起することを余儀なくされた場合の弁護士費用に関する損害は，被害者が当該不法行為に基づくその余の費目の損害賠償を求めるについて弁護士に訴訟の追行を委任し，かつ，相手方に対して勝訴した場合に限って，弁護士費用の全部又は一部が損害として認められる（最判昭58・9・6民集37巻7号901頁・判タ509号123頁・判時1092号34頁）。

2 弁護士費用の算出

弁護士費用は，①弁護士費用を除く損害額を算定し，②これに過失相殺による減額をし，③既払金を控除し〔損益相殺〕，その残額の1割程度を認容している（佐久間ほか「交通損害関係訴訟〔補訂版〕」113頁・114頁，東京地裁「過失相殺率の認定基準全訂5版」19頁，日弁連東京「損害賠償額算定基準上2018」65頁）。

第1　交通事故における損害

> ＊　弁護士費用は，過失相殺後の認容損害額を考慮して算定するため，それに対してさらに過失相殺をすることはない（最判昭49・4・5集民111号521頁・交民集7巻2号263頁，最判昭52・10・20集民122号55頁・判時871号29頁・金商548号46頁）。

弁護士費用特約付損害保険加入者における弁護士費用の損害性

　被害者が自動車保険契約の弁護士費用特約を利用して損害賠償請求をしている場合，現実の弁護士費用は保険会社が負担することから，弁護士費用の損害性が争われることがある（弁護士費用の損害性を否定した裁判例－さいたま地判平23・11・18自保ジャーナル1865号167頁）。しかし，弁護士費用相当額の保険金は，原告被害者が負担した保険料の対価として支払われたものであり，原告被害者に弁護士費用相当額の損害の発生を認めるべきである（大阪地判平21・3・24交民集42巻2号418頁，東京地判平24・1・27交民集45巻1号85頁）。

Ⅴ 不法行為の損害賠償債務の遅延損害金

　不法行為に基づく損害賠償債務は，発生と同時に，何らの催告を要せず，当然に遅滞に陥ると解されている（最判昭37・9・4民集16巻9号1834頁・判タ139号51頁，最判平7・7・14交民集28巻4号963頁）。弁護士費用についても，他の損害と同様に，不法行為時から履行遅滞に陥る（最判昭58・9・6民集37巻7号901頁）。交通事故に基づく損害賠償債務に対する遅延損害金の起算日は，事故発生日となる（前掲最判平7・7・14）。

　遅延損害金の利率は，民事法定利率となる（民419条1項・404条（年5分））。＊

┈┈┈┈ ✎〔平成29年6月2日法律第44号の民法改正法（平成32年（2020年）┈┈┈┈
　　　4月1日施行）〕

　上記民法改正法により，民事法定利率は，年3％となり（民404条2項），3年を1期として，1期ごとに変動することとされた（民404条3項）。また，将来において取得すべき利益についての損害賠償の額を定める場合においてその利益を取得すべき時までの利息相当額の控除〔中間利息控除〕をするときは，その損害賠償の請求権が生じた時点における法定利率となる（民722条1項（417条の2第1項））。

第1　交通事故における損害

Ⅵ　損益相殺

1　損益相殺

　交通事故の被害者が，損害賠償金の一部の支払を受けている場合，加害者側に損害賠償の支払を求める際には，当該支払を受けている金額を控除することになる。金銭給付が損害のてん補であれば当然控除される。金銭給付が損害のてん補そのものでないときでも，被害者から給付者へ損害賠償請求権が移転する（代位する）定めがあるときや金銭給付に損害のてん補の性質があるときには控除の対象となる（森冨ほか「交通関係訴訟の実務」351頁1）。

2　損益相殺による控除の対象

(1)　損益相殺による控除の対象となるもの

　被害者の損害賠償額算定において，損益相殺として控除の対象となるものとして，以下のものがある。

ア　加害者による損害金の弁済

　加害者による損害金の弁済をどの損害項目から控除するかについては，弁済の趣旨によることになるが，全損害（人損，物損の双方）から控除されると解される場合がある（森冨ほか「交通関係訴訟の実務」359頁(1)）。

イ　自賠責保険金

　自賠責保険金の支払は，損害のてん補であり，被害者の損害額から控除される。自動車損害賠償保障法に基づく政府保障事業による損害てん補も，控除の対象となる（森冨ほか「交通関係訴訟の実務」352頁）。控除に際しては，人損の各損害項目の名目で支払われたとしても，人損の全損害から控除される（最判平10・9・10集民189号819頁・判タ986号189頁・判時1654号49頁）が，人損にだけてん補され，物損からは控除されない（森冨ほか「交通関係訴訟の実務」359頁）。

第2章　交通事故における損害及び損害賠償請求権

ウ　任意保険金

(ア)　加害者締結任意保険契約に基づく任意保険会社支払の保険金（対人賠償保険金，対物賠償保険金）

任意保険の対人損害金については人損全体から控除され（東京地判平15・5・27交民集36巻3号774頁），物損からは控除されず（大阪高判昭63・9・30交民集21巻5号930頁，東京地判平21・7・23（平19(ワ)12315）判例秘書），対物保険金については物損全体から控除される（森冨ほか「交通関係訴訟の実務」358頁・359頁・360頁）。

(イ)　被害者締結任意保険契約に基づく任意保険会社支払保険金（人身傷害補償保険金，無保険車傷害返金，車両保険金（保険25条））

☆　人身傷害補償保険における代位→第1章第2Ⅲ2(4)（33頁）参照
☆　人身傷害補償保険における不法行為に基づく損害賠償請求権の代位→第3章第2Ⅶ1(2)（157頁）参照
☆　無保険車傷害保険における代位→第1章第2Ⅲ4(4)（36頁）参照
☆　車両保険における代位→第1章第2Ⅲ6(3)（37頁）参照
☆　車両保険における不法行為に基づく損害賠償請求権の代位→第3章第2Ⅶ1(3)（161頁）参照

エ　労災保険金

労働者災害補償保険法による労災保険給付は，特別支給金等を除いて，損害の填補の性質を有し，代位の規定もあり（労災12条の4），控除される（最判平8・2・23民集50巻2号249頁（特別給付金））。

第1　交通事故における損害

給付内容（労災12条の8第1項（業務災害保険給付），21条（通勤災害保険給付））	控除できる損害項目
療養（補償）給付	治療関係費
休業（補償）給付，障害（補償）給付（障害（補償）年金又は障害（補償）一時金），傷病（補償）年金	休業損害と後遺障害による逸失利益の合計額＊
遺族（補償）給付（遺族（補償）年金又は遺族（補償）一時金）	死亡による逸失利益
葬祭料，葬祭給付	葬祭費用
介護（補償）給付	介護費，将来介護費

※　森冨ほか「交通関係訴訟の実務」352頁・353頁・360頁参照。

＊　最判昭62・7・10民集41巻5号1202頁

オ　国民年金（遺族基礎年金，障害基礎年金（国年金22条）），厚生年金（遺族厚生年金，障害厚生年金（厚年金40条））

給付内容	控除できる損害項目
国民年金法に基づく障害基礎年金，厚生年金保険法に基づく障害厚生年金	休業損害と後遺障害による逸失利益の合計額
国民年金法に基づく遺族基礎年金，厚生年金保険法に基づく遺族厚生年金	死亡による逸失利益

※　森冨ほか「交通関係訴訟の実務」361頁参照。

＊　最判平16・12・20集民215号987頁（不法行為により死亡した被害者の相続人がその死亡を原因として遺族厚生年金の受給権を取得したときは，当該相続人がする損害賠償請求において，支給を受けることが確定した遺族厚生年金を給与収入等を含めた逸失利益全体から控除すべきである。）

カ　健康保険による給付

　健康保険による治療費の給付は，損益相殺として控除の対象となる。健康保険によって支払われない治療費，つまり，治療費の自己負担部分が損害となると考えられる。

キ　その他

　その他，損益相殺としての控除の対象となるものとして，国家公務員災害補償法に基づく遺族補償金，国家公務員共済組合法に基づく遺族年金，所得補償保険金等がある（森冨ほか「交通関係訴訟の実務」353頁(8)）。

> ＊①　最大判平5・3・24民集47巻4号3039頁
> 　1　不法行為と同一の原因によって被害者又はその相続人が第三者に対して損害と同質性を有する利益を内容とする債権を取得した場合は，当該債権が現実に履行されたとき又はこれと同視し得る程度にその存続及び履行が確実であるときに限り，これを加害者の賠償すべき損害額から控除すべきである。
> 　2　地方公務員等共済組合法（昭和60年法律第108号による改正前のもの）の規定に基づく退職年金の受給者が不法行為によって死亡した場合に，その相続人が被害者の死亡を原因として同法の規定に基づく遺族年金の受給権を取得したときは，支給を受けることが確定した遺族年金の額の限度で，これを加害者の賠償すべき損害額から控除すべきである。
> ②　最判昭50・10・24民集29巻9号1379頁
> 　不法行為により死亡した国家公務員の給与，国家公務員等退職手当法による退職手当，国家公務員共済組合法による退職給付の受給利益喪失による損害賠償債権を相続した者が，右公務員の死亡により遺族に給付される国家公務員等退職手当法による退職手当，国家公務員共済組合法による遺族年金，国家公務員災害補償法による遺族補償金の受給権者でない場合には，右相続人の損害賠償債権額から右各給付相当額を控除すべきではない。

(2)　損益相殺による控除の対象とならないもの

　以下のものは，被害者の損害賠償額算定において，損益相殺として控除の対象とならない。

ア　加害者が支払った見舞金，香典

　加害者が支払った見舞金，香典は，損害のてん補とは解されないので，損

第1　交通事故における損害

益相殺として控除の対象とならない。ただ，金額等によっては，損害のてん補と解されることもある（森冨ほか「交通関係訴訟の実務」354頁(1)）。

イ　労災保険金のうちの特別支給金等

労働者災害補償保険法による労災保険金のうち，特別支給金（①遺族特別年金，遺族特別一時金，遺族特別支給金，②休業特別支給金，障害特別支給金，③傷病特別年金，④障害特別年金，障害特別年金差額一時金等）（労災29条1項，労働者災害補償保険特別支給金支給規則2条）は，損害のてん補を目的とするものではなく，代位の規定もないので，損益相殺として控除の対象とならない（最判平8・2・23民集50巻2号249頁）（森冨ほか「交通関係訴訟の実務」354頁(2)）。

ウ　任意保険における搭乗者傷害保険金，自損事故保険金

被害者締結任意保険契約に基づく保険金のうち，搭乗者傷害保険金，自損事故保険金は，保険料の対価の性質があり，代位の定めもなく，損益相殺として控除の対象とならない（森冨ほか「交通関係訴訟の実務」354頁(3)）。

☆　自損事故保険と代位→**第1章第2Ⅲ3**(4)（34頁）参照
☆　搭乗者傷害保険と代位→**第1章第2Ⅲ5**(4)（37頁）参照

エ　生命保険金，生命保険金に付加された傷害給付金・入院給付金

生命保険金，生命保険金に付加された傷害給付金・入院給付金については，ウと同様であり，損益相殺として控除の対象とならない（森冨ほか「交通関係訴訟の実務」354頁(4)）。

オ　その他

以下のものも，損益相殺として控除の対象とならない（森冨ほか「交通関係訴訟の実務」354頁(5)）。

①　身体障害者福祉法に基づく給付
②　独立行政法人自動車事故対策機構法に基づく介護料
③　生活保護法に基づく介助料
④　雇用対策法に基づく職業転換給付金
⑤　特別児童福祉扶養手当

3 損益相殺による損害額の算定

(1) 損益相殺控除の対象（損害金の遅延損害金と元本への充当）
ア 加害者による弁済

加害者による弁済については，特段の事情のない限り，損害元本に充当し，これによって充当された元本に対しては支払日までに発生した遅延損害金については支払債務を免除する旨の黙示の合意があると解される（森冨ほか「交通関係訴訟の実務」362頁(1)）。

イ 自賠責保険金

民法491条1項により，自賠責保険金の支払がなされた時点において，まず，遅延損害金に充当され，残額が元本に充当される（最判平16・12・20集民215号987頁・判タ1173号154頁・判時1886号46頁）（森冨ほか「交通関係訴訟の実務」362頁(2)）。

> 〔平成29年6月2日法律第44号の民法改正法（平成32年（2020年）4月1日施行）〕
> 上記民法改正法により，改正前民法491条1項は、改正民法489条1項となった。

ただ，交通事故による損害賠償請求訴訟においては，原告（被害者）は，自賠責保険金を受け取っている場合，それを損害額元本から控除して損害を算定し，控除後の金額に対する事故発生日からの遅延損害金だけを請求してくることも多い。このような場合，原告は自賠責保険金についても事故日に充当することに了解していると解され，被告（加害者）は事故日に充当することに異議があるとは考えられないから，同訴訟において判決をする際には，自賠責保険金を事故日に充当する取扱いをすることができると思われる。また，訴訟係属中に自賠責保険金が支払われたが，原告が自賠責保険金受取分について請求の減縮をしなかったような場合でも，特に原告がまず遅延損害金に充当することを明らかにしない限り，判決では事故日に元本に充

第1　交通事故における損害

当する扱いをすることが許されると解される（森冨ほか「交通関係訴訟の実務」364頁）。

　　ウ　任意保険金

　任意保険金の支払がなされた場合，民法491条1項によれば，まず損害金の遅延損害金に充当され，残額が元本に充当されるはずであるが，特段の事情のない限り，被害者（任意保険会社）と加害者との間で，任意保険金は損害額の元本に充当し，これによって消滅する損害金の元本に対する事故発生日から支払日までの遅延損害金は支払債務を免除する旨の黙示の合意があると解される（最判平22・9・13民集64巻6号1626頁は，被害者と加害者とは，加害者締結の任意保険金の支払に当たり，支払を受けた保険金を事故による損害金の元本に充当し，これによって消滅する損害金の元本に対する遅延損害金の支払債務を免除する旨の黙示の合意をしたことを，原審の適法に確定した事実関係とした。）（森冨ほか「交通関係訴訟の実務」363頁(3)）。

> 〔平成29年6月2日法律第44号の民法改正法（平成32年（2020年）4月1日施行）〕
> 　上記民法改正法により，改正前民法491条1項は，改正民法489条1項となった。

　　エ　労災保険金，国民年金，厚生年金

　労災保険金，国民年金，厚生年金の支払については，支給が著しく遅滞するなどの特段の事情がない限り，事故発生日に損害元本に充当される（最判平27・3・4民集69巻2号178頁（労働者災害補償保険法に基づく遺族補償年金の事例））（森冨ほか「交通関係訴訟の実務」363頁(4)）。

(2)　損益相殺控除と過失相殺の先後

　損害額の算定においては，被害者の損害全額から被害者側の過失割合による減額を行い，その後に損害保険金の支払・加害者側の支払等のてん補額を控除して，被害者が請求することができる残損害額を算定することになる（最判平17・6・2民集59巻5号901頁・判タ1183号234頁・判時1900号119頁（自賠72条1

第2章　交通事故における損害及び損害賠償請求権

項の自動車損害賠償保障事業による損害のてん補），最判平元・4・11民集43巻4号209頁（労働者災害補償保険法に基づく保険給付））（森冨ほか「交通関係訴訟の実務」356頁）。この過失相殺減額後の損害額から保険によるてん補額等を控除すると，同損害額が全ててん補されたことになる場合，被害者が訴訟で当該損害の賠償請求をしていた場合は，当該損害については請求棄却となる（東京地判平20・9・22（平19(ワ)4049）判例秘書）。

> 〔国民年金・厚生年金の支払による損害の損益相殺控除と過失相殺の先後〕
> 　国民年金・厚生年金の支払による損害の損益相殺控除と過失相殺の先後については，過失相殺後に控除するという見解と過失相殺前に控除するという見解があるが，日弁連東京「損害賠償額算定基準上2018」246頁は，過失相殺前控除としている（横浜地判平25・3・26交民集46巻2号445頁（過失相殺後控除））（森冨ほか「交通関係訴訟の実務」357頁(3)）。

VII 不法行為の損害額の計算

〔不法行為による損害額の計算式〕

損害額合計(弁護士費用を除く。)×(1-被害者の過失割合・素因減額割合)-損害てん補額+弁護士費用

第2 交通事故における損害賠償請求権

I 交通事故における損害賠償請求権〔〔交通事故における〕損害賠償請求権の個数〕

1 〔交通事故における〕人的損害の損害賠償請求権の個数

　同一の交通事故において，生命身体に係る権利が侵害された場合，民法709条に基づく損害賠償請求権として，同一の身体傷害等を理由とする財産上の損害と精神上の損害〔人的損害〕についての賠償請求権は1個であると解される（最判昭48・4・5民集27巻3号419頁）（森冨ほか「交通関係訴訟の実務」427頁，村田ほか「要件事実論30講〔4版〕」472頁）。

2 〔交通事故における〕物的損害の損害賠償請求権の個数

　同一の交通事故において，生命身体に係る権利が損害されるとともに，物的財産上の損害が生じた場合，ともに民法709条に基づく損害賠償請求権となるが，物的損害についての損害賠償請求権は，生命身体の侵害に係る損害〔人的損害〕についての損害賠償請求権とは別個の請求権となる（森冨ほか「交通関係訴訟の実務」426頁・427頁）。

　そして，物的損害に対する損害賠償請求権は，不法行為の侵害対象となる個々の物的財産権ごとに成立するから，複数の物的財産権が侵害されたときは，それが同一人に帰属し，同一の侵害行為によるものであっても，別個の財産権を構成する限り，損害賠償請求権は財産権ごとに生じると解されている（森冨ほか「交通関係訴訟の実務」427頁）。

第2　交通事故における損害賠償請求権

Ⅱ　交通事故における損害賠償請求の当事者

1　修理費相当額の損害賠償請求権者

(1)　所有者による修理費相当額の損害賠償請求の原則

　交通事故により，車両が損傷し修理を要する状態になった場合，車両の価値が修理費相当額下落するといえ，当該車両の交換価値を把握している所有者が，加害者に対し民法709条に基づき修理費相当額の損害賠償を求めることができる＊。

> ＊①　大阪地判平12・7・26交民集33巻4号1258頁（顧客名義の納車前の車の事故において，販売業者が支配管理しており，販売業者も実質的所有者であるとして，販売業者が別の車を顧客に納車したことによって被った損害賠償を認めた。）
> ②　名古屋地判平13・10・29交民集34巻5号1455頁（車検証上の所有者ではない者を所有者と認め，修理費用の損害賠償を認めた。）

　所有者は，車両の価値の下落による損害を現実に被っているから，修理する予定がなくとも修理相当額の損害賠償を求めることができる（大阪地判平10・2・24自動車保険ジャーナル1261号2頁）（第2章第1Ⅱ1(1)（46頁）参照）。

(2)　使用者による修理費相当額の損害賠償請求

ア　使用者による修理費相当額の損害賠償請求

　交通事故により車両が損傷し修理を要する状態になったとしても，車両の使用者は，当該車両の交換価値を把握していないので，当該車両の価値の下落による損害を被るわけではなく，また，当該車両の修理義務を当然に負うものではないので，当然には民法709条に基づき修理費相当額の損害賠償を求めることはできない。

イ　使用者が修理をして修理費を支払った後の損害賠償請求

　使用者が，事故車両の修理をして，修理費の支払をした後に，加害者に対

して損害賠償請求をする場合，所有者は実質的に修理費相当額の支払を受けたと考えることができ，民法422条の損害賠償による代位の規定を類推適用して，使用者は，所有者が加害者に対して有していた修理費相当額の損害賠償債権を代位行使することができると解される。この場合，使用者は，①加害者の過失によって，自らが使用する車両が損傷したこと，②自らが当該車両を修理し，修理費を支払ったことを主張立証することになる。この場合，弁護士費用及び事故日からの遅延損害金の請求をすることができないと考えられる（川原田貴弘・日弁連東京「損害賠償額算定基準下2017」56頁）。

ウ　使用者が修理をせず修理費を支払っていない場合の損害賠償請求

(ｱ)　使用者が修理をせず修理費を支払っていない場合の損害賠償請求

　使用者が事故車両の修理をせず，修理費の支払もしていない場合は，民法422条の損害賠償による代位の規定の類推適用はできないので，使用者が加害者に対し，民法709条に基づき修理費相当額の損害賠償請求をすることができるかが問題となる。

(ｲ)　所有権留保特約付売買の買主の修理費相当額の損害賠償請求

　事故車両が所有権留保特約付で売買されたものである場合，売主は未払の代金債権を担保する趣旨で所有権を留保し，買主は売主に対して担保価値を維持する義務を負っており，車両が損傷し，修理を要する状態になった場合，買主は当該車両を修理する義務を負っていると解される。そのため，買主が修理をせず，修理費の支払をしていない場合でも，修理をし，修理費を負担する予定がある場合には，修理義務を負う買主には具体的に修理費相当額の損害が発生したと解することができる（所有権留保特約付売買の買主の修理費相当額の損害賠償請求を認めた裁判例－神戸地判平8・6・14交民集29巻3号887頁，東京地判平15・3・12交民集36巻2号313頁（実際に支出したか，支出を予定する被害車両の修理費・代車代の賠償を認めた事例），京都地判平24・3・19自保ジャーナル1883号133頁，東京地判平26・11・25交民集47巻6号1423頁）（川原田貴弘・日弁連東京「損害賠償額算定基準下2017」57頁）。

　この場合，買主は，①加害者の過失によって，自らが使用する車両が損傷

したこと，②当該車両の使用者が所有権留保特約付売買の買主であること，③当該車両の修理費相当額，④自らが当該車両を修理し，修理費相当額を負担する予定であることを主張立証して，加害者に対する民法709条に基づく修理費相当額の損害賠償請求をすることができると解される（川原田貴弘・日弁連東京「損害賠償額算定基準下2017」57頁）。

(ウ)　リース契約のユーザーの修理費相当額の損害賠償請求

リース契約においては，約款上，ユーザーがリース物件について修理義務を負う旨明記されていることが多く，この場合，リース車両が損傷し，修理を要する状態になったときは，ユーザーは当該車両の修理義務を負い，ユーザーが修理をせず，修理費を支払っていない場合でも，修理をし，修理費を負担する予定がある場合には，修理義務を負うユーザーには修理費相当額の損害が発生したということができる（名古屋地判平27・7・13自保ジャーナル1957号119頁（物的損害の損害賠償請求権はユーザーが行使する旨の合意ある場合のユーザーによる損害賠償請求権の行使を認容した。））。この場合，ユーザーが加害者に対する民法709条に基づく修理費相当額の損害賠償請求をするためには，①加害者の過失によって，自らが使用するリース車両が損傷したこと，②当該車両の使用者がリース契約のユーザーであり，ユーザーが修理義務を負う旨の約款が定められていること，③当該車両の修理費相当額，④自らが当該車両を修理し，修理費相当額を負担する予定があることを主張立証することになる（川原田貴弘・日弁連東京「損害賠償額算定基準下2017」59頁）。

(エ)　使用者が所有者から修理費相当額の損害賠償請求権を譲り受けた場合

事故車両の使用者において，当該車両の所有者から修理費相当額の損害賠償請求権を譲り受けた場合には，使用者が加害者に対して修理費相当額の損害賠償を請求することができる（大阪地判平11・7・7交民集32巻4号1091頁（リース契約により，リース物件であるガソリンスタンドの洗車機の修理費に関する損害賠償請求権がリース会社からユーザーに譲渡されているとして，ユーザーによる洗車機破損による修理費の損害賠償請求を認めた。））。

エ　事故車両が全損の場合

第２章　交通事故における損害及び損害賠償請求権

　交通事故により事故車両が物理的全損となった場合，交換価値が完全に失われたと考えられ，交換価値を把握する所有者に損害が生ずると考えられ，交換価値を把握していない使用者は，所有権留保特約付売買の買主を含め，損害賠償を求めることができないと考えられる（川原田貴弘・日弁連東京「損害賠償額算定基準下2017」60頁）。

　事故車両が経済的全損となった場合は，物理的には修理が可能であり，実際に修理がされて使用が継続されることも多いと思われ，経済的全損でない場合と同様に考え，①加害者の過失によって，自らが使用する車両が損傷したこと，②使用者が修理義務を負うこと，③当該車両の修理費相当額，④使用者が当該車両を修理し，修理費相当額を負担する予定であることを主張立証すれば，事故当時の車両価格に相当する額の損害賠償請求をすることができると解される（熊本地判昭43・4・26交民集1巻2号499頁（所有権留保割賦販売での購入者による修理不能による事故直前の交換価値から事故後の交換価値を差し引いた損害の賠償請求を認めた。））（川原田貴弘・日弁連東京「損害賠償額算定基準下2017」60頁・61頁）＊。

> ＊　東京地判平２・３・13判タ722号84頁・判時1338号21頁
> 　　高速道路トンネル火災延焼事故による国家賠償請求訴訟において，以下のように判示して，所有権留保車両の買主の車両損害の賠償請求を認めた。
> 　　「自動車が代金完済まで売主にその所有権を留保するとの約定で売買された場合において，その代金の完済前に，右自動車が第三者の不法行為により毀滅するに至ったとき，右の第三者に対して右自動車の交換価格相当の損害賠償請求権を取得するのは，不法行為当時において右自動車の所有権を有していた売主であって，買主ではないものと解すべきである……。しかしながら，右売買の買主は，第三者の不法行為により右自動車の所有権が滅失するに至っても売買残代金の支払債務を免れるわけではなく（民法534条1項），また，売買代金を完済するときは右自動車を取得しうるとの期待権を有していたものというべきであるから，右買主は，第三者の不法行為後において売主に対して売買残代金の支払をし，代金を完済するに

第2　交通事故における損害賠償請求権

至ったときには，本来右期待権がその内容のとおり現実化し右自動車の所有権を取得しうる立場にあったものであるから，民法536条2項但し書及び304条の類推適用により，売主が右自動車の所有権の変形物として取得した第三者に対する損害賠償請求権及びこれに対する不法行為の日から民法所定の遅延損害金を当然に取得するものと解するのが相当である。」

2　代車料の損害賠償請求権者

　代車料は，事故により損傷した事故車両の修理又は買替えに要する期間中の，当該車両を使用することができなくなった場合に，代車を使用する必要性があり，現実に代車を使用し，それに伴い代車料を負担したときに認められるものであり，使用者が，これらの要件を主張立証すれば，加害者に対して民法709条に基づき代車料の損害賠償請求をすることができると考えられる（水戸地判昭43・11・25交民集1巻4号1342頁（所有権留保割賦販売での購入者による修理費用及び代替車借用による損害賠償を認めた。），神戸地判平8・6・14交民集29巻3号887頁（所有権留保売買での使用者による代車料の損害賠償を認めた。），東京地判平15・3・12交民集36巻2号313頁（所有権留保売買での買主ないしその意思に基づく使用者による代車使用料の賠償請求を認めた。），神戸地判平28・10・26交民集49巻5号1264頁・自保ジャーナル1990号90頁）＊。

＊　神戸地判平28・10・26交民集49巻5号1264頁・自保ジャーナル1990号90頁は，事故後廃車となった事故車両が，専ら原告の使用に供されていたとして，買替諸費用（検査・登録・届出費用，車庫証明費用，検査登録届出代行費用，車庫証明代行費用，預かりリサイクル預託金等，駐車場使用承諾証明作成費用）及び代車費用を，当該使用者である原告の損害と認めた。

3　評価損の損害賠償請求権者

　事故車両の評価損は，交換価値の下落であり，これを把握しているのは所有者であり，使用者は，所有権留保付売買の買主を含め，評価損の損害賠償を求めることはできないと解される（東京地判平12・8・23交民集33巻4号1312

第2章　交通事故における損害及び損害賠償請求権

頁，東京地判平15・3・12交民集36巻2号313頁，東京地判平21・12・24自保ジャーナル1821号104頁（評価損は所有権を留保していた者が取得すべきであるとした。），名古屋地判平27・12・25交民集48巻6号1586頁（評価損の損害が帰属するのは価値権を把握する留保所有者であり，使用者において評価損の賠償を請求することはできないとした。））＊。所有者・使用者間で，評価損の賠償を使用者に帰属させるとの明示又は黙示の合意が認められるような場合には，使用者が加害者に対し評価損の損害賠償を求めることができると解される。

> ＊　神戸地判平8・6・14交民集29巻3号887頁（所有権留保の事故車両について，登録ファイル上の使用者による評価損の損害賠償請求を認めた。）

第 3 章

交通事故における損害賠償請求の訴訟手続

第1 交通事故による損害賠償請求事件の管轄

Ⅰ 事物管轄——第一審裁判所

1 通常訴訟の事物管轄——通常訴訟の第一審裁判所

通常訴訟の事物管轄は，訴訟物の価額が140万円を超えない事件は簡易裁判所にあり（裁判所法33条1項1号），訴訟物の価額が140万円を超える事件については地方裁判所にあり（裁判所法24条1号），それぞれの裁判所に損害賠償請求訴訟を申し立てることになる。

訴訟物の価額は，遅延損害金を除く請求額（主たる請求）になる。

2 少額訴訟の事物管轄

少額訴訟（訴訟の目的の価額が60万円以下のもの（民訴368条1項））は，簡易裁判所の事物管轄に属し（民訴368条1項），簡易裁判所に損害賠償請求の申立てをすることになる。

Ⅱ 土地管轄

1 被告の普通裁判籍所在地を管轄する裁判所

　訴えは，原則として，被告の普通裁判籍である住所等の所在地を管轄する裁判所の管轄に属し（民訴4条1項・2項），その被告の住所等を管轄する裁判所に訴えを提起することになる。被告である加害者の仕事上の事故でその使用者会社に使用者責任（民715条）を問う場合は，その会社の住所は，本店所在地にあることになり（民訴4条4項，会社4条），使用者会社の本店所在地を管轄する裁判所に訴えを提起することになる。

2 義務履行地を管轄する裁判所

　財産権上の訴えは，義務履行地を管轄する裁判所に訴えを提起することができる（民訴5条1項）。損害賠償請求権は金銭債権であり，別段の意思表示がない限り，交通事故に基づく損害賠償債務の義務履行地は，債権者である原告の住所地となる（民484条）。したがって，原告の住所地を管轄する裁判所にも訴えを提起することができる（秋山ほか「コンメ民訴Ⅰ〔2版追補〕」111頁）。

3 不法行為地を管轄する裁判所

　不法行為に関する訴えは，不法行為地を管轄する裁判所に訴えを提起することができる（民訴5条9項）。したがって，不法行為に関する損害賠償請求の訴えは，交通事故が発生した事故現場の地を管轄する裁判所へも訴えを提起することができる。

第1　交通事故による損害賠償請求事件の管轄

4 業務に関する訴えの事務所・営業所を管轄する裁判所への訴え提起

　事務所又は営業所を有する者に対する訴えで，その事務所又は営業所における業務に関するものは，当該事務所又は営業所の所在地を管轄する裁判所に訴えを提起することができる（民訴5条5項）。ここでいう事務所又は営業所とは，ある程度独立して業務又は営業をするものでなければならないとされている（秋山ほか「コンメ民訴Ⅰ〔2版追補〕」118頁）。したがって，交通事故に関する損害賠償請求の訴えを，加害者の使用会社を被告として提起する場合，当該会社の事務所又は営業所においてある程度独立した業務が行われているときは，当該事務所又は営業所の所在地を管轄する裁判所にも提起することができる（秋山ほか「コンメ民訴Ⅰ〔2版追補〕」120頁）。

第3章　交通事故における損害賠償請求の訴訟手続

第2　不法行為に基づく損害賠償請求事件における当事者の主張立証

I　不法行為に基づく損害賠償請求

1　一般不法行為に基づく損害賠償請求の請求原因（民709条）

(1)　一般不法行為に基づく損害賠償請求の請求原因

　一般の不法行為における損害賠償請求において，原告が主張しなければならない請求原因事実は，以下のとおりである（潮見「債権各論Ⅱ2版」11頁，伊藤「民事要件事実講座4巻」306頁(a)，加藤ほか「要件事実の考え方と実務〔3版〕」318頁・319頁）。

　㋐　原告の権利又は法律上保護される利益の存在
　㋑　㋐に対する被告の加害行為
　㋒　㋑についての被告の故意又は過失〔評価根拠事実〕
　㋓　原告における損害の発生及び額
　㋔　㋑と㋓との因果関係

(2)　過失について

　ア　過失とは

　ここでの過失とは，「結果発生を予見し得たのに（予見可能性があったのに），注意をしなかったという心理状態（精神の緊張を欠いた状態）」（主観的過失）ではなく，「損害の発生は予見可能であり，それを回避すべき行為義務があったにもかかわらず，それを怠った」（客観的過失）ことであると解される（潮見「債権各論Ⅱ2版」28頁3.4，内田「民法Ⅱ3版」336頁・337頁）。そうすると，ここでの過失とは，予見可能性を前提とした結果回避義務違反ということになり，その判断は，当該行為者が社会生活において属するグループの

第2　不法行為に基づく損害賠償請求事件における当事者の主張立証

平均人を基準とすべきであると解される（潮見「債権各論Ⅱ2版」30頁3.5）。

　　イ　過失の主張立証責任

　過失は，規範的評価に関する一般的・抽象的概念として，「規範的要件」の一種であり，訴訟において主張立証の対象となる法律効果の発生要件としての要件事実は，過失を基礎づける具体的事実〔評価根拠事実〕であり，この主張立証責任を被害者である原告が負い，過失の存在を否定する加害者としての被告が，過失の成立を妨げる具体的事実〔評価障害事実〕を抗弁として主張立証することになると解される（潮見「債権各論Ⅱ2版」35頁3.9，佐久間ほか「交通損害関係訴訟〔補訂版〕」31頁・32頁）。

　　ウ　交通事故における過失の主張立証

　過失を基礎づける評価根拠事実は，被害者である原告が主張立証責任を負うが，交通事故の場合，自動車の運転行為自体が損害発生の蓋然性を有する行為といえ，道路交通法規は，典型的事故事例を想定し，そこから交通関与者の保護を目的とした規範としての性質を有しており，一般的には，原告としては，外形的事故態様を詳細に主張し，そこから評価される道路交通法等における注意義務とその違反行為の存在を主張すれば足りると思われる（佐久間ほか「交通損害関係訴訟〔補訂版〕」32頁(5)）。

　　エ　信頼の原則

　車両同士の交通事故における過失の有無の判断にあたっては，相手方の顕著な道路交通法違反行為や異常な運転が事故の原因となっている場合，道路交通法規に従って運転していた運転者には事故の発生につき予見可能性がなかったなどとして過失が否定されることがある〔信頼の原則〕（刑事責任－最判昭41・12・20刑集20巻10号1212頁・判タ200号139頁・判時467号16頁，民事責任－最判昭45・10・29集民101号225頁，最判平3・11・19集民163号487頁・判タ774号135頁・判時1407号64頁等）。この信頼の原則については，相手方が適切な行動に出ることを信頼することができる場合に適用されるものであり，そのような適切な行動に出ることを信頼できない幼児や高齢者に関しては適用されないとされている。

交通事故の被害者である原告が，過失の評価根拠事実として，前記ウの加害者である被告における定型的注意義務違反の存在について主張立証した場合には，被告としては，事故の責任を免れるためには，被害者の道路交通法規違反の行為等の道路交通上の異常な事態により，交通事故発生の結果を具体的に予見し，又はこれを回避することができなかったという事実を，特段の事情として主張立証することになると思われる（佐久間ほか「交通損害関係訴訟〔補訂版〕」33頁）。

(3) 損害額の主張立証責任

一般の不法行為における財産的損害の額については，原告が主張立証責任を負う（最判昭28・11・20民集7巻11号1229頁・判タ35号44頁・判時14号13頁）。慰謝料の額については，当事者は主張立証責任を負わず，裁判所の裁量により認定することができるが，慰謝料の額を基礎づける事実については，原告が主張立証責任を負うと解される（最判昭32・2・7集民25号383頁，最判昭47・6・22集民106号335頁・判時673号41頁，最判昭52・3・15民集31巻2号289頁・判タ348号201頁・判時849号75頁，最判昭56・10・8集民134号39頁・判タ454号80頁・判時1023号47頁）とされている（潮見「債権各論Ⅱ2版」63頁5.7，樋口正樹・判タ1148号26頁）。

2 一般不法行為に基づく損害賠償請求における抗弁等

(1) 違法性阻却事由の抗弁

加害者（被告）の加害行為が正当防衛（民720条1項），緊急避難（民720条2項）に当たることなどの加害行為を適法化する事由があることは，不法行為に基づく損害賠償請求権の権利発生障害事由となる（潮見「債権各論Ⅱ2版」95頁7.6，加藤ほか「要件事実の考え方と実務〔3版〕」323頁）。

(2) 責任阻却事由の抗弁等

ア 責任能力欠如の抗弁（民712条）

加害者（被告）の加害行為の際，当該加害者（被告）が未成年で，自己の加害行為の責任を弁識するに足りるべき知能を備えていなかったときは，責任無能力状態であり，当該加害者（被告）は，不法行為に基づく損害賠償責任

第2　不法行為に基づく損害賠償請求事件における当事者の主張立証

を負わないことになる（民712条）（大判大6・4・30民録23輯715頁）（加藤ほか「要件事実の考え方と実務〔3版〕」323頁，潮見「債権各論Ⅱ2版」87頁7.1）。

判例は，責任能力の有無について，12歳前後を境界線としているようである（内田「民法Ⅱ3版」399頁・400頁，潮見「債権各論Ⅱ2版」89頁）。この12歳というのは運転免許取得年齢以下であり，加害者である運転手について，通常年齢による責任能力の欠如が問題となることはないと思われる。

　　イ　精神障害の抗弁等（民713条）
　　(ｱ)　精神障害の抗弁（民713条本文）
　加害者（被告）の加害行為の際，当該加害者（被告）が精神上の障害により自己の行為の責任を弁識する能力を欠く状態であったときは，責任能力がない状態であり，当該加害者（被告）は，不法行為に基づく損害賠償責任を負わないことになる（民713条本文）（加藤ほか「要件事実の考え方と実務〔3版〕」323頁，潮見「債権各論Ⅱ2版」90頁）。
　　(ｲ)　故意過失によって一時的心神喪失に陥ったことの再抗弁（民713条但書）
　加害者（被告）の加害行為の際の責任弁識能力の欠如が一時的なものであり，かつ，責任弁識能力欠如に至ったことについて加害者（被告）に故意又は過失があることが，被告側の精神障害の抗弁に対する原告側の再抗弁となる（神戸地尼崎支判平10・6・16判タ1025号243頁）（加藤ほか「要件事実の考え方と実務〔3版〕」323頁，潮見「債権各論Ⅱ2版」90頁）。

　(3)　過失の評価障害事実の抗弁
　請求原因における，被告の加害行為についての過失の評価を根拠づける事実に対して，当該被告の加害行為についての過失の評価を障害する事実が，被告側の過失の評価障害事実の抗弁となる（潮見「債権各論Ⅱ2版」102頁，加藤ほか「要件事実の考え方と実務〔3版〕」323頁3）。

　(4)　被害者の過失相殺の抗弁（民722条2項）
　　ア　被害者の過失相殺の抗弁
　被害者に過失があるときは，裁判所は，損害賠償の額を定めるについて，これを斟酌し，その過失の多少に応じて，損害賠償額を減少させることがで

きるとされている（民722条2項）（加藤ほか「要件事実の考え方と実務〔3版〕」407頁ア）。したがって、被害者（原告）に過失があるときは、その過失の割合に応じて、被害者（原告）の損害賠償額を減少させることができることになる。具体的には、交通事故における原告側過失の割合に応じて、原告請求損害額からその原告側過失割合分を減ずることになる。

この過失相殺は当事者の主張がなくとも職権でできる（最判昭41・6・21民集20巻5号1078頁・判タ194号83頁・判時454号39頁、最判平20・3・27集民227号585頁・判タ1267号156頁・判時2003号155頁）が、被害者の過失を基礎づける事実の立証責任は加害者側にあるとされている（最判昭43・12・24民集22巻13号3454頁・判タ230号170頁・判時547号37頁（民418条の判例））。したがって、過失相殺は加害者が主張立証すべき抗弁と理解することができる（「簡裁交通損害賠償訴訟事件審理・判決研究」7頁）。

> 📖 **〔被告側の過失相殺の理由の判決への記載〕**（最判昭39・9・25民集18巻7号1528頁・判タ168号94頁・判時385号51頁）
> 「不法行為における過失相殺については、裁判所は、具体的な事案につき公平の観念に基づき諸般の事情を考慮し、自由なる裁量によって被害者の過失をしんしゃくして損害額を定めればよく、所論のごとくしんしゃくすべき過失の度合いにつき一々その理由を記載する必要がないと解するのが相当である。」

イ　被害者の過失の意義

(ア)　過失相殺における過失

民法722条2項の過失相殺における「過失」については、①事故の原因となった過失と②損害の発生・拡大に寄与した過失がある（梶村ほか「プラクティス交通事故訴訟」284頁・453頁）。

(イ)　過失相殺能力

民法722条2項の被害者の過失相殺の問題は、不法行為者に対し積極的に損害賠償責任を負わせる問題とは趣を異にし、不法行為者が責任を負うべき損害賠償の額を定めるにつき、公平の見地から、損害発生についての被害者

第2　不法行為に基づく損害賠償請求事件における当事者の主張立証

の不注意をいかに斟酌するかの問題である（最大判昭39・6・24民集18巻5号854頁・判タ166号105頁・判時376号10頁）。したがって、過失相殺するためには、被害者に事理を弁識するに足りる知能が備わっていれば足り、その者に対して不法行為責任を負わせる場合のように、行為の責任を弁識するに足りる知能が備わっていることを要しないものと解される（最大判昭39・6・24民集18巻5号854頁・判タ166号105頁・判時376号10頁）。この場合の「事理を弁識する能力」とは、裁判例によると、小学校に入学する年齢である6歳前後が一応の基準となっているようである（潮見「債権各論Ⅱ2版」105頁）。

(ウ)　過失相殺の方法

加害者及び被害者に過失が認められる場合、過失相殺をどのように行うかについては、①被害者及び加害者の過失を対比することにより定める立場〔相対説〕と②被害者の過失の度合いにより定める立場〔絶対説〕があるが、相対説が通説的見解であるとされている（「例題解説交通損害賠償法」220頁〜223頁、「簡裁交通損害賠償訴訟事件審理・判決研究」11頁）。

> 〔過失相殺における相対説及び絶対説による過失割合の計算例〕
> ◆加害者の過失が50％、被害者の過失が20％、不可抗力部分が30％の事故の場合
> 　①相対説の場合→加害者の過失50％と被害者の過失20％を対比し、被害者の過失割合は28.5％（20÷(50＋20)＝28.57……）となる。
> 　②絶対説の場合→被害者の過失割合は20％となる。

ウ　被害者側の過失

(ア)　被害者側の過失

民法722条2項の「被害者」の過失には、被害者本人の過失だけではなく、被害者側に属する者の過失も含まれる（最判昭34・11・26民集13巻12号1573頁・判時206号14頁）。

(イ)　〔被害者と〕身分上・生活関係上一体をなす関係にある者の被害者側の過失としての相殺

ここで被害者側に属するものとは，被害者と身分上ないし生活関係上一体をなすとみられる関係にある者をいう（最判昭42・6・27民集21巻6号1507頁・判タ209号143頁・判時490号47頁）。

> ＊　判例は，被害車両の運転者が被害者の配偶者又は内縁の配偶者の場合に被害者側の過失を認め（最判昭51・3・25民集30巻2号160頁・判タ336号220頁・判時810号11頁（運転者が配偶者），最判平19・4・24集民224号261頁・判タ1240号118頁・判時1970号54頁（運転者が内縁の配偶者）），被害車両の運転者が単に被害者と恋愛関係にあった者の場合に被害者側の過失の斟酌を認めなかった（最判平9・9・9集民185号217頁・判タ955号139頁・判時1618号63頁）。そして，保育園の保母に引率されて登園中の園児の交通事故による死亡事故において，当該保育園と被害者たる園児の保護者との間に，園児の監護について保育園側においてその責任を負う旨の取決めがされていたとしても，当該保母が園児の両親から直接に委託を受けて当該両親の被用者として園児の監護をしていたのではなく，当該保育園の保母が当該保育園の被用者として被害者たる園児を監護していたにすぎないときは，当該保母の監護上の過失は，民法722条2項にいう被害者の過失に当たらないとされた（最判昭42・6・27民集21巻6号1507頁・判タ209号143頁・判時490号47頁）。また，被害車両運転者が被害者と共同暴走行為者の関係にある場合にも被害者側の過失の斟酌を認めており，この判例は，「被害者と身分上ないし生活関係上一体をなすと見られるような関係にある者」でない共同暴走行為者の過失について，民法722条の過失相殺をするにあたって考慮することができるとしたことになる（最判平20・7・4判タ1279号106頁・判時2018号16頁・交民集41巻4号839頁）。

(ウ)　［被害者使用者と］被用者の関係にある運転者の過失の被害者側の過失としての相殺

　被用者が加害者になった場合に使用者責任を負う（民715条）使用者は，被用者の運転する車の事故で使用者が損害を被り被害者となる場合，被害者である使用者と被用者の関係になる運転者の過失を被害者側の過失として，被害者の損害賠償請求権を過失相殺することができると解される（梶村ほか「プラクティス交通事故訴訟」387頁）。

第2　不法行為に基づく損害賠償請求事件における当事者の主張立証

(エ)　被害者側の過失の主張立証

　被害者原告が，被害車両の運転者が被害者と身分上ないし生活関係上一体をなすとみられる関係にあること等を争わない場合，裁判所は，被害車両の運転者の過失を理由に過失相殺をすることができると考えられる。しかし，被害者原告が，それを争う場合は，被告側が，原告と運転者が過失相殺を認めるに足りる関係を有することを主張立証しなければ，裁判所が被害車両の運転者が被害者と身分上ないし生活関係上一体をなすとみられる関係にあること等を認定・判断し，被害車両の運転者の過失を理由に過失相殺をすることはできない（「簡裁交通損害賠償訴訟事件審理・判決研究」8頁，梶村ほか「プラクティス交通事故訴訟」389頁・390頁）。

エ　［後遺障害における］被害者の身体的素因・心因的素因

　後遺障害事案において，事故と被害者の身体に生じた損害との間に相当因果関係があるとしても，当該被害者の有していた身体的素因・心因的素因が損害の発生・拡大に影響していた場合，賠償金額を定めるにあたり，損害の公平な分担という損害賠償法の理念に照らし，民法722条2項の規定を類推適用して，一定の限度で当該被害者の事由を斟酌することができるとされている（佐久間ほか「交通損害関係訴訟〔補訂版〕」206頁・207頁，森冨「交通関係訴訟の実務」329頁・334頁）。

　この事由についても，過失相殺におけると同様に，損害賠償義務者から主張がなくとも，裁判所は訴訟に現れた資料に基づき，職権をもってこれを斟酌することができるとされている（最判平20・3・27集民227号585頁・判タ1267号156頁・判時2003号155頁（身体的素因関係））。ただ，裁判所としては，当事者に対する不意打ちのおそれ等を考慮しつつ適切に訴訟指揮を行う必要がある（佐久間ほか「交通損害関係訴訟〔補訂版〕」207頁）。

第3章　交通事故における損害賠償請求の訴訟手続

📖 ⑦〔被害者の身体的素因と損害賠償額の算定〕

① 最判平4・6・25民集46巻4号400頁・判タ813号198頁・判時1454号93頁

「被害者に対する加害行為と被害者のり患していた疾患がともに原因となって損害が発生した場合において，当該疾患の態様，程度などに照らし，加害者に損害の全部を賠償させるのが公平を失するときは，裁判所は，損害賠償の額を定めるに当たり，民法722条2項の過失相殺の規定を類推適用して，被害者の当該疾患を斟酌することができるものと解するのが相当である。」として事故後精神障害を呈して死亡するに至ったのは，事故による頭部打撲傷のほか，事故前に罹患した一酸化炭素中毒もその原因となっていたことが明らかであるとして，損害の5割を減額するのが相当であるとした原審の判断を是認した。

② 最判平8・10・29交民集29巻5号1272頁

被害者が事故前から頸椎後縦靱帯骨化症に罹患していたことが明白な事案について，素因減額を否定した原判決を破棄して原審に差し戻した（差戻審判決（大阪高判平9・4・30交民集30巻2号378頁）は3割の減額をした。）。

📖 ⑦〔被害者の心因的要因と損害賠償額の算定〕

① 最判昭63・4・21民集42巻4号243頁・判タ667号99頁・判時1276号44頁

「身体に対する加害行為と発生した損害との間に相当因果関係がある場合において，その損害がその加害行為のみによって通常発生する程度，範囲を超えるものであって，かつ，その損害の拡大について被害者の心因的要因が寄与しているときは，損害を公平に分担させるという損害賠償法の理念に照らし，裁判所は，損害賠償の額を定めるに当たり，民法722条2項の過失相殺の規定を類推適用して，その損害の拡大に寄与した被害者の右事情を斟酌することができるものと解するのが相当である。」と判示し，衝撃が軽度の接触事故により頭頸部軟部組織に損傷が生じ外傷性頸部症候群の症状を発した後，10年以上の入通院を継続した被害者につき，被害者は自己暗示にかかりやすく，自己中心的な考え方が強く，また神経症的な傾向が極めて強いこと，当初診察した医師は被害者の誇張した愁訴に惑わされたにせよ安静加療50日という医師の常識を超えた重症の診断を下したこと，本件事故前に被害者及びその配偶者には損害賠償の訴訟における和解により賠償金を得た経験があることなどから，心理的な要因によって引き起こされた外傷性神経症に基づくもので，更に長期の療養生活によりその症状が固定化したものと認めるのが相当であること，結論とし

第2 不法行為に基づく損害賠償請求事件における当事者の主張立証

て，その後の神経症に基づく症状についても，受傷を契機として発現したものであり，頭頸部損傷の結果神経症となる事例は必ずしもまれではないことは顕著な事実であるから，心因的な要因による神経症に基づく症状であるからといって直ちに本件事故との因果関係を否定することは相当でないが，本件事故による受傷及びそれを契機として被害者に生じた損害を全部加害者に負担させることは公平の理念に照らして相当ではなく，過失相殺の規定の類推により事故後3年間までに発生した損害のうち4割の程度に減額し，加害者に賠償責任を負担させるのが相当であるとした。

② 最判平5・9・9集民169号603頁・判タ832号276頁・判時1477号42頁
　交通事故により負傷した被害者がうつ病となり自殺した事案について，事故と自殺との間に相当因果関係があるとしたうえで，自殺には被害者の心因的要因も寄与しているとして8割の減額をした原判決の判断を是認した。

> 📖 ⑰〔被害者の身体的特徴と損害賠償額の算定〕（最判平8・10・29
> 民集50巻9号2474頁・判タ931号164頁・判時1593号58頁）
> 1　不法行為により傷害を被った被害者が平均的な体格ないし通常の体質と異なる身体的特徴を有しており，これが，加害行為と競合して傷害を発生させ，又は損害の拡大に寄与したとしても，右身体的特徴が疾患に当たらないときは，特段の事情がない限り，これを損害賠償の額を定めるにあたり斟酌することはできない。
> 2　交通事故により傷害を被った被害者に首が長くこれに伴う多少の頸椎不安定症があるという身体的特徴があり，これが，交通事故と競合して被害者の頸椎捻挫等の傷害を発生させ，又は損害の拡大に寄与したとしても，これを損害賠償の額を定めるにあたり斟酌することはできない。

オ ［運転者の］好意同乗者に対する賠償責任の制限

運転者の好意により又は無償で同乗していた自動車につき事故が発生し，当該同乗者が損害を被った場合に，運行供用者や運転者の当該同乗者に対する賠償責任を制限することができるかが問題になる。

これについては，①単なる便乗・同乗型の場合は減額せず，②危険承知型

第 3 章　交通事故における損害賠償請求の訴訟手続

（事故発生の危険性が高いような客観的事情（運転者の無免許，薬物濫用，飲酒，疲労等）が存在することを知りながらあえて同乗した場合）や③危険関与・増幅型（同乗者自身において事故発生の危険性が増大するような状況を現出させた場合（スピード違反をあおったような場合等））には，過失相殺の規定の適用又は類推適用により減額する（佐久間ほか「交通損害関係訴訟〔補訂版〕」97頁・98頁，森冨ほか「交通関係訴訟の実務」313頁 2 ）＊。

> ＊　そのほかに，④運行供用者型（好意同乗者が共同運行供用者となる場合（この場合，自動車損害賠償保障法 3 条の請求に関しては，同乗者が同条の「他人」に当たる疑問が生じ，同条の請求が否定されることも考えられるが，民法709条の責任が認められる場合がある。））として，過失相殺の規定の適用又は類推適用により減額することも考えられるが，前記②や③に挙げた事由が存在しないのに，単に自動車損害賠償保障法 3 条の規定との関係において運行供用者に当たり得ることのみをもって，賠償すべき金額を減ずるとしたものは見当たらないとされている（佐久間ほか「交通損害関係訴訟〔補訂版〕」98頁，梶村ほか「プラクティス交通事故訴訟」398頁）。

カ　一部請求と過失相殺

被害者が交通事故による損害賠償請求権の一部を訴訟上請求した場合，過失相殺をするにあたって，損害の全額から過失割合による減額をし，その残額が請求額を超えないときはその残額を認容し，残額が請求額を超えるときは請求の全額を認容することができるものと解される〔外側説〕（最判昭48・4・5民集27巻 3 号419頁・判タ299号298頁・判時714号184頁）。

> 〔一部請求における過失相殺計算例〕
>
> ◆被害者の全損害100万円のうち80万円の一部請求訴訟を提起した場合
> 　①被害者に 3 割の過失があると認定したとき
> 　（100万円の全損害額から 3 割（30万円）を控除した70万円が請求額を超えない）→70万円の限度で認容
> 　②被害者に 1 割の過失があると認定したとき
> 　（100万円の全損害額から 1 割（10万円）を控除した90万円が請求額を超える）→請求額全額80万円を認容

第2　不法行為に基づく損害賠償請求事件における当事者の主張立証

(5)　消滅時効・除斥期間の抗弁（民724条）等
ア　消滅時効の抗弁（民724条前段）

> 〔平成29年6月2日法律第44号の民法改正法（平成32年（2020年）4月1日施行）〕
> 上記民法改正法により，民法724条前段は同条1号となった。

(ア)　消滅時効の抗弁の要件事実

一般の不法行為における損害賠償請求に対する，被告側の当該損害賠償請求権の消滅時効の抗弁の要件事実は，以下のとおりである（加藤ほか「要件事実の考え方と実務〔3版〕」324頁・325頁，大江「新債権法の要件事実」173頁・174頁）。

ⓐ　被害者（原告）又はその法定代理人が損害及び加害者（被告）を知ったこと及びその日

「損害を知った」とは，被害者が損害の発生を現実に認識したことをいう（最判平14・1・29民集56巻1号218頁・判タ1086号108頁・判時1778号59頁）が，損害が発生したことを知れば足り，その程度や数額を知る必要はない（大判大9・3・10民録26輯280頁）（潮見「債権各論Ⅱ2版」115頁，森冨ほか「交通関係訴訟の実務」449頁）。

「加害者を知った」とは，加害者に対する賠償請求が事実上可能な状況の下に，その可能な程度にこれを知った時を意味するものと解するのが相当であり，被害者が不法行為の当時加害者の住所氏名を的確に知らず，しかも当時の状況においてこれに対する賠償請求権を行使することが事実上不可能な場合においては，その状況が止み，被害者が加害者の住所氏名を確認したとき，はじめて「加害者を知った時」に当たるものというべきである（最判昭48・11・16民集27巻10号1374頁）（潮見「債権各論Ⅱ2版」115頁）。

ⓑ　ⓐの日から3年の経過＊

第3章　交通事故における損害賠償請求の訴訟手続

> ✏️〔平成29年6月2日法律第44号の民法改正法（平成32年（2020年）4月1日施行）〕
> 　上記民法改正法により，人身損害の時効期間は5年間に延長されている（民724条の2）。
> 　改正民法施行日において3年の時効が完成していなければ改正民法が適用される（改正附則35条2項）。

　㋒　加害者（被告）から被害者（原告）側への時効援用の意思表示
　(イ)　消滅時効の起算日

　後遺障害に関する損害賠償請求権の消滅時効は，症状固定日から進行を開始する（最判平16・12・24集民215号1109頁・判タ1174号252頁・判時1887号52頁）。その他の損害については，事故時から消滅時効が進行すると考えられているが，人身損害については，症状固定時ないし治癒の時から消滅時効が進行すると考えられている（梶村ほか「プラクティス交通事故訴訟」53頁）。

> ＊　松山地今治支判平20・12・25判時2042号81頁・交民集41巻6号1615頁（人損については症状固定時から3年経過しないうちに時効中断（調停申立て）がなされた事案において，物損については，調停申立日までに3年以上経過しているのが明らかであり，物損は人損と別個の訴訟物であるから，物損についてのみ消滅時効により消滅するとした。）

　イ　時効中断の再抗弁
　(ア)　一部請求と〈時効中断・既判力〉

　1個の債権の数量的一部についてのみ判決を求める旨明示して訴えの提起があった場合，訴え提起による消滅時効中断の効力は，その一部の範囲においてのみ生じ残部には及ばない（最判昭34・2・20民集13巻2号209頁・判時178号3頁）。なお，その一部請求についての確定判決についての既判力は，残部の請求には及ばない（最判昭37・8・10民集16巻8号1720頁）（佐久間ほか「交通損害関係訴訟〔補訂版〕」224頁・225頁，森冨ほか「交通関係訴訟の実務」455頁）。

　1個の債権の一部についてのみ判決を求める趣旨が明示されていないときは，訴え提起による消滅時効中断の効力は，同債権の同一性の範囲内におい

第2　不法行為に基づく損害賠償請求事件における当事者の主張立証

てその全部に及ぶとされる（最判昭45・7・24民集24巻7号1177頁・判タ253号162頁・判時607号43頁）。なお，ある金額の支払を請求権の全部として請求し勝訴の確定判決を得た後，別訴において，その請求が請求権の一部であると主張してその残額を訴求することは，既判力に抵触し許されない（最判昭32・6・7民集11巻6号948頁・判タ76号24頁・判時120号1頁）（佐久間ほか「交通損害関係訴訟〔補訂版〕」225頁，森冨ほか「交通関係訴訟の実務」455頁）。

(イ)　示談交渉と時効中断

被害者と加害者又はその任意保険会社との間における示談交渉の経過において，金額に争いがあっても加害者側が損害賠償債務の存在自体を認めていると評価できる場合には，債務の承認に当たるとして消滅時効が中断する（東京地判平27・9・16（平26(ワ)17190）判例秘書）（森冨ほか「交通関係訴訟の実務」457頁）。

ウ　除斥期間の抗弁（民724条後段）

一般の不法行為における損害賠償請求に対する，被告側の当該損害賠償請求権の除斥期間の抗弁の要件事実は，以下のとおりである（最判平元・12・21民集43巻12号2209頁・判タ753号84頁・判時1379号76頁，最判平10・6・12民集52巻4号1087頁・判タ980号85頁・判時1644号42頁，最判平21・4・28民集63巻4号853頁・判タ1299号134頁・判時2046号70頁）（加藤ほか「要件事実の考え方と実務〔3版〕」325頁）。

㋐　加害者（被告）の加害行為がなされた日

㋑　㋐の日から20年が経過したこと

> ✎ **平成29年6月2日法律第44号の民法改正法（平成32年（2020年）4月1日施行）**
>
> 上記民法改正法により，民法724条前段は同条2号となり，20年の期間が消滅時効期間であることを明示した（改正前民法下で除斥期間構成をとっていた判例（最判平元・12・21民集43巻12号2209頁・判タ753号84頁・判時1379号76頁）法理の不採用）が，期間は不法行為の時から進行するとされた（筒井ほか「一問一答民法（債権関係）改正」41頁・63頁Q32，潮見「民法（債権関係）改正法の概要」48頁）。
>
> 改正民法施行日において除斥期間が経過していなければ，改正民法を適用する（改正附則35条1項）。

改正民法724条2号の消滅時効の要件事実としては,「㋐加害者（被告）の加害行為の日,㋑㋐の日から20年の経過」のほか,「㋒加害者（被告）から被害者（原告）側への時効援用の意思表示」となる（大江「新債権法の要件事実」173頁・174頁）。

第2　不法行為に基づく損害賠償請求事件における当事者の主張立証

Ⅱ　責任無能力者の監督者責任に基づく損害賠償請求

民法714条に基づく責任無能力者の監督者責任に基づく損害賠償請求

(1)　[民法714条に基づく]責任無能力者の監督者責任に基づく損害賠償請求の請求原因

　民法714条に基づく責任無能力者の監督者責任に基づく損害賠償請求において，原告が主張しなければならない請求原因事実は，以下のとおりである（伊藤「民事要件事実講座4巻」287頁）。

　㋐　原告の権利又は法律上保護される利益の存在
　㋑　㋐に対する加害行為
　㋒　原告における損害の発生及び額
　㋓　㋑と㋒との因果関係
　㋔　㋑の時，行為者が責任無能力者であったこと
　㋕　㋑の時，被告が㋑の行為者に対し法定の監督義務を負っていたこと
　　又は
　　　㋑の時，被告が監督義務者に代わって㋑の行為者を監督していたこと

　民法714条による監督者の賠償責任を追及する際，責任無能力者の故意・過失が請求原因として必要か否かについては，議論がある。最高裁平成7年1月24日判決（民集49巻1号25頁・判タ872号186頁・判時1519号87頁）は，民法714条1項の趣旨は，責任を弁識する能力のない未成年者の行為については過失に相当するものの有無を考慮することができず，そのため不法行為の責任を負う者がなければ被害者の救済に欠けるから，その監督義務者に賠償を義務づけるとともに，監督義務者に過失がなかったときはその責任を免れさせることとしたものであると判示している。この判示からすると，責任弁識能力のない者の行為については，故意に相当するものの有無を考慮することがで

きないことになると思われる。ただ，過失を客観的行為義務違反と捉える見解によれば，行為者の心理状態とは無関係に過失を問題とすることも可能であり，責任能力があれば故意又は過失が認められるべき態様の行為であることを請求原因とする考え方もあり得る（伊藤「民事要件事実講座４巻」287頁７）。

　なお，判例は，責任能力の有無について，12歳前後を境界線としているようである（内田「民法Ⅱ３版」399頁・400頁，潮見「債権各論Ⅱ２版」89頁）。この12歳というのは運転免許取得年齢以下であり，加害者である運転手について，通常年齢によって責任無能力者であるとされる事例はないと思われる。

⑵　[民法714条に基づく] 責任無能力者の監督者責任に基づく損害賠償請求における抗弁

　ア　責任無能力者の行為に正当防衛等の違法性阻却事由があること
　　※　伊藤「民事要件事実講座４巻」287頁・290頁，佐久間ほか「交通損害関係訴訟〔補訂版〕」37頁。

　イ　[被告] 監督者が監督義務を怠らなかったこと（民714条１項但書前段）
　　※　伊藤「民事要件事実講座４巻」290頁，佐久間ほか「交通損害関係訴訟〔補訂版〕」36頁・37頁。

　　＊　最判平27・4・9民集69巻３号455頁・判タ1415号69頁・判時2261号145頁
　　　　責任を弁識する能力のない未成年者が蹴ったサッカーボールが校庭から道路に転がり出て，これを避けようとした自動二輪車の運転者が転倒して負傷し，その後死亡した場合において，
　　　　「責任能力のない未成年者の親権者は，その直接的な監督下にない子の行動について，人身に危険が及ばないよう注意して行動するよう日頃から指導監督する義務があると解されるが，本件ゴールに向けたフリーキックの練習は，上記各事実に照らすと，通常は人身に危険が及ぶような行為であるとはいえない。また，親権者の直接的な監視下にない子の行動についての日頃の指導監督は，ある程度一般的なものとならざるを得ないから，通常は人身に危険が及ぶものとはみられない行為によってたまたま人身に

第2　不法行為に基づく損害賠償請求事件における当事者の主張立証

損害を生じさせた場合は，当該行為について具体的に予見可能であるなど特別の事情が認められない限り，子に対する監督義務を尽くしていなかったとすべきではない。

Cの父母である上告人らは，危険な行為に及ばないよう日頃からCに通常のしつけをしていたというのであり，Cの本件における行為について具体的に予見可能であったなどの特別の事情があったこともうかがわれない。そうすると，本件の事実関係に照らせば，上告人らは，民法714条1項の監督義務者としての義務を怠らなかったというべきである。」とした。

※　森冨ほか「交通関係訴訟の実務」73頁3は，「責任能力のない未成年者が交通事故を起こすのは自転車を運転している場合が多いが，自転車を運転する行為は，わずかな不注意で他人の人身に危険を及ぼす行為といえるから，通常は人身に危険が及ぶものとはみられない行為に当たらないと考えられる。よって，平成27年判決は未成年者が自転車を運転して交通事故を起こした場合には適用されず，このような事故については，今後も，親権者は民法714条1項但書の義務違反がなかったことについて困難な立証を求められると考えられる。」としている。

ウ　監督義務違反と損害の発生との因果関係の不存在（民714条1項但書後段）

※　伊藤「民事要件事実講座4巻」290頁。

民法709条に基づく責任無能力者の監督者に対する損害賠償請求

加害者が責任無能力者であると認められない場合には，監督者について民法714条の規定による責任は成立しない。未成年者は，資力に乏しく賠償能力がないことも多く，監督者に責任を認めないと，実質的に被害者の損害の救済ができないことも多い。また，監督者の責任を追及するためには，被害者側で加害者の責任無能力を立証しなければならず，それにも困難を伴うことも多い。最高裁は，「未成年者が責任能力を有する場合であっても監督義務者の義務違反と当該未成年者の不法行為によって生じた結果との間に相当

第3章　交通事故における損害賠償請求の訴訟手続

因果関係を認めうるときは，監督義務者につき民法709条に基づく不法行為が成立するものと解するのが相当であって，民法714条の規定が右解釈の妨げとなるものではない。」と判示した（最判昭49・3・22民集28巻2号347頁・判タ308号194頁・判時737号39頁）。

　加害者が責任無能力と認められない場合に監督者の不法行為責任を肯定する根拠を民法709条に求める場合，被害者側で，①監督者において，未成年者等による具体的な加害行為という結果の発生に対する予見可能性が存在し，②監督者が相当な監督をすることができ，相当な監督をしていれば，当該加害行為を防止することができた関係（結果回避可能性）が認められるにもかかわらず，③監督者が相当な監督を怠ったという義務違反（過失）が認められ，④経験則上，監督者が相当な監督を行っていれば，未成年者等の当該加害行為も発生しなかったと認めることができるという（監督義務違反が当該加害行為の原因になっているという）相当因果関係が存在することを主張立証する必要がある（そのほかに，未成年者等の加害行為と被害者の損害の発生及び額との間の因果関係の存在について主張立証する必要がある。）（佐久間ほか「交通損害関係訴訟〔補訂版〕」37頁・38頁）。

　交通事故における加害行為は，事故直前の前方不注視や速度違反等の単純な過失によることがほとんどであり，一般的には，監督者が当該加害行為を防止できる可能性は低いといえる。このようなことから，監督者が民法709条の規定に基づく責任を負うのは，同居の未成年者が無免許運転や飲酒運転を繰り返していたことを黙認していた場合とか，事故を繰り返していたのに何ら注意をしなかった場合などに限られると思われる（佐久間ほか「交通損害関係訴訟〔補訂版〕」39頁）。

┌──────────────────────────────
　📖 ⑦〔監督者の民法709条の責任を否定した事例〕
　①　東京地判平7・11・22判タ907号226頁・交民集28巻6号1605頁
　　「本件事故における被告Y₂の不法行為責任を肯定するためには，被告Y₁が責任能力を有する以上（当裁判所に顕著な事実である。），被告Y₂が，被告Y₁に交通事故を発生させる具体的危険性があるにもかかわらず親権者としてこれ

第2　不法行為に基づく損害賠償請求事件における当事者の主張立証

を制止する等の措置を怠り，その結果本件事故が発生したことが必要である。
　　原告らは，この点について，被告Y₁の運転が未熟であること，他人所有車両を運転することを主張するが，前者については，仮に被告Y₁の運転技術が未熟であり，かつ親権者たる被告Y₂がこれを認識していたとしても，被告Y₂が，運転免許を有する被告Y₁の運転を制止すべき監督上の義務があるとは直ちにいえないし，被告Y₂に被告Y₁の交通事故発生につき具体的な予見可能性があったと認めるに足りる証拠もないこと，後者についても，被告Y₁が運転する車両の所有権の帰属と交通事故の発生とは全く別個の問題であり，本件事故との相当因果関係を認められないことから，原告らの主張はいずれも採用することはできない。」
②　最判平28・3・1民集70巻3号681頁・判タ1425号126頁・判時2299号32頁（認知症に罹患した91歳の男性が駅構内の線路に立ち入り，列車に衝突した鉄道事故につき，鉄道会社が85歳の妻と別居していた長男に対し，損害賠償請求をした事案において，成年後見人や平成25年法律第47号改正前の精神保健福祉法における保護者，同居の配偶者（民752条）が法定監督義務者であることを否定し，法定監督義務者に該当しないものであっても，責任無能力者の監督義務を引き受けたとみるべき特段の事情が認められる場合には，法定監督義務者に準ずる者として，民法714条1項が類推適用されるが，本件の妻や長男はこれに当たらないとした。）

〔監督者の民法709条の責任を肯定した事例〕
①　大阪地判平15・9・22交民集36巻5号1316頁（未成年者（16歳）の両親は，当該未成年者が無免許運転を繰り返していることを知っていたのであるから，事故発生の具体的予見ができたといえ，無免許運転をすることがないように監督すべき義務があるのに，当該無免許運転を禁止する措置を講じていなかったと評価せざるを得ず，当該未成年者が無免許運転をすることがないように監督すべき義務を懈怠したといえ，当該両親らが監督義務を果たし，真に無免許運転を禁止したならば，事故は発生しなかったといえ，両親らは民法709条に基づき，事故により原告が被った損害を賠償すべき責任を負うとした。）
②　大阪地判平18・2・24交民集39巻1号165頁（加害者（16歳）が，深夜，友人から借りた前照灯の灯火しない原動機付自転車を無免許で乗り回し，

歩行中の被害者に衝突して死亡させたうえ，逃走した事例において，加害者の夜遊びが常態化していたことと事故の発生との間には密接な関係があり，加害者の両親がその夜遊びの是正をなし得なかったことと事故の発生による被害者の死亡との間には社会通念上相当な因果関係があるとして，加害者の両親は民法709条により損害賠償義務を免れないとした。）

　なお，責任無能力者又は責任能力者である未成年者が監督者の保有する自動車を借りるなどして交通事故を起こした被害者に人身損害が発生した場合には，監督者は，自動車損害賠償保障法3条本文の規定に基づく運行供用者責任に基づく損害賠償責任を負うので，民法714条又は709条に基づく責任を追及する必要はない。

第2　不法行為に基づく損害賠償請求事件における当事者の主張立証

Ⅲ　使用者等の責任に基づく損害賠償請求

1　被用者が第三者に加えた損害についての使用者の損害賠償責任

　被害者が，加害者の運転する自動車との事故により生じた損害の賠償を当該加害者の使用者に対して求める場合は，民法715条に基づいて損害賠償請求をすることになる。

> 〔代表者の第三者に加えた損害についての株式会社の損害賠償責任〕
> 　加害車両の運転者が，株式会社の代表者で，当該株式会社に対して損害賠償を求める場合は，会社法350条に基づいて損害賠償請求をすることになる。

2　使用者等の責任に基づく損害賠償請求の請求原因

(1)　使用者等の責任に基づく損害賠償請求の請求原因

　交通事故の被害者（原告・第三者）が，加害者（被用者）の使用者に対して，損害賠償を請求する場合の請求原因事実は，以下のとおりである（潮見「債権各論Ⅱ 2 版」121頁，加藤ほか「要件事実の考え方と実務〔3版〕」326頁）。

　㋐　原告（第三者）の権利又は法律上保護される利益の存在
　㋑　㋐に対する被用者の加害行為
　㋒　㋑についての被用者の故意又は過失〔評価根拠事実〕
　㋓　損害の発生及び額
　㋔　㋑と㋓との因果関係
　㋕　被用者に対する使用等の関係
　　①　㋑のとき被告と被用者との間に使用・被用関係があったこと（民715条1項）

第3章　交通事故における損害賠償請求の訴訟手続

　　又は
　②　㋑のとき被告が事業のために被用者を使用している者に代わって事業の監督をしていたこと（民715条2項）
㋖　㋑が被告の事業の執行につきなされたこと

> 📖 ㋐〔被害者たる被用者の民法715条の第三者性，民法715条の損害賠償義務を負担する使用者による相殺〕（最判昭32・4・30民集11巻4号646頁・判タ70号64頁・判時111号10頁）
> ①　被用者たる運転手甲が自動車を運転して当該自動車を輸送する業務に従事中，その過失により自動車を衝突させ同乗していた乙を死亡させたものであるときは，乙が自動車輸送業務の共同担当者たる被用者で右衝突事故の発生につき同人にも過失があったとしても，使用者は乙の死亡につき民法715条による損害賠償責任を免れない。
> ②　民法715条により損害賠償義務を負担している使用者は，被害者に対する不法行為による損害賠償債権を有している場合でも，相殺をもって対抗することはできない。

> 📖 ㋑〔使用者法人代表者の民法715条2項の代理監督者該当性〕（最判昭42・5・30民集21巻4号961頁・判タ208号108頁・判時487号36頁）
> 民法715条2項にいう「使用者に代わって事業を監督する者」とは，客観的に見て，使用者に代わり現実に事業を監督する地位にある者を指称するものと解すべきであり（最高裁昭和35年4月14日判決・民集14巻5号863頁），使用者が法人である場合において，その代表者が現実に被用者の選任，監督を担当しているというは，当該代表者は同条項にいう代理監督者に該当し，当該被用者が事業の執行につきなした行為について，代理監督者として責任を負わなければならないが，代表者が，単に法人の代表機関として一般的業務執行権限を有することから，ただちに，同条項を適用してその個人責任を問うことはできないものと解するを相当とする。

(2) 実質的な指揮監督関係

交通事故の被害者（原告）が，加害者（被告）の使用者に対して，損害賠

第2 不法行為に基づく損害賠償請求事件における当事者の主張立証

償を請求する場合の請求原因事実である，上記(1)㋕の民法715条の使用関係は，一時的でも，非営利でも，違法でもよいが，実質的な指揮監督関係が必要とされる（雇用契約等の契約関係がなくともよい（千葉地判平10・10・26判時1678号115頁））（内田「民法Ⅱ3版」485頁）＊。

> ＊① 最判昭41・7・21民集20巻6号1235頁・判タ195号80頁・判時457号35頁（工事請負人が当該工事について他者から運転手助手付で貨物自動車を借り受け，当該助手が請負人の現場監督の指示に従い，当該貨物自動車を運転するなどして砂利等の運搬に関与していたなどの事情があるときは，民法715条の運用上，当該助手は，当該請負人の被用者に当たるとした。）
> ② 最判平16・11・12民集58巻8号2078頁・判タ1170号134頁・判時1882号21頁（暴力団組長と組員との間に使用・被用関係を認めた。）

(3) 職務執行関連性——外形理論，外形標準説

交通事故の被害者（原告）が，加害者（被用者）の使用者に対して，損害賠償を請求する場合の請求原因事実である，上記(1)㋖の事業の執行につきなされたこと〔職務執行関連性〕については，判例は，「被用者の職務執行行為そのものには属さないが，その行為の外形から観察して，あたかも被用者の職務の範囲内の行為に属するものとみられる場合も包含する」と述べている（最判昭36・6・9民集15巻6号1546頁・判時267号45頁・金商529号92頁，最判昭40・11・30民集19巻8号2049頁・判タ185号92頁・判時433号28頁）〔外形理論，外形標準説〕。

> 📖 ㋐〔禁止された自動車の使用による事故と職務関連性〕
> ① 〔禁止された会社所有の自動車の私用での使用による事故と職務関連性（最判昭39・2・4民集18巻2号252頁・判タ159号181頁・判時362号23頁）〕
> 　会社の従業員が禁じられていた会社の車の私用での運転中に人を轢いて死亡させた事案において，外形理論を適用して，当該従業員の行為は事業の執行に当たるとして，当該会社の使用者責任を認めた。
> ② 〔無届の自家用車の出張への使用による事故と職務関連性（最判昭52・

9・22民集31巻5号767頁・判タ354号253頁・判時867号56頁)〕

通勤への自家用車の使用を禁止し，出張への使用についても上司の許可を要求していた会社の社員が，当該会社の業務では自家用車を使用していなかったのに，当該会社に無届出で自家用車で出張し，その帰途に事故を起こした事例で，当該会社の使用者責任を否定した。

📖ⓘ〔暴力行為と職務関連性〕

① 〔工事従事中の傷害と職務関連性（最判昭44・11・18民集23巻11号2079頁・判タ242号170頁・判時580号44頁)〕

使用者施行の工事現場において，被用者が工事従事中に，他の作業員との言い争いの末暴行を加え傷害を負わせた事例において，使用者の事業の執行行為を契機として，被用者が使用者の事業の執行につき加えた損害に当たるとした。

② 〔出前中の傷害と職務関連性（最判昭46・6・22民集25巻4号566頁・判タ265号135頁・判時638号69頁)〕

すし屋の店員2名が，使用者所有の自動車を運転・同乗して出前に行く途中，衝突しそうになった自動車の運転手と口論になり，同人に暴行を加え傷害を負わせた事例において，使用者の事業の執行行為を契機として，これと密接な関連を有すると認められる行為をすることによって生じたものであるから，被用者が使用者の事業の執行につき加えた損害というべきであるとした。

③ 使用者等の責任に基づく損害賠償請求における抗弁

(1) 被用者の損害賠償債務の発生障害・消滅事由の抗弁

交通事故の被害者（原告）が，加害者（被用者）の使用者に対して，損害賠償を請求する場合に，被告である使用者が主張できる抗弁として，被用者の損害賠償債務の発生障害・消滅事由の抗弁がある。ただ，被用者の損害賠償債務の消滅時効によっては，使用者の損害賠償債務は消滅しないとされている（大判昭12・6・30民集16巻1285頁）（潮見「債権各論Ⅱ2版」128頁）。

(2) 選任監督上注意義務の履行として相当と判断される行為履行の

第2 不法行為に基づく損害賠償請求事件における当事者の主張立証

抗弁（民715条1項但書前段）

　交通事故の被害者（原告）が，加害者（被用者）の使用者に対して，損害賠償を請求する場合に，被告である使用者が主張できる抗弁として，使用者が被用者の選任及びその事業の監督について相当の注意をしたことの抗弁がある（民715条1項但書前段）（大判明43・4・4民録16輯265頁）（内田「民法Ⅱ3版」483頁，加藤ほか「要件事実の考え方と実務〔3版〕」329頁）。

(3) 選任監督義務違反と損害との間の因果関係の不存在の抗弁（民715条1項但書後段）

　交通事故の被害者（原告）が，加害者（被用者）の使用者に対して，損害賠償を請求する場合に，被告である使用者が主張できる抗弁として，使用者が相当の注意をしても損害が生ずる状況であったことの抗弁がある（民715条1項但書後段）（内田「民法Ⅱ3版」483頁，加藤ほか「要件事実の考え方と実務〔3版〕」329頁）。

(4) 不法行為前の指揮監督関係消滅の抗弁

　交通事故の被害者（原告）が，加害者（被用者）の使用者に対して，損害賠償を請求する場合に，被告である使用者が主張できる抗弁として，不法行為前に，使用者の被用者に対する指揮監督関係が消滅したとの抗弁がある（加藤ほか「要件事実の考え方と実務〔3版〕」329頁）。

(5) 加害行為が職務権限内において適法に行われたものでないことの原告の悪意・重過失の抗弁

　交通事故の被害者（原告）が，加害者（被用者）の使用者に対して，損害賠償を請求する場合に，被告である使用者が主張できる抗弁として，被用者の加害行為が職務権限内において適法に行われたものでないことについて，原告に悪意又は重過失があったことの抗弁があり，その要件事実は以下のとおりである（加藤ほか「要件事実の考え方と実務〔3版〕」329頁・330頁）。

　　㋐　被用者の加害行為が職務権限内において適法に行われたものでないこと

　　㋑　㋐につき原告の故意又は重過失〔評価根拠事実〕

第３章　交通事故における損害賠償請求の訴訟手続

(6) 消滅時効等の抗弁（民724条）

　交通事故の被害者（原告）が，加害者（被用者）の使用者に対して，損害賠償を請求する場合に，被告である使用者が主張できる抗弁として，損害賠償請求権の消滅時効（民724条前段）又は除斥期間（民724条後段）の抗弁がある（本章**第２Ⅰ２**(5)（109頁）参照）。

　消滅時効の起算点は，被害者が，損害，直接の加害者，使用関係のほかに，当該不法行為が事業の執行につきなされたと判断するに足りる事実も認識した時である（最判昭44・11・27民集23巻11号2265頁・判タ242号175頁・判時580号47頁）（倉田卓次・判タ943号170頁）。

> 〔平成29年６月２日法律第44号の民法改正法（平成32年（2020年）４月１日施行）〕
> ① 上記民法改正法により，民法724条前段は同条１号となった。
> ② 上記民法改正法により，人身損害の時効期間は５年間に延長されている（民724条の２）。
> 　改正民法施行日において３年の時効が完成していなければ改正民法が適用される（改正附則35条２項）。
> ③ 上記民法改正法により，民法724条後段は同条２号となり，20年の期間が消滅時効期間であることを明示した（改正前民法下で除斥期間構成をとっていた判例（最判平元・12・21民集43巻12号2209頁・判タ753号84頁・判時1379号76頁）法理の不採用）が，期間は不法行為の時から進行するとされた（筒井ほか「一問一答民法（債権関係）改正」41頁・63頁Ｑ32，潮見「民法（債権関係）改正法の概要」48頁）。
> 　改正民法施行日において除斥期間が経過していなければ，改正民法を適用する（改正附則35条１項）。
> 　改正民法724条２号の消滅時効の要件事実としては，「㋐加害者（被告）の加害行為の日，㋑㋐の日から20年の経過」のほか，「㋒加害者（被告）から被害者（原告）側への時効援用の意思表示」となる（大江「新債権法の要件事実」173頁・174頁）。

4　使用者の損害賠償債務と被用者の損害賠償債務の関係

(1) 被用者の損害賠償債務と使用者の損害賠償債務の不真正連帯債

第2　不法行為に基づく損害賠償請求事件における当事者の主張立証

務

　民法715条に基づく使用者の損害賠償債務と同法709条に基づく被用者の損害賠償債務とは，不真正連帯債務の関係になる（最判昭46・9・30集民103号569頁・判タ269号194頁・判時646号47頁）。

> ✏️〔平成29年6月2日法律第44号民法改正法（平成32年（2020年）4月1日施行）〕
>
> 　改正民法の連帯債務の発生原因として，当事者の意思によるもののほか，法令の規定によるものも含めている（改正民436条）ので，改正前民法下で「不真正連帯債務」と解されていたもの（民法719条1項の連帯債務）に改正民法の「連帯債務」に関する規定が適用されることになる（筒井ほか「一問一答民法（債権関係）改正」119頁（注3），潮見「民法（債権関係）改正法の概要」112頁(ⅱ)，森冨ほか「交通関係訴訟の実務」400頁）。なお，連帯債務者の1人について生じた事由の対外的効力について，履行の請求・免除・時効の完成について，改正前民法においては絶対的効力を有するとされていたものを（改正前民434条（履行の請求），437条（免除），439条（時効の完成）），改正民法においては相対的効力を有するものと改められた（改正民441条）。

(2)　**使用者から被用者への求償等**

　使用者の事業の執行につきなされた被用者の加害行為により，使用者が民法715条1項の使用者責任に基づいて被害者に損害賠償をした場合，その使用者は，被用者に対し，その求償をすることができるとされている（民715条3項）。また，使用者の事業の執行につきなされた被用者の加害行為により，使用者直接損害を被った場合（被用者運転の使用者所有車両の修理費等の損害等），その使用者は被用者に対し，民法709条に基づき損害の賠償を請求することができる。この使用者から被用者への求償及び直接損害の賠償請求について，判例（最判昭51・7・8民集30巻7号689頁・判タ340号157頁・判時827号52頁）は，使用者の事業の性格，規模，施設の状況，被用者の業務の内容，労働条件，勤務態度，加害行為の態様，加害行為の予防もしくは損失の分散についての使用者の配慮の程度その他諸般の事情に照らし，被用者に対し求償及び

賠償の請求をすることができるとし，使用者の被用者に対する求償及び賠償の請求を制限している。

> 〔使用者の被用者に対する求償・賠償の制限〕
> ・最判昭51・7・8民集30巻7号689頁・判タ340号157頁・判時827号52頁
>   使用者は従業員50名，対物損害保険等に未加入の業務用車両20台を保有し，勤務成績が普通以上の被用者が車間距離不保持・前方注視不十分等で先行車に追突した事故で，追突された車両損害と使用者保有車の修理費・休車損の4分の1の限度で，使用者の被用者に対する求償・賠償の請求を認めた。

(3) 被用者から使用者への求償

　使用者が使用者責任の規定により損害賠償責任を負担した場合被用者に対する求償権の行使をすることが民法に規定されている（民715条3項）が，損害賠償の支払をした被用者から使用者への求償については規定がない。

　これについては，被用者がその事業の執行につき第三者に対して加害行為を行ったことにより被用者（民709条）及び使用者（民715条）が損害賠償責任を負担した場合，当該被用者の責任と使用者の責任とは不真正連帯責任の関係にあるといえ，使用者は被用者の活動によって自己の活動領域を拡張している関係〔報償責任〕から，被用者がその事業の執行について他人に損害を与えた場合には，被用者及び使用者の損害賠償債務については負担部分が存在し，一方が負担部分を超えて相手方に損害を賠償したときは，その者は，自己の負担部分を超えた部分について他方に対し求償することができると解するのが相当であるとし，被用者の過失の内容が自動車事故に伴う通常予想される事故の範囲を超えるものではないこと等の事情が認められ，これらを総合すると，使用者と被用者の各負担部分は7対3と認めるのが相当であるとし，自己の相手方に損害額全額の賠償をした被用者は，その7割について使用者に対して求償することができるとした裁判例がある（佐賀地判平27・9・11判時2293号112頁・労判1172号81頁（控訴審，上告棄却確定））。

第2　不法行為に基づく損害賠償請求事件における当事者の主張立証

Ⅳ　共同不法行為に基づく損害賠償請求

1　民法719条1項の共同不法行為における連帯責任の意義

　民法719条1項に規定される，共同不法行為において「連帯して」賠償責任を負うの「連帯」の意味は，不真正連帯債務と解されている（最判昭57・3・4集民135号269頁・判タ470号121頁・判時1042号87頁）。通常の連帯債務と異なるのは，弁済など債権の満足を得させる事由を除き，1人の債務者に生じた事由は他の債務者に影響を及ぼさない（民法434条～440条の適用がない）ということである（履行の請求（民434条）（最判昭57・3・4集民135号269頁・判タ470号121頁・判時1042号87頁），免除（民437条）（最判平6・11・24集民173号431頁・判タ867号165頁・判時1514号82頁））（東弁法友「改訂交通事故実務マニュアル」275頁）。

> 〔共同不法行為者の一人との訴訟上の和解での債務免除と他の共同不法行為者に対する効力〕（最判平10・9・10民集52巻6号1494頁・判タ985号126頁・判時1653号101頁）
> 　甲と乙が共同の不法行為により丙に損害を加えたが，甲と丙との間で成立した訴訟上の和解により，甲が丙の請求額の一部につき和解金を支払うとともに，丙が甲に対し残債務を免除した場合において，丙が当該訴訟の和解に際し乙の残債務も免除する意思を有していると認められるときは，乙に対しても残債務の免除の効力が及ぶ。

第3章　交通事故における損害賠償請求の訴訟手続

> 〔平成29年6月2日法律第44号民法改正法（平成32年（2020年）4月1日施行）〕
>
> 　改正民法の連帯債務の発生原因として，当事者の意思によるもののほか，法令の規定によるものも含めている（改正民436条）ので，改正前民法下で「不真正連帯債務」と解されていたもの（民法719条1項の連帯債務）に改正民法の「連帯債務」に関する規定が適用されることになる（筒井ほか「一問一答民法（債権関係）改正」119頁（注3），潮見「民法（債権関係）改正法の概要」112頁(ii)，森冨ほか「交通関係訴訟の実務」400頁）。なお，連帯債務者の1人について生じた事由の対外的効力について，履行の請求・免除・時効の完成について，改正前民法においては絶対的効力を有するとされていたものを（改正前民434条（履行の請求），437条（免除），439条（時効の完成）），改正民法においては相対的効力を有するものと改められた（改正民441条）。

2　民法719条1項前段の共同不法行為に基づく損害賠償請求の請求原因

　民法719条1項前段の共同不法行為に基づく損害賠償請求において，原告が主張しなければならない請求原因事実は，以下のとおりである（潮見「債権各論Ⅱ2版」153頁11.4，佐久間ほか「交通損害関係訴訟〔補訂版〕」249頁(1)，伊藤「民事要件事実講座4巻」213頁）。

　㋐　原告の権利又は法律上保護される利益の存在
　㋑　㋐に対する被告の加害行為
　㋒　㋑についての被告の故意又は過失〔評価根拠事実〕
　㋓　他者による㋐に対する故意又は過失に基づく加害行為
　㋔　㋑と㋓が共同不法行為に当たること（客観的共同関連性があること）〔評価根拠事実〕
　㋕　原告における損害の発生及び額
　㋖　共同不法行為と㋕の損害との間の因果関係の存在

　伝統的な考え方によれば，民法719条1項前段の共同不法行為においては，複数の加害行為について，それぞれ民法709条の要件である，故意・過

第2　不法行為に基づく損害賠償請求事件における当事者の主張立証

失，権利侵害，因果関係等を請求原因として原告が主張立証すべきであり，それに客観的共同関連性があれば成立するとされていた（潮見「債権各論Ⅱ2版」152頁・153頁，梶村ほか「プラクティス交通事故訴訟」325頁）※。この考え方では，各人の行為について民法709条の不法行為の成立要件が充足され，同条により損害賠償責任を負い，民法709条とは別に民法719条1項前段の共同不法行為を論ずる意味がないことになる。そのため，最近の考え方は，各行為者間に客観的関連共同性があり，共同行為と発生した結果との間に因果関係が認められれば足りるとされている（潮見「債権各論Ⅱ2版」153頁・154頁，大江「新債権法の要件事実」169頁，梶村ほか「プラクティス交通事故訴訟」325頁，東弁法友「改訂交通事故実務マニュアル」270頁）。

> ※　最高裁判例（最判昭43・4・23民集22巻4号964頁・判タ222号102頁・判時519号17頁）もこの見解に立つともいわれているが，同判例は，行為と損害との間に相当因果関係があり，共同不法行為の成否それ自体が争われたものではなく，被告の他に不法行為者がいるから全損害について賠償責任を負わないという主張に対して，そのような事情があるとしても行為と相当因果関係のある損害について賠償責任を免れるものではないと判示したにすぎず，民法719条1項前段において各行為と損害との個別的因果関係の存在を必要と判示した判例ではないと理解するのが相当であるともいわれている（「最高裁判例解説民事編平成13年（上）」250頁（注8））。

民法719条1項後段の共同不法行為に基づく損害賠償請求の請求原因

(1)　民法719条1項後段の共同不法行為とは

共同不法行為者のうち，いずれの者が被害者の損害を加えたかを知ることができないときも，当該共同不法行為者が各自連帯して，被害者の損害を賠償する責任を負う（民法719条1項後段）。

(2)　民法719条1項後段の共同不法行為に基づく損害賠償請求の請求原因

民法719条1項後段の共同不法行為に基づく損害賠償請求において，原告

が主張しなければならない請求原因事実は、以下のとおりである（佐久間ほか「交通損害関係訴訟〔補訂版〕」251頁(2)・252頁(3)、伊藤「民事要件事実講座4巻」216頁・217頁・226頁(3)）。

〔加害者不明型〕
㋐　原告の権利又は法律上保護される利益の存在
㋑　㋐に対する被告の加害行為
㋒　㋑についての被告の故意又は過失〔評価根拠事実〕
㋓　他者による㋐に対する故意又は過失に基づく加害行為
㋔　㋑と㋓のいずれかによって㋐が侵害されたこと
㋕　原告における損害の発生及び額
㋖　㋔と㋕の損害との間の因果関係の存在

〔損害一体型〕
㋐　原告の権利又は法律上保護される利益の存在
㋑　㋐に対する被告の加害行為
㋒　㋑についての被告の故意又は過失〔評価根拠事実〕
㋓　他者による㋐に対する故意又は過失に基づく加害行為
㋔　㋑と㋓が共同行為に当たること（客観的共同関連性があること）〔評価根拠事実〕
㋕　原告における損害の発生及び額
㋖　共同行為と㋕の損害との間の因果関係の存在

(3) 民法719条1項前段の共同不法行為と同項後段の共同不法行為の区別

　多くの学説は、民法719条1項前段による共同不法行為に基づく損害賠償請求においては、加害者による因果関係不存在の証明による免責の主張を認めない（主張自体失当）が、同項後段による共同不法行為においては、因果関係不存在の抗弁を認める。このことから、同項前段による共同不法行為における関連共同性は、因果関係不存在の抗弁を認容しないことも相当といえる程度の強度のものの存在が必要となり、同項後段による共同不法行為におけ

第2　不法行為に基づく損害賠償請求事件における当事者の主張立証

る共同関連性は、そのような程度に至らない物の存在で足りるということになると思われる（佐久間ほか「交通損害関係訴訟〔補訂版〕」253頁，森冨ほか「交通関係訴訟の実務」370頁）。

4　共同不法行為に基づく損害賠償請求における抗弁等

(1)　民法719条1項前段の共同不法行為に基づく損害賠償請求における抗弁について

学説の多くは，民法719条1項前段の規定の適用がある共同不法行為に基づく損害賠償請求については，加害者側において自己の行為と損害との間の因果関係の不存在を証明しても免責は認められないとしている（主張自体失当となる。）（佐久間ほか「交通損害関係訴訟〔補訂版〕」248頁・254頁，東弁法友「改訂交通事故実務マニュアル」271頁，森冨ほか「交通関係訴訟の実務」370頁）。

(2)　民法719条1項後段の共同不法行為に基づく損害賠償請求における抗弁

民法719条1項後段の共同不法行為に基づく損害賠償請求の請求原因事実が認められる場合においても，各加害者が自己の加害行為と被害者の損害との因果関係が存在しないことを抗弁として主張立証すれば，その限度で責任の免除が認められる（「例題解説交通損害賠償法」306頁，佐久間ほか「交通損害関係訴訟〔補訂版〕」254頁(1)，東弁法友「改訂交通事故実務マニュアル」271頁，梶村ほか「プラクティス交通事故訴訟」313頁(b)・(c)）。

(3)　共同不法行為に基づく損害賠償請求における被害者側の過失相殺の抗弁

ア　共同不法行為における過失相殺の問題の所在

交通事故の発生等につき被害者（原告）側に過失（落ち度）があった場合，加害者（被告）側から過失相殺（民722条2項）の主張がなされることがあり，このことは，共同不法行為の成立が肯定される場合も同様である。ただ，共同不法行為の成立が肯定される場合，加害者の行為が複数であることから，どのように過失相殺を行うのか，その方法が問題となる。

イ 共同不法行為における過失相殺の方法

共同不法行為における過失相殺の方法として，次のものがある。

㋐ 絶対的〔加算的〕過失相殺

各加害者の行為を一体的に捉え，これと被害者の過失割合とを対比して，過失相殺をする方法である。例えば，原告被害者Xが被告加害者Y_1及びY_2の共同不法行為により300万円の損害を被り，過失割合を$X：Y_1：Y_2＝1：2：3$とした場合，XはY_1及びY_2に対し，連帯して250万円（300万円×（2＋3）／（1＋2＋3））の支払を請求することができる。

㋑ 相対的過失相殺

各加害者と被害者との関係ごとに，その間の過失の割合に応じて，過失相殺をする方法である。例えば，原告被害者Xが被告加害者Y_1及びY_2の共同不法行為により300万円の損害を被り，過失割合を$X：Y_1：Y_2＝1：2：3$とした場合，XはY_1に対しては200万円（300万円×2／（1＋2））の支払を，Y_2に対しては225万円（300万円×（3／（1＋3）））の支払を，それぞれ請求することができる。

ウ 絶対的過失相殺と相対的過失相殺の振分け

最高裁平成13年3月13日判決（民集55巻2号328頁・判タ1059号59頁・判時1747号87頁）は，交通事故と医療事故の競合事案で，交通事故と医療事故のいずれについても損害との間の因果関係の存在が認められた事案において，「過失相殺は不法行為により生じた損害について加害者と被害者との間においてそれぞれの過失の割合を基準にして相対的な負担の公平を図る制度であるから，本件のような共同不法行為においても，過失相殺は各不法行為の加害者と被害者との間の過失の割合に応じてすべきものであり，他の不法行為者と被害者との間における過失の割合をしん酌して過失相殺をすることは許されない。」として，相対的過失相殺の方法を採用した。これに対し，最高裁平成15年7月11日判決（民集57巻7号815頁・判タ1133号118頁・判時1834号37頁）は，「複数の加害者の過失及び被害者の過失が競合する一つの交通事故にお

第2　不法行為に基づく損害賠償請求事件における当事者の主張立証

いて，その交通事故の原因となったすべての過失の割合（以下「絶対的過失割合」という。）を認定することができるときには，絶対的過失割合に基づく被害者の過失による過失相殺をした損害賠償額について，加害者らは連帯して共同不法行為に基づく賠償責任を負うものと解すべきである。これに反し，各加害者と被害者との関係ごとにその間の過失の割合に応じて相対的に過失相殺をすることは，被害者が共同不法行為者のいずれからも全額の損害賠償を受けられるとすることによって被害者保護を図ろうとする民法719条の趣旨に反することになる。」として，絶対的過失相殺の方法を採用した。

　前掲最高裁平成13年3月13日判決は，交通事故と医療事故が競合した事案についてのものであり，民法719条1項後段の規定の適用対象となる異時的な共同不法行為が成立した事案である一方，前掲最高裁平成15年7月11日判決は，同時事故についてのもので，民法719条1項前段の規定の適用対象となる共同不法行為が成立した事案である。そもそも絶対的過失相殺の方法は，各加害者の行為を一体的に捉えるものであるから，①同時事故のケースのように，各行為の間に強度の関連共同性が存在しこれらを一体的に捉えることができる民法719条1項前段の規定による共同不法行為が成立する場合になじむといえる。これに対し，②異時事故において，第1事故については被害者側に過失が認められるが，第2事故においては認められないケース，及び③異時事故において，第1事故及び第2事故のいずれについても被害者側に過失が認められるケースにおいては，絶対的過失相殺の方法はなじまず，むしろ相対的過失相殺の方法が適当といえる（佐久間ほか「交通損害関係訴訟〔補訂版〕」258頁(d)）。

第3章　交通事故における損害賠償請求の訴訟手続

> 🖉〔〈絶対的過失相殺及び相対的過失相殺〉の方法による共同不法行為者間の損害賠償額の算出〕
> ◆被害者Ｘの過失と加害者ＹとＺの各過失行為が競合し，被害者Ｘに300万円の損害が発生し，当事者の過失割合がＸ：Ｙ：Ｚ＝1：2：3の場合
> ①（絶対的過失相殺による場合）
> ・ＸはＹ及びＺに対し，連帯して250万円（300万円×（2＋3）／（1＋2＋3））の支払を請求することができる。
> ②（相対的過失相殺による場合）
> ・ＸはＹ対し200万円（300万円×2／（1＋2））の支払を，Ｚに対し225万円（300万円×3／（1＋3））の支払を，それぞれ請求することができる。

(4) 賠償すべき損害額が異なるときの共同不法行為者の損害の一部支払

　判例は，Y_1とY_2が一つの交通事故によって被害者Ｘに対して連帯して損害賠償責任を負う場合において，Y_1の損害賠償責任についてのみ過失相殺がされ，Y_1・Y_2の賠償すべき損害額が異なるときに，Y_1が損害の一部をてん補した場合，Y_1がしたてん補の額は，Ｘが受けるべき損害額から控除すべきであり，控除後の残損害額がY_2において賠償すべき損害額を下回ることとならない限り，Y_2が賠償すべき損害額に影響しないものとしている（最判平11・1・29集民191号265頁・判タ1002号122頁・判時1675号85頁）。

5　共同不法行為者間の求償

(1) ［共同不法行為者の自己の負担部分を超えて弁済した場合の］他の共同不法行為者への求償

　共同不法行為者は，過失割合あるいは損害への寄与度の割合に応じた負担を負うことになり（最判昭41・11・18民集20巻9号1886頁・判タ202号103頁・判時473号30頁），自己の負担部分を超えて弁済をした場合に限り，その分について他の共同不法行為者に求償請求をすることができる（最判昭63・7・1民集42巻6号451頁・判タ676号65頁・判時1287号59頁，最判平3・10・25民集45巻7号1173頁・判タ

第2 不法行為に基づく損害賠償請求事件における当事者の主張立証

773号83頁・判時1405号29頁）（内田「民法Ⅱ3版」543頁(2)，園部「物損事故紛争解決手引〔3版〕」241頁第2）。

〔共同不法行為者の他の共同不法行為者への求償の例〕

◆YとZの共同不法行為により被害者Xに200万円の損害を生じさせ，YとZの過失割合がY30％，Z70％である場合

① YがXに対し90万円を弁済したとき → Yの負担部分60万円（200万円×0.3）を超える部分である30万円をZに求償することができる。

② YがXに対し弁済した額が60万円以下のとき → Yの負担部分60万円（200万円×0.3）を超える弁済をしていないのでZに求償することができない。

※ 通常の連帯債務であれば，Yが60万円の弁済をした場合，Zの過失割合に応じた42万円（60万円×0.7）を求償することができることになる。

〔平成29年6月2日法律第44号民法改正法（平成32年（2020年）4月1日施行）〕

改正民法の連帯債務の発生原因として，当事者の意思によるもののほか，法令の規定によるものも含めている（改正民436条）ので，改正前民法下で「不真正連帯債務」と解されていたもの（民法719条1項の連帯債務）に改正民法の「連帯債務」に関する規定が適用されることになり（筒井ほか「一問一答民法（債権関係）改正」119頁（注3），潮見「民法（債権関係）改正法の概要」112頁(ⅱ)，森冨ほか「交通関係訴訟の実務」400頁），求償権に関する改正民法442条の規律（連帯債務者間の求償権）は改正前民法下の不真正連帯債務にも適用されるので（改正民436条参照），不真正連帯債務については，連帯債務者の1人が弁済をし，その他自己の財産をもって共同の免責を得たときは，その連帯債務者は，その免責を得た額が自己の負担部分を超える場合にのみ求償し得るとした判例法理（最判昭63・7・1民集42巻6号451頁・判タ676号65頁・判時1287号59頁）を変更するものとなる（潮見「民法（債権関係）改正法の概要」112頁・118頁，第一東京弁護士会「改正債権法の逐条解説」117頁）。ただ，筒井ほか「一問一答民法（債権関係）改正」119頁（注3）は，法令の規定の趣旨からして改正民法の連帯債

務に関する個々の規定が適用されるべきではないと解釈すべきものもあり得ると思われ，共同不法行為のケースでは，一部しか弁済されていない場合は，他の連帯債務者は，弁済をした連帯債務者からの求償に応じるよりむしろそれを被害者への賠償にあてることが被害者保護に資するという考え方にも合理性があるから，改正民法442条１項を適用しないという解釈もあり得ると考えられるとする。

(2) 共同不法行為者間の求償と自賠責保険

共同不法行為者間の求償と自動車損害賠償責任保険（自賠責保険）の関係について，まず損害総額から双方の自賠責保険による支払保険総額を控除した残額について各負担割合に応じて求償を求めるとする考え方〔控除後負担部分確定説〕があるが，自賠責保険は，当該被保険者の損害賠償債務の負担による損害をてん補するものであるから，損害総額に基づき，まず共同不法行為者各自の過失割合に応じて各負担部分を確定した後に，自ら出捐した当事者が，相手方の負担部分から相手方の契約する自賠責保険金によっててん補された金額を控除した残額の求償を求めるとする考え方〔負担部分確定後自賠責控除説〕が妥当である（最判平15・７・11民集57巻７号815頁・判タ1133号118頁・判時1834号37頁）（「例題解説交通損害賠償法」322頁，「大阪地裁交通損害賠償算定基準〔３版〕」106頁，園部「〔改訂〕民事事件論点ノート（紛争類型）」645頁(1)）。

(3) 一部の共同不法行為者と被害者との間の和解の効力

共同不法行為者の債務は，いわゆる不真正連帯債務であるから，一部の不法行為者と被害者の間で訴訟上の和解が成立し，被害者がその不法行為者に対し残債務を免除しても，その効力は他の不法行為者に当然に及ぶものではないが，被害者が，その和解に際し，他の不法行為者に対する債務も免除する意思を有していると認められるときは，他の不法行為者に対しても債務免除の効力は及ぶと考えられる。この場合，和解をした不法行為者の他の不法行為者に対する求償金額は，確定した損害額である訴訟上の和解における支払額を基準とし，双方の負担部分に応じて算定する（最判平10・９・10民集52巻

6号1494頁・判タ985号126頁・判時1653号101頁)(「大阪地裁交通損害賠償算定基準〔3版〕」106頁・107頁,園部「〔改訂〕民事事件論点ノート(紛争類型)」646頁(2))。

> 🖉〔平成29年6月2日法律第44号民法改正法(平成32年(2020年)4月1日施行)〕
> 　改正民法の連帯債務の発生原因として,当事者の意思によるもののほか,法令の規定によるものも含めている(改正民436条)ので,改正前民法下で「不真正連帯債務」と解されていたもの(民法719条1項の連帯債務)に改正民法の「連帯債務」に関する規定が適用されることになる(筒井ほか「一問一答民法(債権関係)改正」119頁(注3),潮見「民法(債権関係)改正法の概要」112頁(ⅱ),森冨ほか「交通関係訴訟の実務」400頁)。なお,連帯債務者の1人について生じた事由の対外的効力について,履行の請求・免除・時効の完成について,改正前民法においては絶対的効力を有するとされていたものを(改正前民434条(履行の請求),437条(免除),439条(時効の完成)),改正民法においては相対的効力を有するものと改められた(改正民441条)。

(4) 他の共同不法行為者への求償請求の遅延損害金

共同不法行為者の自己の負担部分を超えて弁済した場合の他の共同不法行為者への求償請求は,不当利得返還請求であるから,請求日の翌日から遅滞に陥るとされている(東京地判平9・1・29交民集30巻1号154頁)(「最高裁判例解説民事編平成10年(下)」793頁)。したがって,共同不法行為者が,自己の負担部分を超えて弁済をし,その分について他の共同不法行為者に求償請求をする場合,その請求日の翌日から民事法定利率年5分の割合(民404条)による遅延損害金を請求することができる(園部「物損事故紛争解決手引〔3版〕」242頁第3)。

(5) 他の共同不法行為者への求償請求権の消滅時効期間

他の共同不法行為者への求償請求権の消滅時効期間は,その請求権の実質は不当利得返還請求権ないし事務管理上の費用償還請求権であるとして10年間であるとされている(東京地判平16・5・24交民集37巻3号648頁)(梶村ほか「プラクティス交通事故訴訟」323頁(3))。

6　共同不法行為者の使用者への求償

　共同不法行為者の一方が被用者であり，当該被用者の行為について使用者責任を負う者がいるときは，自己の負担部分を超えて被害者に損害を賠償した他方の共同不法行為者は，当該使用者にも求償請求をすることができる（最判昭63・7・1民集42巻6号451頁・判タ676号65頁・判時1287号59頁ほか）（「大阪地裁交通損害賠償算定基準〔3版〕」105頁・106頁，園部「物損事故紛争解決手引〔3版〕」242頁第4）。

第2　不法行為に基づく損害賠償請求事件における当事者の主張立証

Ⅴ　運行供用者責任に基づく損害賠償請求

1　運行供用者

(1)　運行供用者の意義

　自己のために自動車を運行の用に供する者は，その運行によって他人の生命又は身体を害したときは，これによって生じた損害を賠償するとされている（自賠3条本文）。ここにいう「自己のために自動車を運行の用に供する者」が，自動車損害賠償責任を負う主体である**運行供用者**と呼ばれるものである。

　ここでいう**運行供用者**とは，自動車の使用について支配権を有し，かつ，その使用により享受する利益が自己に帰属するものを意味するとされている（最判昭43・9・24集民92号369頁・判タ228号112頁・判時539号40頁，最判昭44・1・31集民94号155頁・判時553号45頁・交民集2巻1号1頁，最判昭44・9・18民集23巻9号1699頁・判タ240号144頁・判時572号29頁，最判昭46・1・26民集25巻1号126頁・判タ260号214頁・判時621号34頁）。

(2)　運行供用者該当性

ア　［自動車の］〈所有者及び借用者〉の運行供用者該当性

　所有者は，自ら運転している場合も，被用者や家族に運転させている場合でも，自動車を自己のために運行の用に供している者として，運行供用者に当たる。所有者から他の者が借り受けて自動車を使用している場合は，その自動車の使用管理権がその借用者に移ったといえ，当該借用者が運行供用者に該当する。所有者が，自動車を修理業者や陸送業者に引き渡している場合等は，所有者は運行供用者に当たらないとされている（陸送中の自動車事故につき所有者の運行供用者責任を否定（最判昭47・10・5民集26巻8号1367頁））。

第 3 章　交通事故における損害賠償請求の訴訟手続

> 📖 〔使用貸借の貸主の運行供用者性〕
> ㋐　肯定事例（①最判昭46・1・26民集25巻1号102頁・判タ260号212頁・判時621号32頁，②最判昭46・11・16民集25巻8号1209頁・判タ271号180頁・判時653号88頁，③最判昭48・1・30集民108号119頁・判時695号64頁・交民集6巻1号1頁）
> ㋑　否定事例（①最判昭43・9・24集民92号369頁・判タ228号112頁・判時539号40頁（貸主父から借主息子が自己の営業に常時使用していた事例で，貸主父の運行供用者性を否定），②最判平9・11・27集民186号227頁・判タ960号95頁・判時1626号65頁（甲から2時間後に返還する約束で自動車を借り受けた乙が約1か月間にわたってその使用を継続した後に起こした事故について，乙が，長期間乗り回す意図の下に，2時間後に確実に返還するかのように装い甲を欺いて借り受け，返還期間を経過した後は，甲に対してその場しのぎの約束を繰り返して返還を引き延ばしており，甲は乙から連絡を受ける都度自動車を直ちに返還するように求めていたなど判示の事実関係の下においては，甲は，自動車損害賠償保障法3条にいう運行供用者に当たらない。））

イ　使用者（雇用主）の運行供用者該当性

(ア)　被用者の無断運転の場合の運行供用者該当性

　車の保有者と雇用又はこれに準ずる関係にある者が自動車を運転した場合，一般に，保有者の権限に基づきその支配内において運転するものであり（運行支配の存在），客観的外形的には，その運行は保有者のためにされている（運行の利益の存在）と考えられ，原則として，保有者は，自動車損害賠償保障法3条本文の規定に基づく運行供用者責任を免れないと考えられる（最判昭39・2・11民集18巻2号315頁・判タ160号69頁・判時363号22頁，最判昭40・9・7集民80号141頁・判タ184号146頁，最判昭41・4・15集民83号201頁，最判昭42・11・30民集21巻9号2512頁・判タ215号94頁・判時504号64頁，最判昭44・9・12民集23巻9号1654頁・判タ240号143頁・判時572号27頁，最判昭46・7・1集民25巻5号727頁・判タ266号176頁・判時641号61頁，最判昭49・11・12集民113号169頁・交民集7巻6号1541頁，最判昭52・9・22集民121号281頁・交民集10巻5号1246頁等）。被告側としては，当該運行が，被用者等による私用のための無断運転行為であることを主張立証する

のみでは足りず（最判昭44・9・12民集23巻9号1654頁・判タ240号143頁・判時572号27頁），被用者等に対する指揮監督を尽くしたこと（被用者等の日常業務が自動車の運転と関連がないこと，自動車の無断使用を厳禁していたこと等），自動車に対する管理を尽くしていたこと（自動車及び鍵を自由に立ち入ることができない場所に置いていたこと，運転が勝手に作った合鍵によるものであること等）の事情も主張立証する必要がある（抗弁事由（後記3⑴（148頁）参照））（佐久間ほか「交通損害関係訴訟〔補訂版〕」48頁）。

(イ) 被用者のマイカーによる事故における運行供用者該当性

被用者（従業員）のマイカーによる事故については，使用者（雇用主）の指示や使用者（雇用主）との合意があれば，被用者（従業員）がマイカーを業務に使用することについて使用者（雇用主）の運行供用者性が認められるものと考えられる（最判昭46・4・6集民102号401頁・判時630号62頁・交民集4巻2号387頁（被用者所有のダンプカーの私用運転中の事故における使用者の運転供用者責任を肯定），最判昭52・12・22集民122号565頁・判時878号60頁（会社従業員所有の自動車による帰宅途中の事故における会社の運転供用者責任を肯定））。使用者（雇用主）がマイカー通勤を禁じていたとしても，マイカー通勤を黙認していたような場合には，マイカー通勤時の事故における使用者（雇用主）の運行供用者性が認められ得る（最判平元・6・6交民集22巻3号551頁・労経速1385号9頁）（森富ほか「交通関係訴訟の実務」97頁カ）。

ウ 注文主・元請人の運行供用者該当性

請負契約の注文主は，請負人の第三者に加えた損害について賠償責任を負わないのが原則であり（民716条），請負人の請負の仕事に対して直接の支配（指示・制御）を及ぼすべき立場にはないというべきであるから，注文主の運行供用者性は否定されるのが原則であるといえる（最判昭45・2・27集民98号295頁・判時586号57頁・交民集3巻1号43頁（運送業者が，注文主会社の許諾を得てその社名を車体に表示した自動車を使用し，同社の注文による運送業務を遂行中に事故を起こした場合でも，当該会社に対し自動車損害賠償保障法3条による運行供用者責任を負わせることはできない。），最判昭47・10・5民集26巻8号1367頁・判タ285号158頁・判時686

号31頁)(森富ほか「交通関係訴訟の実務」96頁)。

　これに対し，元請・下請の関係があり，元請人の指揮監督が下請人ないしその被用者に及んでいるといえる場合には，下請人ないしその被用者が起こした事故について，元請人の運行供用者性を肯定し得る(最判昭46・12・7集民104号583頁・判時657号46頁・交民集4巻6号1645頁，最判昭50・9・11集民116号27頁・判時797号100頁・交民集8巻5号1207頁)(森富ほか「交通関係訴訟の実務」96頁)。

　　エ　親族による無断運転の場合の運行供用者該当性
　自動車の保有者と親族関係にある者が自動車を運転した場合も，被用者による運転の場合(前記イ)と同様に考えられる。保有者と運転者との関係が密接なものほど，自動車の鍵等の所在を容易に知り得る等の事情から，保有者の管理・監督責任は高度なものとなり，保有者が自動車損害賠償保障法3条本文に基づく運行供用者責任を免れるために必要とされる主張立証の程度も高度なものとなる傾向がある(抗弁事由(後記3⑴(148頁)参照))(佐久間ほか「交通損害関係訴訟〔補訂版〕」48頁・49頁)。

> ＊①　最判昭47・5・30民集26巻4号898頁・判タ278号106頁・判時667号3頁(自動車損害賠償保障法3条は，自己のために自動車を運行の用に供する者(運行供用者)及び運転者以外の者を他人といっているのであって，被害者が運行供用者の配偶者等であるからといって，そのことだけで，かかる被害者が当該他人に当たらないと解すべき論拠はなく，具体的な事実関係の下において，かかる被害者が他人に当たるかどうかを判断すべきであるとして，自動車は夫の所有に属し，夫がもっぱらその運転にあたり，その維持費をすべて負担しており，妻は運転免許をもたず，事故の際に運転補助の行為をすることもなかった事例において，当該妻は，同法3条にいう運行供用者・運転者もしくは運転補助者といえず，同条にいう他人に該当するものと解するのが相当であるとした。)
> ②　最判昭49・7・16民集28巻5号732頁・判タ312号209頁・判時754号50頁(未成年の子がその所有車両を運転中に事故を起こした場合において，父が当該車両を子のために買い与え，保険料その他の経費を負担し，子が，当該親元から通勤し，その生活を全面的に父に依存して営んでいたときには，

第2　不法行為に基づく損害賠償請求事件における当事者の主張立証

当該父は運行供用者としての責任を負うとした。）
③　最判昭53・8・29交民集11巻4号941頁（親子関係）
④　最判平20・9・12集民228号639頁・判タ1280号110頁・判時2021号38頁（保有者は，親子という身分関係を介して，子の無断運転後も自動車の管理・保管を維持すべき地位が継続しており，無断運転した子から更に子の友人が運転して同人が事故を起こした場合においても，保有者である親に運行供用者責任を認める。）

オ　泥棒運転の場合の運行供用者該当性

　自動車の泥棒運転による事故の場合，当該盗難車の保有者（車の所有者等であり，自動車を使用する権利を有する者で，自己のために自動車を運行の用に供する者（自賠2条3項））は，当該盗難車の運行を支配しているわけではなく，運行の利益が帰属しているわけではないので，保有者における自動車の管理上の落ち度等がない限り，原則として，運行供用者性は否定されると解される。この場合，泥棒運転者に運行支配・運行利益が帰属し，当該泥棒運転者が運行供用者に当たることになる。ただ，当該泥棒運転者は，保有者ではないから，被害者は，当該車両の自動車損害賠償責任保険（自賠責保険）から損害賠償額の支払を受けることはできないことになる（自賠11条・16条1項）。被害者としては，政府の自動車損害賠償保障事業から損害のてん補がされるにとどまることになる（自賠72条1項）（第1章**第1**Ⅰ3（4頁）参照）。

＊　最判昭48・12・20民集27巻11号1611頁・判時737号40頁・交民集6巻6号1704頁（タクシー会社が管理する駐車場内でエンジンキーを差し込んだまま駐車させていた車両を第三者が盗んで事故を起こした場合の，保有者であるタクシー会社の運行供用者責任を否定した。）

カ　所有権留保権者の運行供用者該当性

　所有権留保特約付割賦販売契約等に基づき売買された自動車が事故を起こした場合，通常，買主（加害者）に車両引渡後は，車両の支配・運行利益は買主に移転しており，所有権留保権者である販売店や信販会社は運行供用者責任を負わない（最判昭46・1・26民集25巻1号126頁・判タ260号214頁・判時621号

34頁）。

キ　レンタカーの場合の運行供用者該当性

レンタカー会社は，契約内容や貸出手続等を通じて借主による自動車の運行について支配し，利益を有し，又はこれを有し得るものとして，運行供用者該当性を肯定することが定着している（最判昭46・11・9民集25巻8号1160頁・判タ269号100頁・判時648号24頁，最判昭50・5・29集民115号33頁・判時783号107頁）。

なお，レンタカーを借りた客が自分で事故を起こした場合，その者は運行供用者に当たることになる。また，レンタカーの同乗者も一定の共同目的の下でレンタカーを運行させ，同乗者間で運転の交替も予定するなどレンタカーの運行に積極的に関与し，運行による危険を生じさせているといえる場合には，当該同乗者も運行供用者責任を負担する場合もある（日弁連東京「損害賠償額算定基準下2007」17頁）。

ク　リース業者の運行供用者該当性

リースにおけるリース業者の有する自動車の所有権は，自動車の現実の使用を予定せず，リース料の担保としての意味を有するにとどまり，契約内容も自動車の使用の管理等にわたるものはなく，その点において，所有権留保特約付の自動車の割賦販売の場合と同様であり（最判昭46・1・26民集25巻1号126頁・判タ260号214頁・判時621号34頁（留保所有権者の自動車損害賠償保障法3条本文の運行供用者責任を否定した。）），リース業者には自動車の運行支配・運行利益が存在するとはいいがたく，原則として，リース業者が自動車損害賠償保障法3条本文の運行供用者責任を負うことはないと解される（神戸地判平3・9・4判タ791号209頁・交民集24巻5号1021頁等）（佐久間ほか「交通損害関係訴訟〔補訂版〕」50頁(e)）。

(3)　[被害者の]　他人性

ア　他人性の意義──「運行供用者」，「運転手」及び「運転補助者」以外の者

被害者が「他人」でなければ，運転供用者責任は発生しない（自賠3条本文）。この「他人」とは，自己のために自動車を運行の用に供する者〔運行

第2　不法行為に基づく損害賠償請求事件における当事者の主張立証

供用者〕及び当該自動車の運転手を除く，それ以外の者（最判昭42・9・29集民88号629頁・判タ211号152頁・判時497号41頁）であり，この「運転者」とは，他人のために自動車の運転又は運転の補助に従事する者である（自賠2条4項）。したがって，「運行供用者」，自動車の「運転手」及び車掌や運転助手等の「運転補助者」以外の者が，「他人」である。

イ　同乗者の他人性

　自動車損害賠償保障法3条本文の「他人」とは，自己のために自動車を運行の用に供する者及び当該自動車の運転者を除く，それ以外の者をいい，当該自動車の同乗者もこれに含まれ（最判昭42・9・29集民88号629頁・判タ211号152頁・判時497号41頁），当該同乗者が事故により人身損害を被ったときは，自賠責保険金の支払を受けることができる。

> ＊　最判昭42・9・29集民88号629頁・判タ211号152頁・判時497号41頁（酩酊して車の助手席に乗り込んだ者の同乗を拒むことなく，運転者がそのまま車を運転した場合，当該同乗者は自動車損害賠償保障法3条本文の「他人」に当たるとした。）

ウ　同乗者親族の他人性

　同乗者である運転手の妻が事故で被害を被った場合のように，被害者が運転者の親族であるからといって，当然に他人性が否定されるものではない（最判昭47・5・30民集26巻4号898頁・判タ278号106頁・判時667号3頁）。

〔任意保険の対人賠償責任保険における配偶者等被害者の免責と自賠責保険における親族の他人性〕

　任意保険の対人賠償責任保険においては，運転者の配偶者等が被害者となった場合には，当該被害者の損害に関する保険金支払責任は絶対的に免責されると定められている。自賠責保険は自動車損害賠償保障法に基づく強制保険であって「被害者の保護」に重点が置かれている（自賠1条）が，任意保険は保険会社との契約に基づくものであるから，同様の取扱いをしなければならないということはなく，親族免責規定は親族間においては損害賠償請求をしないことが一般的であるという実情を踏まえて定められたものであり，公序良俗に反することもないと考えられる（森富ほか「交通関係訴訟の実務」46頁）（第1章第2

> Ⅱ 2 ⑶ （26頁）参照。

エ　運転者の資格と他人性

　運転者の資格で事故自動車に乗り込んだ場合でも，例えば，2名の運転者が，交替で運転する貨物自動車において，一方が運転中に，助手席で仮眠していて事故に遭遇した他方運転手のように，現実に運転行為を担当していない者は，「運転者」の地位を離脱しており「他人」ということができると解される（大阪地判昭43・5・10判時534号66頁，福岡地判昭46・2・9判タ269号297頁）。ただ，正運転手として自ら自動車を運転すべき職責を有している者が，助手に運転させることを業務命令により禁止されていたにもかかわらず，他所からきて，まだ地理もわからない助手に無理に自動車を運転させ，自らは助手席に乗車して助手に運転上の指示をしていた等の事情のあるときは，当該正運転手が，当時同自動車の運転者であったと解すべきであり，自動車損害賠償保障法3条にいう「他人」に当たらないとされた（最判昭44・3・28民集23巻3号680頁・判タ234号127頁・判時555号46頁）。

オ　共同運行供用者の他人性

　自動車損害賠償保障法3条にいう「他人」とは，自己のために自動車を運行の用に供する者〔運行供用者〕及び当該自動車の運転者を除く，それ以外の者をいうとされており（最判昭42・9・29集民88号629頁・判タ211号152頁・判時497号41頁），運行供用者は，当該他人に当たらないことになるが，個別の状況により，本来の共同運行供用者が被害者に立った場合に，他の運行供用者に対し「他人」に当たると主張できることが認められる場合がある。

　判例では，①他人性を主張する共同運行供用者（被害者）は，外部にいる他の運行供用者に対して他人性を主張することはできず（非同乗型）（最判昭50・11・4民集29巻10号1501頁・判タ330号256頁・判時796号39頁），②共同運行供用者（被害者）が自動車の所有者や自動車を常時使用する者である場合は，特段の事情がない限り，同乗中の他の運行供用者との関係で他人性を主張する

第2 不法行為に基づく損害賠償請求事件における当事者の主張立証

ことはできず（同乗型）（最判昭57・11・26民集36巻11号2318頁・判タ485号65頁・判時1061号36頁），③同乗型の場合に他人性が肯定される「特別の事情」については，所有者等の指示を守らなかった場合と飲酒のため代行運転に依頼した場合があるとされている（最判平9・10・31民集51巻9号3962頁・判タ959号156頁・判時1623号80頁）（佐久間ほか「交通損害関係訴訟〔補訂版〕」58頁(2)，森富ほか「交通関係訴訟の実務」102頁(5)）。

> ＊① 最判昭50・11・4民集29巻10号1501頁・判タ330号256頁・判時796号39頁（会社所有車両を，共同運行供用者である同会社取締役が，会社業務終了後の深夜に業務と無関係の使用のため自ら運転者となり従業員を同乗させ運転中に接触事故を起こしたため，従業員に運転を交代したときに本件事故を起こした場合，当該本件事故当時当該自動車の運行を当該取締役が自ら支配し，これを私用に供しつつ利益をも享受していたものであり，会社による運行支配が間接的・潜在的・抽象的であるのに対し，当該取締役による運行支配は直接的・顕在的・具体的であり，当該取締役は会社に対し自動車損害賠償保障法3条の「他人」であることを主張することは許されないというべきであるとした。）
>
> ② 最判昭57・11・26民集36巻11号2318頁・判タ485号65頁・判時1061号36頁（自動車の所有者Aが友人Bにその運転を委ねて同乗していた際に生じた交通事故につき，自動車損害賠償保障法3条本文の規定に基づいて損害の賠償を請求し得ると主張した事案において，AはBと共に自動車の運行による利益を享受し，これを支配していたものであって，かかる運行支配を有するAは，その運行支配に服すべき立場にあるBに対する関係において，同法3条本文の他人に当たるということはできないものといわなければならないとした。）

📖〔運転代行業者の保有者性，〔運転代行業者への運転依頼による同乗中の事故による負傷した場合の〕自動車使用権者の運転代行業者に対する他人性〕（最判平9・10・31民集51巻9号3962頁・判タ959号156頁・判時1623号80頁）
　会社から自動車を貸与され，業務及び私用に常時使用することを許されていた会社の従業員〔自動車使用権者〕が，帰宅途中スナックで飲酒し，運転代行業者に自宅までの自動車の運転を依頼し，派遣された代行業者の者が，当該従

業員を乗せて当該自動車を運転中に他車と衝突事故を起こし，当該従業員が負傷して右目を失明し，当該従業員が，当該自動車の自賠責保険の保険会社に対し，運行代行業者及び同派遣の運転者が自動車の保有者であるとして当該従業員の損害を賠償する義務を負うとして，自動車損害賠償保障法16条1項に基づいて後遺障害等級8級保険金と同額の損害賠償を求めた事案において，以下のように判示した。

「P代行は，運転代行業者であり，本件自動車の使用権を有する被上告人〔従業員・自動車使用権者〕の依頼を受けて，被上告人を乗車させて本件自動車を同人の自宅まで運転する業務を有償で引受け，代行運転者であるAを派遣して右業務を行わせていたのであるから，本件事故当時，本件自動車を使用する権利を有し，これを自己のために運行の用に供していたものと認められる。したがって，P代行は，法〔自動車損害賠償保障法〕2条3項の「保有者」に当たると解するのが相当である。」

「自動車の所有者は，第三者に自動車の運転をゆだねて同乗している場合であっても，事故防止につき中心的な責任を負う者として，右第三者に対して運転の交代を命じ，あるいは運転につき具体的に指示することができる立場にあるのであるから，特段の事情のない限り，右第三者に対する関係において，法3条の「他人」に当たらないと解すべきところ（最高裁昭和55年(オ)第1121号同57年11月26日第二小法廷判決民集36巻11号2318頁参照），正当な権原に基づいて自動車を常時使用する者についても，所有者の場合と同様に解するのが相当である。そこで，本件について特段の事情の有無を検討するに，前記事実関係によれば，被上告人は，飲酒により安全に自動車を運転する能力，適性を欠くに至ったことから，自ら本件自動車を運転することによる交通事故の発生の危険を回避するために，運転代行業者であるP代行に本件自動車の運転代行を依頼したものであり，他方，P代行は，運転代行業務を引き受けることにより，被上告人に対して，本件自動車を安全に運行して目的地まで運送する義務を負ったものと認められる。このような両者の関係からすれば，本件事故当時においては，本件自動車の運行による事故の発生を防止する中心的な責任はP代行が負い，被上告人の運行支配はP代行のそれに比べて間接的，補助的なものにとどまっていたものというべきである。したがって，本件は前記特段の事情のある場合に該当し，被上告人は，P代行に対する関係において，法3条の「他人」に当たると解するのが相当である。」

第2　不法行為に基づく損害賠償請求事件における当事者の主張立証

2　運行供用者責任に基づく損害賠償請求の請求原因

　運行供用者責任（自賠3条）に基づく損害賠償請求の請求原因は，以下のとおりである（伊藤「民事要件事実講座4巻」322頁(a)，岡口「要件事実マニュアル5版2巻」453頁Ⅲ）。
　　㋐　自動車の運行により原告の生命又は身体が害されたこと
　　㋑　被告が㋐に先立ち㋐の自動車の運行供用者の地位を取得したこと
　実務では，運行供用者を法的地位と捉え，その取得原因事実を請求原因事実（上記㋑）とし，その発生障害事実や消滅事由を抗弁に回す〔抗弁説〕（後記3(1)参照）（「例題解説交通損害賠償法」79頁6，伊藤「民事要件事実講座4巻」324頁(イ)，岡口「要件事実マニュアル5版2巻」454頁2）。
　　㋒　人的損害の発生及び額
　　㋓　㋐と㋒との因果関係

3　運行供用者責任に基づく損害賠償請求における抗弁等

(1)　運行供用者の地位の発生障害・喪失事由

　無断運転・泥棒運転事例では，以下の場合，自動車の保有者（＝自動車の所有者その他自動車を使用する権利を有する者で，自己のために自動車を使用する権利を有する者（自賠2条3項））が運行供用者の地位を喪失したとされる（「例題解説交通損害賠償法」80頁一，佐久間ほか「交通損害賠償関係訴訟〔補訂版〕」48頁(a)・49頁(b)，岡口「要件事実マニュアル5版2巻」455頁(2)）。
　①　無断運転をしないよう指導・監督を尽くし，かつ，保有者に自動車保管・管理に落ち度がないにもかかわらず，被用者や親族が無断運転をした場合（最判昭42・11・30民集21巻9号2512頁・判タ215号94頁・判時504号64頁，最判平20・9・12集民228号639頁・判タ1280号110頁・判時2021号38頁等）
　②　自動車が盗まれて運転された場合には，保有者に自動車の保管・管理に落ち度がない場合（最判昭48・12・20民集27巻11号1611頁・判時737号40頁・交民集6巻6号1704頁）

(2) 他人性の欠如

ア　他人性欠如の抗弁・再抗弁

　被害者が「他人」でなければ、運行供用者責任は発生しない（自賠3条）。

　したがって、運行供用者責任に基づく損害賠償請求においては、「他人性の欠如」が抗弁事由となり、被告は、抗弁事実として「原告（被害者）が事故を抑止すべき立場にある」という評価を根拠づける事実を主張立証し、これに対し、原告は、再抗弁として「原告（被害者）が事故を抑止すべき立場にある」という評価を障害する事実を主張立証することになる（日弁連東京「損害賠償額算定基準下2007」23頁・24頁）。

イ　他人性該当性──運行供用者・運転者を除いた者

　この場合の他人とは、自己のために自動車を運行の用に供する者〔運行供用者〕（本章第2V1（139頁）参照）及び当該自動車の運転者を除く、それ以外の者をいい、当該自動車の同乗者もこれに含まれる（最判昭42・9・29集民88号629頁・判タ211号152頁・判時497号41頁）。

(3) 自動車損害賠償保障法3条但書による免責

　自動車損害賠償保障法3条但書のすべての要件を充足すると、運行供用者は免責されるので、運行供用者責任に基づく損害賠償請求においては自動車損害賠償保障法3条但書による免責が抗弁となり、その要件事実は以下のとおりとなる（伊藤「民事要件事実講座4巻」325頁(a)、梶村ほか「プラクティス交通事故訴訟」85頁(4)、岡口「要件事実マニュアル5版2巻」457頁3）。

　㋐　運行供用者及び運転者が自動車の運行に関し注意を怠らなかったこと
　㋑　被害者又は運転者以外の第三者に故意又は過失があったこと
　㋒　自動車に構造上の欠陥又は機能の障害があったこと

> ＊　最判昭45・1・22民集24巻1号40頁・判タ244号157頁・判時585号42頁（自動車損害賠償保障法3条但書所定の免責要件事実のうちある要件事実の存否が事故発生と関係がない場合には、免責を受けようとする自動車の運行供用者は、当該要件事実が当該事故と関係がない旨主張立証すれば足りる。）

第2　不法行為に基づく損害賠償請求事件における当事者の主張立証

(4)　一般不法行為に基づく損害賠償請求における抗弁

　運行供用者責任に基づく損害賠償請求権（自賠3条）についても，民法の規定が適用されるので（自賠4条），一般不法行為に基づく損害賠償請求における抗弁（被害者の過失相殺の抗弁（民722条2項），消滅時効・除斥期間の抗弁（民724条）等）（本章**第2Ⅰ2**（100頁）参照）が抗弁となる（川井ほか「注解交通損害賠償法〔新版〕①」109頁）。

　被害者側に過失があることが証明されたが，自動車損害賠償保障法3条但書の他の免責要件が証明されなかった場合には，運行供用者は自動車損害賠償保障法3条但書による免責は認められないが，被害者の過失相殺（自賠4条（民722条2項））によって賠償額の減額をすることはできる（東弁法友「改訂交通事故実務マニュアル」279頁）。

　ただ，責任能力の規定（民713条）については，自動車損害賠償保障法3条が，自動車の運行に伴う危険に鑑みて，被害者の保護及び運行の利益を得る運行供用者との損害の公平な分担を図るため，民法709条の特則を定めた趣旨等から，同法3条の運行供用者責任には適用されないと解されている（大阪地判平17・2・14判タ1187号272頁・判時1917号108頁・交民集38巻1号202頁，東京地判平25・3・7判タ1394号250頁・判時2191号56頁）。したがって，自動車を運転していた運行供用者が心神喪失状態で事故を起こした場合，その運転者兼運行供用者は，民法709条の責任は否定されるが，運行供用者責任は否定されないことになる（森冨ほか「交通関係訴訟の実務」113）。

Ⅵ　保険会社に対する被害者請求訴訟

1　自賠責保険会社に対する被害者請求

(1)　自賠責保険会社に対する被害者請求

　交通事故の被害者は，加害者を被保険者とする自賠責保険の契約を締結した自賠責保険会社に対し，保険金額の限度で人身損害について（自賠3条・11条参照）損害賠償額の支払を求めることができ（自賠16条），この請求権は，加害者に対する損害賠償請求権とは別の損害賠償請求権であると解されている（最判昭39・5・12民集18巻4号583頁・判タ163号74頁・判時377号57頁，最判昭57・1・19民集36巻1号1頁・判タ463号123頁・判時1031号120頁）が，被保険者である運行供用者に対する損害賠償請求訴訟における判決が確定して損害賠償の履行がされれば自賠責保険会社は事前の手続における判断のいかんにかかわらず，被保険者に対して保険金を支払う必要があること（自賠15条）等を踏まえ，一般に，自賠責保険会社においては，加害者等に対する損害賠償請求訴訟における判断に従っており，その点に不安が残れば加害者に対する訴訟の被告から自賠責保険会社に対して訴訟告知（民訴53条）をすることによって対応することも可能であり，特別の事情がない限り，自賠責保険会社に対して被害者請求（自賠16条）の訴えを提起する必要性はない（佐久間ほか「交通損害関係訴訟〔補訂版〕」14頁，東京地裁「過失相殺率の認定基準全訂5版」8頁・9頁）。

(2)　自賠責保険会社に対する被害者請求と弁護士費用

　被害者が自動車損害賠償保障法16条1項に基づき保険金額の限度において損害賠償額の支払を保険会社に対して直接請求する場合も，不法行為の被害者が加害者に対し損害賠償請求の訴え提起をする場合と同様に，訴訟追行を弁護士に依頼した場合の弁護士費用は，事案の難易，請求額，認容された額その他諸般の事情を斟酌して相当と認められる範囲内のものについて，相当因果関係のある損害というべきであるとされている（最判昭57・1・19民集36巻

第2 不法行為に基づく損害賠償請求事件における当事者の主張立証

1号1頁・判タ463号123頁・判時1031号120頁)。

(3) 自賠責保険の被害者請求における遅延損害金

　自動車損害賠償保障法16条に基づく保険会社の被害者に対する損害賠償支払債務は，期限の定めのない債務として発生し，民法412条3項により保険会社が被害者からの履行の請求を受けた時にはじめて遅滞に陥るものと解されている（最判昭61・10・9集民149号21頁・判タ639号118頁・判時1236号65頁，最判平6・3・25交民集27巻2号283頁）（東京地裁「過失相殺率の認定基準全訂5版」19頁・20頁47），「大阪地裁交通損害賠償算定基準〔3版〕」69頁・70頁）（**第1章第1Ⅲ5**（12頁）参照）。

　遅延損害金の利率は，年5％である（最判昭57・1・19民集36巻1号1頁・判タ463号123頁・判時1031号120頁）（「大阪地裁交通損害賠償算定基準〔3版〕」69頁・70頁））（**第1章第1Ⅲ5**（12頁）参照）。

> 🖋 **〔平成29年6月2日法律第44号民法改正法（平成32年（2020年）4月1日施行）〕**
> 　上記民法改正法により，改正前年5％の固定利率であった民事法定利率が，年3％となり（民404条2項），法務省令で定めるところにより，3年を1期として，1期ごとに変更される（民404条3項～5項）。

(4) 自賠責保険の被害者請求における損害賠償額の算定

　被害者の自賠責保険会社に対する請求（自賠16条1項）においても，裁判所は，自動車損害賠償保障法に規定する支払基準（自賠16条の3第1項）によることなく，損害賠償額を算定することができる（最判平18・3・30民集60巻3号1242頁・判タ1207号70頁・判時1928号36頁，最判平24・10・11集民241号75頁・判タ1384号118頁・判時2169号3頁（加害者請求（自賠15条）における損害賠償額の算定においても，裁判所は，自賠16条の3第1項の支払基準によることなく損害賠償額を算定して支払を命ずることができるとした。））。

第3章　交通事故における損害賠償請求の訴訟手続

> 📖 〔自賠責保険支払基準の裁判における拘束力〕（第1章第1Ⅳ2（14頁）参照）
> ① 自動車損害賠償保障法16条1項に基づいて被害者が保険会社に対して損害賠償額の支払を請求する訴訟において，裁判所は，同法16条の3第1項が規定する支払基準によることなく損害賠償額を算定して支払を命じることができる（最判平18・3・30民集60巻3号1242頁・判タ1207号70頁・判時1928号36頁）。
> ② 自動車損害賠償保障法15条所定の保険金の支払を請求する訴訟において，裁判所は，同法16条の3第1項が規定する支払基準によることなく保険金の額を算定して支払を命じることができる（最判平24・10・11集民241号75頁・判タ1384号118頁・判時2169号3頁）。

2　［被害者の］任意保険の直接請求

(1)　［被害者の］任意保険の直接請求権

交通事故の対人及び対物の被害者は，加害自動車に付された責任保険の約款に基づき，その保険会社に対し，損害賠償額の支払をすべきことを請求することになる（森冨ほか「交通関係訴訟の実務」47頁，佐久間ほか「交通損害関係訴訟〔補訂版〕」14頁）。この場合の約款は，被害者に直接請求権を付与するための第三者のためにする契約（民537条1項）である（広島高判平22・1・28判タ1346号203頁・自保ジャーナル1825号109頁）（森冨ほか「交通関係訴訟の実務」48頁）（第1章第2Ⅱ4（29頁）参照）。

(2)　［被害者の］任意保険の直接請求の訴訟物，請求の趣旨・認容判決主文

この場合の任意保険会社に対する被害者の直接請求については，被保険者に対する判決確定がその行使要件とされている（第1章第2Ⅱ4（29頁）参照）。したがって，任意保険会社に対する被害者の直接請求訴訟は，被保険者である加害者に対する損害賠償請求訴訟と併合して提起する必要がある（大阪地判平26・1・28交民集47巻1号124頁，東京地判平26・4・15自保ジャーナル1926号46頁，東京高判平26・8・21自保ジャーナル1929号18頁）。この場合の，任意保険会社

第2　不法行為に基づく損害賠償請求事件における当事者の主張立証

に対する被害者の直接請求訴訟は、被保険者である加害者に対する判決確定を条件とする将来の給付の訴えとなる（東京高判昭54・10・30判タ412号125頁・判時949号116頁）（東京地裁「過失相殺率の認定基準全訂5版」9頁、佐久間ほか「交通損害関係訴訟〔補訂版〕」14頁・15頁）。

〔任意保険会社に対する被害者の直接請求の請求の趣旨・認容判決主文〕

> （1　被保険者（加害者）に対する損害賠償請求）
> 2　被告○○株式会社は、原告の被告○○○○〔被保険者（加害者）〕に対する前項の判決が確定したときは、原告に対し、○○万○○○○円及びこれに対する平成○年○月○日〔事故日〕から支払済みまで年5分の割合による金員を支払え。

(注)1　2の保険会社に対する主文は、1の加害者に対する請求の判決が確定することを条件とする将来の給付であるから仮執行宣言を付することはできない（大阪地堺支判平21・9・30判タ1316号238頁・判時2066号126頁、大阪地判平26・1・28交民集47巻1号124頁、大阪地判平26・3・26自保ジャーナル1927号130頁）。
　2　2の保険会社に対する請求の付帯請求の始期は、従前判決確定日の翌日からとするものが多かったが、近時、事故日からの遅延損害金を認める例が多い（大阪地判平21・9・30判タ1316号238頁、広島高判平22・1・28判タ1346号203頁、東京地判平26・4・15自保ジャーナル1926号46頁、東京高判平26・8・21自保ジャーナル1929号18頁）。

ただ、被害者は、被保険者である加害者に対して訴えを提起すれば足りるので、任意保険会社が、保険契約の効力を争っている場合や、約款所定の要件の欠如や免責事由の存在を争っているような場合を除き、任意保険会社に対する被害者の直接請求訴訟を提起する必要性は乏しいと思われる（東京地裁「過失相殺率の認定基準全訂5版」8頁・9頁、佐久間ほか「交通損害関係訴訟〔補訂版〕」15頁）。

(3)　［被害者の］任意保険の直接請求の請求原因

被害者の任意保険会社に対する直接請求の請求原因の要件事実は、以下のとおりとなると思われる。

　㋐　自動車の所有、使用又は管理に起因して原告に損害が発生したこと及びその額（①自動車の所有、使用又は管理に起因する原告の権利・利益の侵害、②原告の損害及びその額、③①と②の因果関係）

第3章　交通事故における損害賠償請求の訴訟手続

㋑　被告（被保険者・加害者）が㋐の自動車を被保険自動車として被害者直接請求権を認めた約款のある自動車任意保険契約を締結したこと

㋒　被告（被保険者・加害者）への本訴訟提起

　この被告（被保険者・加害者）への本訴訟提起により，原告被害者の受益の意思表示（民537条2項）がされたことになる。

:･････ 🖉〔平成29年6月2日法律第44号民法改正法（平成32年（2020年）･･････
　　4月1日施行）〕
　上記民法改正法により，改正前民法537条2項は，改正民法537条3項となる。
:･･･

㋓　被告（被保険者・加害者）の原告に対する損害賠償請求額が判決等で確定したこと

(4)　［被害者の］任意保険の直接請求における抗弁

　被害者の任意保険会社に対する直接請求は，自動車保険契約の約款に基づくものであるから，被告保険会社は，当該保険に係る免責事由，保険契約の無効・解除等を，原告にも対抗することができ，それが抗弁となる（長谷川誠「裁判実務体系(8)」270頁）。

第2　不法行為に基づく損害賠償請求事件における当事者の主張立証

Ⅶ　保険代位による不法行為に基づく損害賠償請求訴訟

1　保険代位による不法行為に基づく損害賠償請求権の行使

(1)　保険代位による不法行為に基づく損害賠償請求権の取得

　保険会社が，自動車保険契約に基づいて，被保険者に交通事故による損害について保険金を支払ったときには，その支払った限度で，被保険者の第三者（加害者）に対して有する権利を取得する〔法律上当然の権利移転〕（保険25条）（佐久間ほか「交通損害関係訴訟〔改訂版〕」16頁）。

(2)　人身傷害補償保険における不法行為に基づく損害賠償請求権の代位

　　☆　人身傷害補償保険における代位→第1章第2Ⅲ2(4)（33頁）参照

　　ア　人身傷害補償保険における代位

　人身傷害補償保険は，損害てん補型の保険であるから，保険会社が被保険者に対し人身傷害補償保険金を支払った場合には，支払った保険金額の限度において，被保険者の損害賠償請求権を代位取得し（保険25条），その限度で，被保険者の加害者に対する損害賠償請求権は喪失する。

　　イ　人身傷害補償保険と損害賠償請求権との関係──人身傷害補償保険金支払における被害者側の過失と代位の範囲

　人身傷害補償保険金が支払われた場合の保険会社の保険代位における，被害者にも過失があり過失相殺がされる場合の保険代位の範囲については，以下のような考え方があった。

　　㋐　保険会社は支払った保険金について代位する〔絶対説〕
　　㋑　保険会社は支払った保険金のうち加害者の過失割合に対応する部分について代位する〔比例説〕
　　㋒　保険会社は被保険者の損害がてん補されるように，保険会社の支払う保険金と被保険者の加害者に対する過失相殺後の損害賠償請求権の額と

第3章　交通事故における損害賠償請求の訴訟手続

の合計額が被保険者の損害を上回る場合に限って，その上回る部分について代位する〔差額説〕
① 被保険者の損害を人身傷害補償保険の保険約款に定める基準・計算方法に基づき計算した損害額（人傷基準損害額）とする〔人傷基準差額説〕
② 保険者の損害を裁判において認定された損害額で，かつ過失相殺前のもの（裁判基準損害額）とする〔裁判基準差額説〕

平成22年4月1日施行の保険法25条1項2号（片面的強硬法規（保険26条））は差額説を採用し，最高裁は，人身傷害補償保険において，保険会社が先に保険金を支払った場合につき，裁判基準差額説をとることを明らかにした（自動車保険契約の人身傷害条項に基づく保険金の支払事例－最判平24・2・20民集66巻2号742頁・判タ1366号83頁・判時2145号103頁，最判平24・5・29判タ1374号100頁・判時2155号109頁・集民240号261頁）。

〔人身傷害補償保険金（人傷保険金）の支払と保険会社の保険代位との関係における各説の考え方〕
　裁判基準損害額　1000万円，被害者側の過失＝30%
　人傷基準損害額　800万円　先に支払われた人傷損害額　400万円

	人傷傷害補償保険金を先に受領した場合	損害賠償金を先に受領した場合（注）
絶対説	保険会社の代位取得額　400万円 加害者からの賠償額　300万円 人傷保険金　400万円 被害者の回収額合計　700万円	加害者からの賠償額　700万円 人傷保険金　100万円 被害者の回収額合計　800万円
比例説	保険会社の代位取得額　280万円 ［400万円×0.7＝280万円］ 加害者からの賠償額　420万円 人傷保険金　400万円 被害者の回収額合計　820万円	加害者からの賠償額　700万円 人傷保険金　100万円 被害者の回収額合計　800万円

第2 不法行為に基づく損害賠償請求事件における当事者の主張立証

人傷基準差額説	保険会社の代位取得額　300万円 〔〔400万円＋(1000万円×0.7)〕 　　　　　　　　－800万円〕	加害者からの賠償額　　700万円 人傷保険金　　　　　　100万円 被害者の回収額合計　　**800万円**
	加害者からの賠償額　　400万円 人傷保険金　　　　　　400万円 被害者の回収額合計　　**800万円**	
裁判基準差額説	保険会社の代位取得額　100万円 〔〔400万円＋(1000万円×0.7)〕 　　　　　　　　－1000万円〕	加害者からの賠償額　　700万円 人傷保険金　　　　　　100万円 被害者の回収額合計　　**800万円**
	加害者からの賠償額　　600万円 人傷保険金　　　　　　400万円 被害者の回収額合計　　**1000万円**	

（注）　加害者側の賠償額700万円を先に受領した場合，人傷保険金＝人傷基準損害額（800万円）－加害者からの賠償額（700万円）＝100万円となる。加害者からの賠償金は支払済みであり，加害者に対する損害賠償請求をすることはできないので，代位は生じない。

　このように，裁判基準差額説を採用する場合，保険会社から人身傷害補償保険金を先に受領してその後に加害者に損害賠償金を請求する場合と，加害者からの損害賠償金を先に受領してその後に保険会社に人身傷害補償保険金を請求する場合とで，約款の解釈上，被保険者（被害者）が最終的に回収できる金額に差が生ずる可能性が出てくる。これについては，多くの人身傷害補償保険会社において保険約款の改正がなされ，「判決又は裁判上の和解において賠償義務者が負担すべき損害賠償額が人身傷害補償保険の算定基準と異なる基準により算出された場合であって，その基準が社会通念上妥当であると認められるときは，その基準により算出された額を損害額とみなす。」という内容が規定され，保険会社から人身傷害補償保険金を先に受領してその後に加害者に損害賠償金を請求する場合と加害者からの損害賠償金を先に受領してその後に保険会社に人身傷害補償保険金を請求する場合とで回収できる金額に差が生じる事態はなくなるようにしているようである（森冨ほか「交通関係訴訟の実務」413頁(3)，梶村ほか「プラクティス交通事故訴訟」27頁＊8）。

第3章　交通事故における損害賠償請求の訴訟手続

① 〔人身傷害補償保険の保険代位の範囲の計算を損害項目ごとに行うか損害総額で行うか〕

　人身傷害補償保険における代位において裁判基準差額説を採る場合，保険代位の範囲の計算を，損害項目ごとに行う〔損害項目別比較説〕か，損害総額で行う〔積算比較説〕かが問題となるが，人身傷害補償保険は，約款上，被害者である被保険者が事故により被った人身損害の一般的なてん補を目的とする保険であると解され，人身傷害補償保険金は，被保険者の人身損害全体のてん補に充てられるものと解するのが相当であり，積算額比較説が相当であると考えられる（森冨ほか「交通関係訴訟の実務」414頁2）。

② 〔人身傷害補償保険の保険代位における損害金元本に対する遅延損害金の支払請求権の代位取得の有無〕

　人身傷害保険金を支払った保険会社は，被害者の損害金元本（過失相殺がある場合には，過失相殺後の損害金元本）に対する遅延損害金の支払請求権を代位取得するかが問題となり，①損害金元本について事故日から保険金支払日までに発生している遅延損害金からまず保険代位の対象となると解する見解，②損害金元本のみが保険代位の対象となり，かつ，人身傷害補償保険金の支払により，当該損害は事故時にてん補されたとみるべきであると解する見解，③損害金元金のみが保険代位の対象となり，かつ，人身傷害補償保険金の支払により，当該損害は保険金支払時にてん補されたとみるべきであるとする見解があるが，判例（最判平24・2・20民集66巻2号742頁）は，③説に立つことを明らかにした（森冨ほか「交通関係訴訟の実務」418頁3）。

③ 〔人身傷害補償保険の保険代位において人身傷害補償保険金を支払った保険会社が代位取得した損害賠償請求権の消滅時効の起算点〕

　人身傷害補償保険会社が，被害者と加害者との間の損害賠償訴訟等において総損害額及び過失割合が確定するまで，人身傷害補償保険会社には，保険代位の有無や加害者に対して請求し得る金額が分からず，加害者に対して被代位債権を行使することができず，被代位債権である損害賠償請求権の消滅時効の起算点は，被害者と加害者との間の損害賠償請求訴訟等において損害額及び過失割合が確定したときと解すべきであるなどと消滅時効の起算点を遅らせるべきであるとの主張をすることが考えられるが，保険代位によって権利が移転しても，権利の同一性に影響はないこと，人身傷害補償保険金の支払による保険代

第2　不法行為に基づく損害賠償請求事件における当事者の主張立証

位という加害者が何ら関与していない事情によって消滅時効の起算点が遅くなると解すべき理由は見当たらないこと，被害者と加害者との間で総損害額及び過失割合が確定する前であっても，人身傷害補償保険会社において，被保険者である被害者の協力を得るなどして加害者に対する権利行使をすることは十分可能であると解されることなどから，被害者に対して人身傷害補償保険金を支払った保険会社が保険代位により取得した加害者に対する損害賠償請求権の消滅時効は，被害者が損害及び加害者を知った時から進行すると解するのが相当である（東京地判平23・9・20判時2138号75頁（控訴審－東京高判平24・3・14金商1390号15頁））（森冨ほか「交通関係訴訟の実務」422頁Ⅳ）。

> 〔無保険車傷害保険と損害賠償請求権との関係──無保険車傷害保険金支払における被害者側の過失と代位の範囲〕
> 　無保険車傷害保険と損害賠償請求権との関係（無保険車傷害保険金支払における被害者側の過失と代位の範囲）については，人身傷害補償保険と損害賠償請求権との関係（人身傷害補償保険金支払における被害者側の過失と代位の範囲）と同様である（前記イ（156頁）参照）（森冨ほか「交通関係訴訟の実務」357頁）。

(3)　車両保険における不法行為に基づく損害賠償請求権の代位
　☆　車両保険における代位→**第1章第2Ⅲ6**(3)（37頁）参照
　ア　車両保険における代位
　車両保険は，損害てん補型の保険であるから，保険会社が被保険者に対し車両保険金を支払った場合には，支払った保険金額の限度において，被保険者の損害賠償請求権を代位取得し（保険25条），その限度で，被保険者の加害者に対する損害賠償請求権は喪失する。

　イ　車両保険と損害賠償請求権との関係
　⑺　車両保険金支払における被保険者の過失と代位の範囲
　車両保険においても，前記アのとおり，保険会社が被保険者に対し車両保険金を支払った場合には，支払った保険金額の限度において，保険会社が被保険者の損害賠償請求権を代位取得し（保険25条），被害者にも過失があり過失相殺がされる場合における保険代位の範囲については，前記人身傷害補償

保険の場合と同様の問題を生ずる（前記(2)イ（157頁）参照）。これについては、平成22年4月1日から施行された保険法25条1項2号は差額説を採用し（被保険者に不利な特約の無効（保険26条））、車両保険の場合も、裁判基準差額説を採用すべきであると考えられる（梶村ほか「プラクティス交通事故訴訟」26頁＊6）。

(イ) 車両保険に免責特約が付されている場合の車両保険金支払による代位の範囲

被害者側の車両保険により被害車の修理費損害について保険金の支払をする場合、保険契約の内容により一定金額についての免責特約が付されている場合、その被害車の損害については保険からのてん補がされず、例えば、被害車の免責金額を除いた修理代について保険金の支払がなされ、保険代位が生じ、被害車の修理代の免責金額部分については被害者に損害賠償請求権が残っている状態となり、この場合の保険会社の代位による加害者に対する損害賠償請求権と被害者の加害者に対する損害賠償請求権については、保険法25条の解釈から、人身傷害補償保険における代位の場合と同様に裁判基準説に従って（前記(2)イ（156頁）参照）、以下のように考えられる。

例えば、X_1とYとの事故により、X_1に車両修理代40万円の損害が生じたとして、X_1加入の保険会社X_2が車両修理代40万円から免責金額10万円を除いた30万円を保険金として支払い、XらがYを相手に訴訟を提起し、最終的に裁判所が修理代損害を30万円と認定した場合、事故における過失割合がX_1：Y＝7：3であったときは、保険による支払金額30万円＋Yに請求できる金額9万円（30万円×0.3）＝39万円と事故による修理費認定損害額30万円との差額9万円が免責金としてのX_1の損害10万円を超えないので、当該9万円全額についてX_1の請求を認容し、X_2の請求できるものはないとして、同請求が棄却されることになる。

(ウ) 車両保険に代車損害の特約が付されていない場合の車両保険金支払による代位の範囲

被害者側の車両保険により被害車の損害について保険金の支払をする場合、保険契約の内容により、損害の中に代車費用が含まれる場合、その損

第2 不法行為に基づく損害賠償請求事件における当事者の主張立証

については特約を付していない限り保険からのてん補がされず，例えば，被害車両の修理代について保険金の支払がなされ，保険代位が生じ，代車代については被害者に損害賠償請求権が残っている状態となる。この場合に，保険会社が保険代位の修理費部分及び被害者が代車代部分について，それぞれに加害者側に対し請求してくることがある。この場合の保険会社の代位による加害者に対する損害賠償請求権と被害者の加害者に対する損害賠償請求権も，保険法25条の解釈から，前記(イ)と同様に考えるべきである。

例えば，X_1とYとの事故により，X_1に車両修理代40万円，代車費用10万円の損害が生じ，X_1加入の保険会社X_2が車両修理代40万円を保険金として支払い，訴訟において同金額の損害が認定され，事故における過失割合がX_1：Y＝3：7であった場合，保険による支払金額40万円＋Yに請求できる金額35万円（50万円（車両修理代40万円＋代車代10万円）×0.7）＝75万円とX_1の損害合計額50万円との差額25万円が，X_1の損害としての代車費用10万円を超えるのでその10万円の請求が認められ，残り15万円（Yに請求できる金額25万円－X_2分10万円）をX_2が請求できると考えるべきである。X_1とX_2がそれぞれ過失割合に応じてX_1が7万円（代車代10万円×0.7），X_2が28万円（車両修理代40万円×0.7）で請求をしてきた場合は，裁判所としては，上記のとおり請求を立て直すように釈明すべきであるが，それに従わなかった場合で，判決をする場合，損害額・過失割合が上記のとおりの心証であれば，X_1については請求額7万円を認容し，X_2については15万円の限度で認容することになると思われる。

(4) 保険代位による求償金請求と弁護士費用

保険会社が保険代位により取得した不法行為に基づく損害賠償請求権に基づき提起する求償金請求訴訟においては，原則として，弁護士費用の賠償は否定的に解されている（大阪地判昭60・2・22判タ555号322頁）。ただ，保険代位による求償金請求訴訟において，保険代位が生じた時点で既に被害者が訴訟追行を弁護士に委任していた場合には，具体的に発生した弁護士費用相当額の賠償を求める権利が，損害賠償請求権の一部として保険会社に移転したも

のとして，その請求が認められることがある（東京地判平14・12・25交民集35巻6号1715頁，東京地判平15・9・2交民集36巻5号1192頁・自保ジャーナル1536号2頁）（佐久間ほか「交通損害関係訴訟〔改訂版〕」113頁）。

> *　①東京地判平14・12・25交民集35巻6号1715頁（弁護士費用は，不法行為の被害者が，自己の権利擁護のために訴えを提起することを余儀なくされ，訴訟追行を弁護士に委任した場合には，相当と認められる額の範囲で賠償の対象となるが，保険会社が求償権を行使する場合においては，これに要する弁護士費用が当然に賠償の対象となるものではない。もっとも，保険代位が生ずる時点で既に被害者が訴訟追行を弁護士に委任していた場合には，具体的に発生した弁護士費用の賠償を求める権利は損害賠償請求権の一部として保険会社に移転することになるが，本件において，このような事情は認められない。）．②東京地判平15・9・2交民集36巻5号1192頁・自保ジャーナル1536号2頁（①と同旨）

(5)　**保険代位における不法行為に基づく損害賠償請求権の遅延損害金**

　被保険者に過失があるときでも，その過失割合を考慮することなく算定される額である損害保険金を支払った保険会社がその支払時に代位取得するのは，当該保険金に相当する額の保険金請求権者の加害者に対する損害金元本の支払請求権であって，損害金元本に対する遅延損害金の支払請求権を代位取得するものではないとされている（最判平24・2・20民集66巻2号742頁・判タ1366号83頁・判時2145号103頁（自動車保険契約の人身傷害条項に基づく保険金の支払事例））。

　保険会社が支払った保険金（損害金）に対する遅延損害金の起算日は，保険金支払日の翌日となる（神戸地判平10・5・21交民集31巻3号709頁）（岡久ほか「簡裁民事手続法」248頁）。

2　保険代位による不法行為に基づく損害賠償請求の請求原因

　保険代位による不法行為に基づく損害賠償請求の請求原因の要件事実は，以下のとおりである（岡久ほか「簡裁民事手続法」246頁㈠）。
　㋐　原告（保険者・保険会社）とA（被保険者・被害者）との間で保険契約の成立

第2　不法行為に基づく損害賠償請求事件における当事者の主張立証

㋑　被告がA（被保険者・被害者）の権利又は法律上保護される利益を侵害したこと
㋒　㋑についての被告の故意又は過失
㋓　A（被保険者・被害者）に損害が発生したこと及びその額
㋔　㋑と㋓との間の因果関係
㋕　原告がA（被保険者・被害者）に対し㋐に基づき㋓の損害につき損害賠償金を支払ったこと

3　保険代位による不法行為に基づく損害賠償請求における抗弁等

(1)　保険代位による不法行為に基づく損害賠償請求権に関する抗弁等

保険代位による不法行為に基づく損害賠償請求における抗弁等として，当該不法行為に基づく損害賠償請求に関する抗弁等があり（前記Ⅰ2（100頁）参照），被害者の過失相殺の抗弁（民722条2項）（前記Ⅰ2(4)（101頁）参照），消滅時効等の抗弁（民724条）等（前記Ⅰ2(5)（109頁）参照）が主張されることがある（岡久ほか「簡裁民事手続法」255頁㈡・256頁㈢）。

(2)　保険代位による不法行為に基づく損害賠償請求権の消滅時効の抗弁

保険会社の被害者である被保険者に保険金を支払により，保険法25条1項に基づき，法律上当然に生ずる被保険者（被害者）の相手方（加害者）に対する損害賠償請求権移転の効力は，保険金支払時に当然に生じ，代位によって権利が移転しても，その権利の同一性には影響がなく，代位が生じた損害賠償請求権の消滅時効の起算点は，それによって左右されるものではなく，被害者がその損害及び加害者を知ったときから進行する。権利の同一性を維持したまま保険会社に移転した損害賠償請求権について，保険契約に基づく保険金の支払という相手方（加害者）が何ら関与していない事情によって，その消滅時効の起算点が遅れると解すべき合理的理由はない（名古屋地判平26・6・27交民集47巻3号847頁）。

第3 不法行為に基づく損害賠償請求訴訟における審理

I 審理の進め方

1 訴状の記載〔請求原因の記載〕，訴状等の提出

　訴状の請求原因としては，事故の発生日時，発生場所，原告・被告車両及びそれらの運転者，事故の態様を明らかにし，責任原因を明らかにし，具体的損害（人損については，傷害の程度・状況等）を明らかにする。事故車（原告車）の修理費等の物損を請求する場合は，その請求権者であることを明らかにするため，原告が当該事故車の所有者であることなどを記載する必要がある（第2章第2Ⅱ（87頁）参照）。

　訴状提出による訴え提起においては，申立手数料を納めなければならない（民訴費3条別表第1・1）。訴え申立手数料は，訴状に収入印紙を貼って納めなければならない（民訴費8条本文）。手数料の額が100万円を超えるときは，現金をもって納めることができる（民訴費8条但書，民訴費規4条の2第1項）。

　訴え提起に際しては，相手方である被告への訴状送達・呼出し等の手続進行のための郵便切手等を納めなければならない（民訴費11条～13条）。

　訴え提起時には，訴状原本のほかに，相手方である被告に送達される訴状副本（民訴規58条1項），立証を要する事項についての書証の写し（民訴規55条）を添付しなければならない。

2 訴訟代理人

　法令により裁判上の行為をすることができる代理人のほか，弁護士でなければ訴訟代理人となることができないのが原則であるが，簡易裁判所におい

第3　不法行為に基づく損害賠償請求訴訟における審理

ては，裁判所の許可を得て，弁護士でない者（個人における同居の親族，法人における従業員等）を訴訟代理人とすることができる〔許可代理人〕（民訴54条1項）。

　この簡易裁判所における許可代理人においては，交通事故における損害賠償請求事件で，保険契約の示談交渉サービス等の約款に基づいて，保険会社の従業員を許可代理人として申請してくる場合がある。これは，弁護士法72条の非弁護士による，報酬を得る目的での，訴訟事件等の法律事務取扱いの禁止の関係などから，代理許可をしないのが相当であると思われる（大段「簡裁関係訴訟」69頁(i)，園部「物損事故紛争解決手引〔3版〕」286頁）。また，タクシー会社とその従業員である運転手個人を被告とする交通事故による損害賠償請求事件において，タクシー会社の法務担当者を運転手個人の許可代理人として申請する場合があるが，運転手は事故の責任について会社から求償を受ける可能性があり（民715条3項），会社と運転手個人の利益が相反するおそれがあり，代理許可をしないのが相当である（大段「簡裁関係訴訟」69頁(j)，園部「物損事故紛争解決手引〔3版〕」286頁）。

　また，簡易裁判所では，司法書士会の会員である司法書士のうち，所定の研修を受け，法務大臣による能力認定を受けた者については，代理人となることができる〔認定司法書士〕（司法書士法3条2項）。当該認定司法書士が代理することができるのは，民事訴訟法の手続においては，目的の価額が簡易裁判所の事物管轄を超えない範囲内（140万円を超えない範囲内（裁判所法33条1項1号））である（司法書士法3条1項6号イ）。

3　証拠の収集

(1)　証拠の提出

　訴状には，請求の趣旨及び原因を記載するほか，請求を理由づける事実を具体的に記載し，かつ，立証を要する事由ごとに，当該事実に関連する事実で重要なもの及び証拠を記載しなければならず（民訴規53条1項），立証を要する事由につき，証拠となるべき文書の写し（書証の写し）で重要なものを添

付しなければならないとされている（民訴規55条2項）。

(2) 物損事故における基本的証拠の提出

物損交通事故においては，通常，必要となる基本的書証があり，それは早期に提出してもらう必要がある。

〔物損交通事故訴訟における基本書証〕

① 交通事故証明書
② 事故状況説明図
③ 事故現場の写真
④ 自動車車検証
⑤ 車両等の損傷状況の写真
⑥ 車両等の損傷部分の見積書・領収書等
⑦ 事故状況についての運転者等の陳述書

そのほかに，物損事故においても，警察に事故の届出がされていれば，警察において物件事故報告書が作成されていることもあり，それが作成されていれば，当該物件事故報告も事故態様を明らかにする証拠となるので，それを基本的書証として提出すべきである。また，タクシーや営業用の貨物自動車等にはドライブレコーダーが備え付けられていることも多く，また，最近では一般の車にも装備されていることも多いようなので，車にドライブレコーダーが装備されており，その映像があるのであれば，それにより事故態様が明らかになる可能性があるので，それを基本的証拠として提出すべきである。

信号による交通整理が行われている交差点における車同士の事故において，各車両の交差点への侵入時の信号の色が争点になっているような事件では，信号サイクル表が事実認定に役立つ証拠となる。ただ，信号の確認状況・車の位置関係等について，当事者双方から具体的主張立証（陳述書等）をする前に信号サイクル表の提出を求めると，信号サイクル等との客観的事実の矛盾点を突けなくなるおそれがあるので，どの段階で信号サイクル表の提出を求めるかは考える必要がある（「簡裁交通損害賠償訴訟事件審理・判決研究」

第3 不法行為に基づく損害賠償請求訴訟における審理

26頁)。

　書証の提出については，以下のような事務連絡文書を作成し，原告については，訴状提出段階で，交付し（窓口交付，代理人等へのファックス送信，本人呼出状送達時同封等），相手方も，同様の書証を提出することにより，事件の争点が明確になるので，訴状送達・期日呼出しの際に同封し，基本証拠の早期提出を促すこともできると思われる（書記官を通じて行われることになると思われる。）。物損事故においては，訴え提起前に保険会社を介して原告及び被告間で交渉が行われていることが多く，訴え提起前の時点で当事者が審理に必要な書証を持っていることが多いと思われる。ただ，陳述書については，保険会社において，双方当事者の話を聞いて，陳述書に代わるような報告書を作成している場合もあるが，それがないような場合は，陳述書作成には時間がかかることも考えられ，当事者によっては，具体的答弁がなされ，争点が明らかになってから提出するとする代理人もおり，そのような段階になってからの提出でもよいと思われる。

第3章　交通事故における損害賠償請求の訴訟手続

〔交通損害賠償事件の進行について（原告用）〕

(原告用)
事件番号平成　　年(ハ)第　　　号　　　　平成　年　月　日
原告(ら)代理人　　　　　　　　様

　　　　　　　　　　　　　　　　　東京簡易裁判所民事　室　　係
　　　　　　　　　　　　　　　　　　　　　裁判所書記官
　　　　　　　　　　　　　　　　　Tel：　　　　　fax：

　　　　　　　　交通損害賠償事件の進行について

　本件の円滑な進行を図るため，**本書面受領後1週間以内に下記照会事項に回答ください**。また，チェックのある書証につき証拠説明書とともに，基本書証は第1回弁論期日までに，その他の必要書証もできるだけ早期に提出してください。

事前交渉の有無　　　　□ある　　　　□ない 事前交渉があった場合，その概要（過失割合，損害など）を以下に記載してください。 予想される争点　　　　□事故態様　　□過失割合　　□損害（内訳 事前交渉の内容を踏まえできるだけ具体的に記載してください。 和解の希望　　　　　　□ある　　　　□ない　　　　□条件次第（ その他参考事項（任意保険加入の有無等）
(基本書証) □交通事故証明書＊1　　□車検証又は車両登録証明書＊1　　□修理見積書・領収書＊1 □事故現場の図面＊2　　□事故現場の写真＊3 □原告車両の写真＊4　　□被告車両の写真＊4 (必要書証) □ドライブレコーダー＊5 □事故状況調査報告書（保険会社等作成）　　　　　　□損傷状況報告書＊6 □物件事故報告書＊7　　□実況見分調書＊8 □陳述書＊9　　　　　　□ □診断書□診療報酬明細書　□施術証明書・費用明細書　□休業証明書 □　　　　　　　　　　　□

第3 不法行為に基づく損害賠償請求訴訟における審理

期日希望日（午前中の希望日に○）　　月　日，　月　日，　月　日	
補正事項など連絡事項	

　　　　　　　平成　　年　　月　　日

　　　　　　　　　　回答者　原告(ら)代理人

＜この書面は，記録の第3分類につづる取扱いがされます。＞
＊次葉に書証の説明があります。

＜以下の記載は，提出していただく書面の作成等の留意点です。＞
＊1　交通事故証明書，車検証，修理見積書は，事故態様に争いがない場合も第1回口頭弁論期日までに準備してください。
＊2　事故現場の図面は，できるだけ路線区分，幅員等距離関係が記載されたものを準備してください。保険会社作成の図面がなければ，第1回口頭弁論期日には，グーグルマップなどに衝突場所と双方車両の走行軌跡を記載した概略図面を準備してください。ドライブレコーダーや実況見分調書がある場合，現場図面，現場写真は，必要に応じ準備していただくことで結構です。
＊3　現場写真は，路線区分，見通し等道路状況の分かるカラー写真を複数枚準備し，撮影方向を明記してください。
＊4　車両写真は，傷の方向等損傷状況が分かるカラー写真を複数枚（拡大写真含む。）準備してください。
＊5　ドライブレコーダーは「.wmv」「.avi」「.mpg」等のファイル形式のものを準備してください。
＊6　損傷状況報告書は，傷の高さ・方向，衝突角度，損傷機序（内輪差）等を踏まえて記載してください。
＊7　物件事故報告書は，できるだけ弁護士照会の方法でのご準備をお願いします。
＊8　人身事故の場合，実況見分調書（起訴処分済のものは警察官調書を含む。）を準備してください。
＊9　陳述書は，信号対決事件など客観的証拠の少ない事件では早期に準備してください。

第3章　交通事故における損害賠償請求の訴訟手続

〔交通損害賠償事件の進行について（被告用）〕

（被告用）
事件番号平成　　年(ハ)第　　　　号　　　平成　年　月　日
被告(ら)代理人　　　　　　　　　様

　　　　　　　　　　　　　　　　東京簡易裁判所民事　室　係
　　　　　　　　　　　　　　　　　　裁判所書記官
　　　　　　　　　　　　　　　　TEL：　　　　　fax：

交通損害賠償事件の進行について

　本件の円滑な進行を図るため，本書面受領後1週間以内（　　月　　日）までに下記照会事項に回答をお願いします。第2回期日の1週間前までに争点にかかる主張，立証を準備してください。

事前交渉の有無　　　□ある　　　　□ない
事前交渉があった場合，その概要（過失割合，損害など）を以下に記載してください。

争　　点　　　□事故態様　　□過失割合　　□損害（内訳
事前交渉の内容を踏まえできるだけ具体的に記載してください。

和解の希望　　　□ある　　　　□ない　　　　□条件（
その他参考事項（任意保険加入の有無，反訴・別訴提起予定等）

次回期日（候補日）　月　日　時　分，　月　日　時　分，　月　日　時　分
※希望日に○をつけてください。

　　　　　　　　　平成　　年　　月　　日
　　　　　　　　　　回答者　被告(ら)代理人

＜この書面は，記録の第3分類につづる取扱いがされます。＞

第3 不法行為に基づく損害賠償請求訴訟における審理

〔事務連絡（証拠書類について）〕

事 務 連 絡（証拠書類について）

　交通事故の損害賠償請求訴訟においては，訴訟の早期解決を図るため，基本的に下記の資料の提出が必要となります。資料は相手方に事前に送付する必要がありますので，指定されている期日の1週間前までに，その資料を2通コピーして，裁判所に提出してください。

記

1　交通事故証明書
2　事故状況説明図（道路幅や歩道，白線の位置，及び下記陳述書に対応した形で，周りの車等の状況，双方車両の事故に至るまでの位置関係・ぶつかった位置などが分かるように記載したもの，陳述書に対応）
3　事故現場のカラー写真
4　車検証
5　車両等の損傷部分のカラー写真
6　車両等の損傷部分の見積書・領収書，資料
7　陳述書（事故の状況等について運転者等が時系列に従って具体的に記載した書面，事故状況説明図に対応）

※　上記資料については，原告だけではなく，被告のほうでも提出する必要があります。被告側の損害については，話合いで解決する場合には考慮されますが，話合いがまとまらずに判決となる場合には，そのままでは考慮されません。判決で被告側の損害についても考慮してもらうためには，被告は，原告に対し，被告側の損害について，別に損害賠償請求訴訟を起こすか，反訴を提起する必要があります。

以　上

(3) 人損事故における基本的証拠

人損事故に基づく損害賠償請求における基本的証拠と考えられるものとして，以下のものがある。

① 診断書
② 診療報酬明細書，領収書
③ 診療録（カルテ）
④ 休業損害証明書，確定申告書の控え

休業損害を請求する場合は，被害者の基礎収入を主張立証する必要があるが，給与所得者については休業損害証明書，事業所得者については確定申告書の控え等がその証拠となる。

⑤ 刑事事件記録（実況見分調書，運転者等の供述調書等）

人損事故となり，刑事事件となっていれば，実況見分調書，運転者等の供述調書等が作成されており，これらは，事故の態様等に関する重要な証拠となる。

起訴された刑事事件記録は，刑事事件記録が確定していれば誰でも閲覧が可能である（刑訴53条1項）。また，弁護士が代理人となる場合には，弁護士法23条の2に基づく照会により入手することもできる。継続中の刑事事件を含め，裁判所からの文書送付嘱託によって入手することが可能であり，当事者としては文書送付嘱託の申立てをすることができる。継続中の刑事事件記録については，犯罪被害者保護法3条1項に基づいて，刑事事件の継続する裁判所に対して閲覧謄写の申請ができる（日弁連東京「損害賠償額算定基準上・2018」452頁）。

不起訴で終結した事件について，被害者等は，実況見分調書等の閲覧謄写申請ができ，被害者の代理人弁護士も弁護士法23条の2に基づく照会ができる。供述調書については，裁判所による送付嘱託による取り寄せ，弁護士法23条の2に基づく照会による取り寄せなどができるが，平成20年11月10日付刑事局長依頼通達（法務省刑総第1595号）により，原則として閲覧を認めるべきでないとされている（日弁連東京「損害賠償額算定

第3 不法行為に基づく損害賠償請求訴訟における審理

基準上・2018」452頁・453頁注) 3・456頁注) 4・457頁注) 5・注) 6)。

(4) 被告側の請求

車同士の交通事故に基づく損害賠償請求事件，特に物損事故事件では，被告側にも物的損害が生じており，それについても請求するということで，被告側が反訴・別訴を予定している場合も多いので，その点を確認し，予定がある場合は，速やかにその準備をするように被告側に伝える必要がある。ただ，被告側の物的損害を請求する場合でも，実務上は，被告側としては，それについて反訴・別訴を提起する前に，被告側の損害を含めて和解で解決したいと希望する場合がある。このような場合は，和解の話をしている間は，当該反訴・別訴は提起されないことになるが，その場合でも，和解の前提として，被告側の損害についての主張立証をする必要があり，基本的書証（前記(2)（167頁）等参照）は速やかに提出するように促すべきである（「簡裁交通損害賠償訴訟事件審理・判決研究」23頁(2)）。

(5) 和解勧告

期日において争点が明らかになり，審理に必要な書証が提出された場合，特に物損請求事件においては，人証調べ（運転手の尋問等）の前に争点に関する暫定的心証が形成できる場合もある。この場合，当該暫定的心証に基づいて，和解を試みることが考えられ，その段階で和解が成立することも多い（「簡裁交通損害賠償訴訟事件審理・判決研究」24頁・33頁）。

その段階で和解が成立せず，人証調べを実施した場合であっても，人証調べが終了した段階で，司法委員の意見を参考にしながら，最終的な心証に基づいて，和解勧告を行うことが相当であると思われる。この段階での和解は，その際に提示する和解案が判決とほぼ同様の内容となると思われる。この段階での和解においては，代理人がついている事件でも，尋問で出頭した当事者本人等と直接話をしての和解協議が可能となり，この段階で直接当事者本人と話をし，合意を得て，和解が成立することも多い（「簡裁交通損害賠償訴訟事件審理・判決研究」33頁エ）。

簡易裁判所の交通損害賠償訴訟事件では，その争点や損害項目が多岐にわ

たることが少なく，和解案の提示は口頭で行うことで足りる場合が多いと思われる。ただ，当事者が会社でありその会社中で決裁をする必要がある場合や保険会社を説得する等のために，書面により和解案を提示することもある。

〔書面による和解案〕

```
　平成○年(ハ)第○○○○○号　損害賠償請求事件
　原告　○　○　○　○
　被告　△　△　△　△


                    和　解　案


【過失割合】
　　原告（直進車）20％：被告（右折車）80％
　　（理由）
　　　道路外に出るための右折車（被告）と対抗直進車（原告）との事故
　　の別冊判例タイムズ38号【149】図を参考に，その基本過失割合に，
　　原告に10％（ゼブラゾーン走行）の加算修正を行った。
【損害項目】
　〔原告〕　○○万○○○○円（①＋②）
　　①　修理費用　○○万○○○○円（甲○）
　　②　代　車　料　○万○○○○円（甲○）※　代車期間は14日に限定
　〔被告〕　○○万○○○○円
　　・　修理費用　○○万○○○○円（乙○）
【過失相殺後の損害額】
　〔原告〕　○○万○○○○円（○○万○○○○円×0.8）
　〔被告〕　○○万○○○○円（○○万○○○○円×0.2）
【結論】
　　1　被告は，原告に対し，○○万○○○○円を支払う。
　　2　原告は，被告に対し，○○万○○○○円を支払う。

　　※　1，2について，相殺計算して，被告は，原告に対し，□□万○○
　　　○円を支払うことを検討
```

第3 不法行為に基づく損害賠償請求訴訟における審理

(6) 人証調べの有無
　ア　事実関係についての争いの有無
　事実関係に争いのない場合は，人証調べは不要と考えられる。例えば，事故態様並びに被告の過失及び原告の過失に争いがなく，争点は過失割合の認定のみの場合，過失割合は法律判断であり，それだけが問題となる場合は，人証調べは不要であると考えられる（「簡裁交通損害賠償訴訟事件審理・判決研究」27頁）。

　イ　事実に争いがあるがその事実が当事者の過失又は過失割合の判断に影響しない場合
　事実に争いがあるが，その事実が当事者の過失又は過失割合の判断に影響しないような場合は，人証調べは不要であると考えられる。当事者が主張する事実に多少の食い違いがあっても，その食い違いが当事者の過失又は過失割合に影響しない場合，その食い違いを解明する必要はないから，人証調べは不要と解される（「簡裁交通損害賠償訴訟事件審理・判決研究」28頁）。

　ウ　当事者の過失又は過失割合の判断に影響を及ぼす事実に争いがある場合
　当事者の過失又は過失割合の判断に影響を及ぼす事実に争いがあり，人証調べを実施しないとその事実の有無が判明しない場合，人証調べが必要となる。人証調べを実施しなくとも，その事実の有無が判明する場合は，人証調べは不要であると解される（「簡裁交通損害賠償訴訟事件審理・判決研究」28頁）。

　動かしがたい事実から当事者の過失又は過失割合の判断に影響を及ぼす事実の有無について一定の心証（暫定的心証）を形成できるが，人証調べが不要であるとまではいいきれない場合がある。このような場合，当事者の納得を得るために，人証調べを実施することが考えられる。当事者から人証調べ申請がなければ人証調べを実施する必要はないと思われるが，人証調べ申請があった場合は，明らかに必要性なしと判断できない限り，人証調べを実施するのが相当である（「簡裁交通損害賠償訴訟事件審理・判決研究」28頁）。

4　司法委員の活用

(1)　司法委員制度

　司法委員制度（民訴279条）は，国民の中から選ばれた司法委員が簡易裁判所の民事訴訟手続に関与することによって，審理に国民の健全な良識を反映し，より社会常識にかなう裁判を実現するために設けられた制度であり，国民の司法参加の一形態として位置づけられる。

(2)　司法委員の活用

　簡易裁判所が扱う事件は，請求額が比較的低額で，国民に身近な事件が多いため，司法委員の良識を反映した常識的な解決に親しみやすく，裁判官が審理において司法委員の意見を聴き，その豊かな社会経験や知識を活用することによって，適正妥当な解決を図ることが期待されている。また，簡易裁判所の民事訴訟においては審理の過程で和解を試みることが多いが，その際に裁判官の補助者として和解の手続に関与し，その豊かな社会経験や健全な社会常識に基づいて妥当な解決へと当事者を導いていく役割を果たしている。

(3)　交通損害賠償訴訟事件での司法委員の活用

　交通損害賠償訴訟事件では，そのような司法委員が広く活用されている。
　簡易裁判所で多くある物損事故事件として，①事実認定が問題となる場合，②過失割合が問題となる場合，③車の損傷状況から事故態様を認定しなければならない場合や適正な修理費用の認定をする場合等がある。③の事件の場合は，専門的知識も必要となることもあり，保険会社の元従業員，アジャスター，弁護士等の専門家司法委員を指定することも多いと思われる。これに対し，①や②の事件についても，当該専門家司法委員を指定することもあるが，この種の事件については，裁判官が争点整理や事実認定を適切に行い，事件のポイント等を司法委員に説明すれば，専門知識のない一般司法委員であっても，その豊かな社会経験や知識を活用して適正妥当な解決を図ることができると考えられる（「簡裁交通損害賠償訴訟事件審理・判決研究」30頁・31

第3 不法行為に基づく損害賠償請求訴訟における審理

頁）。

(4) 司法委員の指定

　司法委員の指定方式には，開廷日立会方式（裁判所が，あらかじめ開廷日ごとに司法委員候補者を割り当て，法廷に立ち会ってもらい，必要と認める事件について司法委員を指定する方式）と事件指定方式（特定事件について個別に司法委員を指定する方式）がある。交通損害賠償訴訟事件においては，争点の内容に応じて適任者を関与させるのが望ましいから，事件指定方式になると思われる。

(5) 司法委員との評議

　司法委員に，事故の態様の認定，過失割合の判断及び損害額等について意見を述べてもらったり，和解の補助をしてもらったりするためには，裁判官と司法委員との間で評議をし，共通認識を形成しておくことが必要となる。

　司法委員の意見は，裁判官の判断作用を補佐するものであり，実質的に裁判官の評議に類するものであるから，法廷で公表するものではない（「簡裁交通損害賠償訴訟事件審理・判決研究」31頁）。

Ⅱ　争点整理

1　交通事故による損害賠償請求における争点

　交通事故による不法行為に基づく損害賠償請求訴訟においては，①責任に関する当事者の過失及びその過失割合，②損害の発生が争点になることが多い。

2　責任に関する争点〔当事者の過失及び過失割合〕

(1)　当事者の過失及び過失割合についての争点整理

　交通事故による不法行為に基づく損害賠償請求訴訟における責任に関する争点としては，加害者の過失，被害者の過失及び過失割合である。事件によって，加害者の過失，被害者の過失及びその過失割合のすべてが争点となる事件，加害者又は被害者の過失は争いがなく，被害者又は加害者の過失及び過失割合が争点となる事件，加害者及び被害者の過失については争いがなく，過失割合のみが争点となる事件がある。事件の審理においては，その点について争点整理をし，どの点が争点になるか早期に明確にすることが必要となる（「簡裁交通損害賠償訴訟事件審理・判決研究」9頁ア）。

(2)　当事者の過失についての具体的争点整理

　過失とは，結果の発生を予見でき（予見可能性の存在），それを回避するための適切な行為をとることができた（結果回避可能性の存在）のであるから，結果を回避する義務があるのにそれを怠ったこと，すなわち，予見可能性及び結果回避可能性があることを前提とした結果回避義務違反をいう。過失とは，いわゆる規範的要件であるから，過失自体が主要事実になるわけではなく，過失を基礎づける具体的事実が主要事実になる〔主要事実説〕。したがって，被害者である原告が加害者である被告に過失があると主張し，加害者被告がこれを争う場合，被害者原告は，「本件事故の発生につき加害者被告

第3　不法行為に基づく損害賠償請求訴訟における審理

に過失がある。」と主張するだけでは足りず，加害者被告が当該事故を予見できたこと及び当該事故を回避するための適切な行動を執るべきであったのにそれを怠ったことを具体的に主張立証しなければならない（「簡裁交通損害賠償訴訟事件審理・判決研究」9頁）。

　道路交通法規は，道路における危険を防止し，その交通の安全と円滑を図り，及び道路の交通に起因する障害の防止に資することを目的とするものである（道交1条）が，日常生活の中で一般に生じ得る典型的事故事例を想定し，そこから交通関与者の保護を目的とした規範としての性格も有していると考えられ，事故における行為態様から評価される道路交通法等における定型的注意義務違反があれば，基本的には加害者被告の過失が認められると考えられる。そのため，被害者原告は，事故態様を具体的に主張し，加害者被告に定型的注意義務違反（前方注視義務違反，徐行ないし一時停止義務違反，車間距離保持義務違反，車両等進行妨害禁止義務違反，ハンドル・ブレーキ適切操作義務違反，速度順守義務違反等）を主張立証すれば足りると考えられる（「例題解説交通損害賠償法」25頁〜27頁，佐久間ほか「交通損害関係訴訟〔補訂版〕」32頁，「簡裁交通損害賠償訴訟事件審理・判決研究」9頁・10頁）。

　被害者原告は，事故態様を具体的に主張するが，加害者の定型的注意義務違反の内容を主張しないこともある。事故態様を具体的に主張すれば，加害者の定型的注意義務違反の内容が明らかになるような場合（追突事故の場合，そのことを主張すれば，加害者被告の定型的注意義務違反は前方注視義務違反や車間距離保持義務違反であることが明らかになるといえる。）は，その主張でもいいといえる。しかし，事故の態様によっては，事故態様の主張から必ずしも加害者被告の定型的注意義務違反が明らかにならない場合もあり，そのような場合は，加害者被告の定型的注意義務を明らかにする必要があり，それが明らかでない場合は，裁判官は，被害者原告に対し，加害者被告の定型的注意義務違反の具体的内容を明らかにするように求めることになる（「簡裁交通損害賠償訴訟事件審理・判決研究」10頁）。

　加害者被告が被害者原告に過失があるとして過失相殺を主張する場合も，

事故態様によって，そこから必ずしも被害者の定型的注意義務違反が明らかとならない場合は，不意打ち防止の観点から，被害者原告の定型的注意義務違反の内容を明らかにする必要があり，裁判官は，加害者被告に対し，被害者原告の定型的注意義務違反の具体的内容を明らかにするように求めることになる（「簡裁交通損害賠償訴訟事件審理・判決研究」10頁）。

(3) 過失割合の判断

過失割合の具体的判断にあたっては，東京地方裁判所民事交通部において，東京地裁民事交通訴訟研究会編として刊行されている「別冊判例タイムズ38号　民事交通訴訟における過失相殺率の認定基準全訂5版」に定める過失相殺率の基準を参照して判断すべきである（「例題解説交通損害賠償法」230頁，佐久間ほか「交通損害関係訴訟〔補訂版〕」96頁，「簡裁交通損害賠償訴訟事件審理・判決研究」11頁）。この場合，加害者・被害者にどのような過失が認められることが前提になっているのか，過失相殺率はどのような考え方に基づいて定められているのか等について，この認定基準の用語や基準の説明等からよく理解する必要がある。ただ，この基準は，典型的事故態様を念頭に置いたものであり，個別の事案への適用にあたっては，個別の事案の事情を考慮し，柔軟に過失割合を定めることが必要となる。この認定基準に記載されていない事故態様については，各道路交通法規の定めや，一般の交通ルールをして理解されているところ（合流の際の交互進入等）を考慮し，個別の事案の事実関係に即した，適切な過失割合を定めることになる（佐久間ほか「交通損害関係訴訟〔補訂版〕」96頁，「簡裁交通損害賠償訴訟事件審理・判決研究」12頁）。

3　損害に関する争点

原告の損害について，被告が答弁書・準備書面で争うとしていても，原告がそれを裏付ける基本的証拠を提出し，被告も実質的にはこれを争わない場合がある。その場合には，その点を当事者に確認し，被告側が実質的には争わない場合でも，争うとなっている以上，裁判上の自白は成立しないが，原告の損害は証拠によって認定することになる。この場合，判決においては，

第3 不法行為に基づく損害賠償請求訴訟における審理

原告の損害を「争点」に記載する必要はなく,「前提事実」又は「争いのない事実等」の箇所に証拠を挙げて記載すればよいと思われる。被告が,損害について具体的に争うのであれば,損害の何をどのように争うのか明確に主張立証させることになる(「簡裁交通損害賠償訴訟事件審理・判決研究」24頁)。

Ⅲ 事実認定

1 事故態様の認定

　交通事故による損害賠償請求訴訟において，過失又は過失割合が争点となっている場合，ほとんどの事件で事故態様も争点となっている。

　物損事故の場合，実況見分調書が作成されず，客観的証拠が少ないことから，人損が生じている事故に比べて，事故態様の認定には困難を伴うことがある。この場合，事故車両の損傷の位置・状況等，現場の道路状況等の客観的な事実等から，事故態様を推認することができる場合もある。それでも認定できない場合は，当事者等の供述の信用性から認定せざるを得ない。

2 当事者等の供述による事故態様の認定

(1) 当事者等の供述の信用性の動かしがたい事実との整合性による判断

　当事者等の供述の信用性は，動かしがたい事実との整合性によって判断するのが基本となる。したがって，当事者等の供述によって事故態様を認定する場合，動かしがたい事実の整合性によってその信用性を判断することになる（「民事訴訟における事実認定」195頁，「事例で考える民事事実認定」44頁・45頁，「簡裁交通損害賠償訴訟事件審理・判決研究」17頁）。この場合の動かしがたい事実とは，当事者双方で主張が一致する事実，当事者双方の陳述及び供述が一致する事実，成立の真正が認められる信用性の高い証拠によって容易に認められる事実，当事者が自認する自己に不利益な事実をいう（「事例で考える民事事実認定」58頁(2)，「簡裁交通損害賠償訴訟事件審理・判決研究」17頁）。

(2) 事故現場の道路状況及び車の損傷状況との整合性による供述の信用性の判断

　事故態様の認定において重要な事実としては，事故現場の道路状況及び車

第3　不法行為に基づく損害賠償請求訴訟における審理

の損傷状況という客観的事実があり，この点を信用性の高い書証（写真，図面等）等によって認定し（その結果，事故現場の道路状況及び車の損傷状況は動かしがたい事実となる。），その事実と当事者等の供述の整合性を検討することになる（「簡裁交通損害賠償訴訟事件審理・判決研究」17頁・18頁）。

〔車の損傷状況からの事故態様等の推認〕

◆車の損傷状況がわかると，車の衝突（接触）箇所の推認ができ，ここから事故態様が推認できる場合がある。

〈例1〉　被告車の左前部角と原告車の右側面に傷が認められ，原告車の傷が後ろから前に向かって徐々に深くなっているとき又は細い線から徐々に幅広い線になっているとき
　　　　→被告車が原告車よりも高速で原告車の右後ろから原告車に接触したと推認できることがある。

〈例2〉　被告車の前部が原告車の右側面に衝突（接触）した事故で，原告車が停止していたかどうかが争われるケースで，原告車の傷が被告車の前部が衝突（接触）したことによる凹み損のみで擦過傷がないとき
　　　　→原告車は停止していたと推認できることがある。

〈例3〉　右にカーブする二車線の道路（その左側にゼブラゾーンを挟んだ左折レーン有）での接触事故で，第1車線を走行中の原告車を被告車が左から追い越そうとして接触したのか，原告車が第2車線を走行していて第1車線に進路変更をしようとして第1車線を後方から走行してきた被告車と接触したのかが争いとなるケースで，原告車の左前角の部分と被告車の右側面後部のみに傷（タイヤ痕あり）があるとき
　　　　→被告車の右前部に傷がなく，タイヤ痕があることから，第2車線を走行していた原告車が左にハンドルを切って第1車線に進路変更をしようとして，原告車の左前角と左前タイヤが被告車の右側面後部に接触したものと推認できることがある。

〈例4〉　道路を右折して路外施設に入ろうとした原告車に同車線を後方から走行していた被告車が原告車を追い越そうとして接触した事故で，被告車が原告車を追い越そうとしたときどのような状況であったかが争いとなるケースで，被告車の前面に傷があり，原告車の右側面に大きく凹んだ傷があるとき

→原告車の右側面に被告車の前面が鋭角に衝突したものと推認でき，原告車が右折を開始した時，被告車は一定の距離を置いた後方におり，被告車が追越しを開始してから原告車に衝突するまである程度の時間があったことが推認できることがある。

※　認定の証拠となる車の損傷状況の写真が不鮮明な場合もあり，鮮明であっても，1つの傷のみでは直ちに衝突（接触）前の車の動静を推認できない場合もあり，アジャスターの報告書が提出された場合，その根拠がわかりにくいときもあり，その信用性については慎重に検討する必要がある。

(3) 事故現場の道路状況及び車の損傷状況以外の動かしがたい事実との整合性による供述の信用性の判断

　事故現場の道路状況及び車の損傷状況との整合性だけでは当事者等の供述の信用性を判断できない場合もある。この場合，事故現場の道路状況及び車の損傷状況以外の動かしがたい事実との整合性を検討する必要がある。信用性が高いと認められる書証に記載されている事実（動かしがたい事実と整合しており信用性が高いと認められる物件事故報告書に記載されている事実が，当事者等の供述の信用性判断に影響を与えることがある。）や当事者等が自認する自己に不利益な事実は，当事者等の供述の信用性判断に及ぼす影響が大きいことがある（「簡裁交通損害賠償訴訟事件審理・判決研究」18頁）。

(4) 動かしがたい事実との整合性による供述の信用性の判断ができない場合

　動かしがたい事実との整合性によって当事者等の供述の信用性が判断できない場合，当事者等の供述の信用性は，供述内容の合理性，一貫性，具体性等によって判断せざるを得ない。ただ，このような事件はそれほど多くないと思われる（「簡裁交通損害賠償訴訟事件審理・判決研究」18頁(3)）。

　この供述内容の合理性等によってもどちらの供述が信用できるか判断できない場合は，最終的には，立証責任によって判断せざるを得ないことになる（「簡裁交通損害賠償訴訟事件審理・判決研究」18頁46）。

第3　不法行為に基づく損害賠償請求訴訟における審理

 当事者が主張した事実と異なる事実の認定

　当事者の主張した具体的事実と裁判所が認定した事実との間に，態様や日時の点で多少食い違いがあっても，社会観念上同一性が認められる限り，当事者の主張しない事実を認定したことにはならないと考えられる（最判昭32・5・10民集11巻5号715頁・判タ72号55頁）。ただ，当事者が主張していた過失と異なる過失を認定することは弁論主義違反となり得るので，当事者が主張していた過失を認定する範囲内で，社会観念上同一性が認められる範囲内での，当事者の主張した具体的事実と異なる事実を裁判所が認定することはできると解される（「簡裁交通損害賠償訴訟事件審理・判決研究」29頁）。

第4 不法行為に基づく損害賠償請求訴訟の終了

I　和　解

 不法行為により生じた債権を受働債権とする相殺の禁止（民509条）——相殺契約

　自動車等が双方の過失によって衝突した場合のように，1個の社会的事実とみられる事故から，当事者双方が互いに損害を受けた（与えた）場合には，各当事者は，互いに相手方に対して別々の損害賠償請求権を取得するとみる見解〔交叉責任説〕が通説・判例である（「例題解説交通損害賠償法」39頁，園部「〔改訂〕和解論点ノート」83頁）。

　判例は，このような場合も民法509条の趣旨が不法行為の被害者に現実の賠償を得させることにあること等を理由として民法509条を適用し相殺を認めていない（最判昭32・4・30民集11巻4号646頁・判タ70号64頁・判時111号10頁（受働債権―人損，自働債権―物損），最判昭49・6・28民集28巻5号666頁・判タ311号140頁・判時745号49頁（物損相互間），最判昭54・9・7判タ407号78頁・判時954号29頁（物損相互間））（「例題解説交通損害賠償法」40頁，園部「〔改訂〕和解論点ノート」83頁）。

　現在の交通損害賠償訴訟の実務は，上記判例に従って処理されており，被害者から損害賠償請求の訴訟が提起された場合，相手方からの相殺の抗弁は認めていない。したがって，他方当事者が自らの損害賠償請求権を行使するためには，反訴を提起する必要がある（「例題解説交通損害賠償法」40頁，園部「〔改訂〕和解論点ノート」83頁）。

　これらの訴訟が和解によって終了する場合，当事者はそれぞれの損害賠償を算定して過失相殺を行い，相殺勘定をしたうえで，支払分の残る当事者の

第4　不法行為に基づく損害賠償請求訴訟の終了

みの支払を行う旨の和解条項が作成されることがある。このような交通損害賠償訴訟で行われるような，交叉的不法行為について損害賠償請求権について，両当事者が相殺契約をすることは許されるとされている（「例題解説交通損害賠償法」40頁，「和解条項実証的研究〔補訂版〕」55頁，星野「改訂増補〔3訂〕和解・調停モデル文例集」70頁，園部「〔改訂〕和解論点ノート」83頁・84頁）。

> 〔平成29年6月2日法律第44号民法改正（平成32年（2020年）4月1日施行）〕
> 　改正前民法509条は，不法行為に基づく損害賠償債権を受働債権とする相殺を全面的に禁止しているが，上記改正法は，相殺禁止の趣旨を考慮に入れ，この趣旨に沿う場面でのみ相殺を禁止することに改めた（筒井ほか「一問一答民法（債権関係）改正」200頁(i)・202頁，潮見「民法（債権関係）改正法の概要」197頁）。具体的には，①損害を加える意図（悪意＝故意では足りず，積極的意欲まで必要とする）による不法行為に基づく損害賠償債権を受働債権とする相殺（改正民509条1号）及び②人の生命・身体の侵害に基づく損害賠償債権を受動債権とする相殺（改正民509条2号）を禁止する。ただ，この①・②の債権を他人から譲り受けたときは，相殺が許される（改正民509条柱書但書）。

❷　［交通損害賠償請求事件の］和解における弁護士費用・遅延損害金の取扱い

　交通事故に基づく損害賠償請求事件では，損害額に弁護士費用や損害金に対する遅延損害金を請求されることが多いが，そのような事件で和解になる場合は，それらを除いて和解をするのが通常である（後藤ほか「和解の理論と実務」305頁，園部「〔改訂〕和解論点ノート」84頁2）。

※　人身損害に関する交通損害賠償請求事件の和解において，東京地裁民事第27部（交通部）においては，弁護士費用を計上しないことが多いが，事故発生時から和解時までに発生する遅延損害金相当額の半分程度を「調整金」として加算するのが通例である（森冨ほか「交通関係訴訟の実務」69頁）。

第3章　交通事故における損害賠償請求の訴訟手続

❸　交通事故に基づく損害賠償請求事件における基本和解条項

　双方自動車の事故においては，原告・被告双方の車両に損害が生じているのが普通であり，交通事故における損害賠償に関することを最終的に解決するためには，訴えを提起していない被告の損害も含めて解決しないと，解決したことにならないので，和解をする場合，以下のような和解条項となるのが普通である。以下の条項は，原告・被告双方の過失により発生した，自動車の衝突事故による損害賠償請求における和解条項である（園部「〔改訂〕和解論点ノート」84頁・85頁）。

〔交通事故における損害賠償請求事件における一括支払の基本和解条項①〕

1　原告と被告は，本件交通事故に関し，次の事項を確認する。
　(1)　原告の損害額が金○○○，○○○円であり，
　　　被告の損害額が金○○○，○○○円であること
　(2)　過失割合について，原告が○割，被告が○割であること
2　原告と被告は，本件交通事故の損害賠償債務として，前項の過失割合により算出した結果，
　　被告は原告に対し金○○○，○○○円の，
　　原告は被告に対し金○○○，○○○円の
　　各支払義務があることを相互に確認する。
3　原告と被告は，前項の両債権につき対当額をもって相殺する。
4　被告は，原告に対し，前項による残債務金○○○，○○○円を，平成○年○月○日限り，原告名義の○○銀行○○支店の普通預金口座（口座番号：○○○○○○○）に振り込む方法により支払う。
5　被告が前項の金員の支払を怠ったときは，被告は，原告に対し，前項の金員から既払金を控除した残金及びこれに対する前項の支払期限の翌日から支払済みまで年5％の割合による遅延損害金を支払う。
6　原告はその余の請求を放棄する。
7　当事者双方は，本件交通事故に関し，本和解条項に定めるもののほか，当事者間に何らの債権債務がないことを相互に確認する。

第4　不法行為に基づく損害賠償請求訴訟の終了

8　訴訟費用は各自の負担とする。

〔交通事故における損害賠償請求事件における一括支払の基本和解条項②〕

1　原告と被告は，本件交通事故による損害賠償債務として，被告は原告に対し金〇〇〇，〇〇〇円の，原告は被告に対し金〇〇〇，〇〇〇円の，各支払義務があることを相互に確認する。
2　原告と被告は，前項の両債権につき対当額をもって相殺する。
3　被告は，原告に対し，前項による残債務金〇〇〇，〇〇〇円を，平成〇年〇月〇日限り，原告名義の〇〇銀行〇〇支店の普通預金口座（口座番号：〇〇〇〇〇〇〇）に振り込む方法により支払う。
4　被告が前項の金員の支払を怠ったときは，被告は，原告に対し，前項の金員から既払金を控除した残金及びこれに対する前項の支払期限の翌日から支払済みまで年5％の割合による遅延損害金を支払う。
5　原告はその余の請求を放棄する。
6　当事者双方は，本件交通事故に関し，本和解条項に定めるもののほか，当事者間に何らの債権債務がないことを相互に確認する。
7　訴訟費用は各自の負担とする。

〔交通事故における損害賠償請求事件における分割払の基本和解条項①〕

1　原告と被告は，本件交通事故に関し，次の事項を確認する。
　(1)　原告の損害額が金〇〇〇，〇〇〇円であり，
　　　被告の損害額が金〇〇〇，〇〇〇円であること
　(2)　過失割合について，原告が〇割，被告が〇割であること
2　原告と被告は，本件交通事故の損害賠償債務として，前項の過失割合により算出した結果，
　　被告は原告に対し金〇〇〇，〇〇〇円の，
　　原告は被告に対し金〇〇〇，〇〇〇円の
　各支払義務があることを相互に確認する。
3　原告と被告は，前項の両債権につき対当額をもって相殺する。
4　被告は，原告に対し，前項による残債務金〇〇〇，〇〇〇円を，次のとおり分割して，原告名義の〇〇銀行〇〇支店の普通預金口座（口座番号：〇〇〇〇〇〇〇）に振り込む方法により支払う。

第3章　交通事故における損害賠償請求の訴訟手続

　(1)　平成○年○月から平成○年○月まで毎月○日限り金○万円ずつ
　(2)　平成○年○月○日限り金○○○,○○○円
5　被告が前項の分割金の支払を2回以上怠り,かつ,その額が○万円に達したときは,当然に前項の期限の利益を失い,被告は,原告に対し,前項の金員から既払金を控除した残金及びこれに対する前項の支払期限の翌日から支払済みまで年5％の割合による遅延損害金を支払う。
6　原告はその余の請求を放棄する。
7　当事者双方は,本件交通事故に関し,本和解条項に定めるもののほか,当事者間に何らの債権債務がないことを相互に確認する。
8　訴訟費用は各自の負担とする。

〔交通事故における損害賠償請求事件における分割払の基本和解条項②〕
1　原告と被告は,本件交通事故による損害賠償債務として,被告は原告に対し金○○○,○○○円の,原告は被告に対し金○○○,○○○円の,各支払義務があることを相互に確認する。
2　原告と被告は,前項の両債権につき対当額をもって相殺する。
3　被告は,原告に対し,前項による残債務金○○○,○○○円を,次のとおり分割して,原告名義の○○銀行○○支店の普通預金口座（口座番号：○○○○○○○）に振り込む方法により支払う。
　(1)　平成○年○月から平成○年○月まで毎月○日限り金○万円ずつ
　(2)　平成○年○月○日限り金○○○,○○○円
4　被告が前項の分割金の2回以上支払を怠り,かつ,その額が○万円に達したときは,当然に前項の期限の利益を失い,被告は,原告に対し,前項の金員から既払金を控除した残金及びこれに対する前項の支払期限の翌日から支払済みまで年5％の割合による遅延損害金を支払う。
5　原告はその余の請求を放棄する。
6　当事者双方は,本件交通事故に関し,本和解条項に定めるもののほか,当事者間に何らの債権債務がないことを相互に確認する。
7　訴訟費用は各自の負担とする。

第4　不法行為に基づく損害賠償請求訴訟の終了

 双方の交通事故による損害賠償債権の当事者が異なる場合の差額支払和解条項

　交通事故の事故車両の運転手と所有者が同一であれば，双方の損害賠償債権は当事者が逆になるだけで，相殺契約をすることができるが，交通事故の事故車両の運転者と所有者が異なる場合，双方の損害賠償債権の当事者が異なることになるため，単純に相殺契約をすることはできないことになる。例えば，A車（運転者・所有者a）とB車（運転者b_1・所有者b_2）との交通事故の場合，A車の損害について損害賠償債権はaのb_1に対する債権となり，B車の損害についての損害賠償債権はb_2のaに対する債権となり，単純に相殺契約をするということにはならない。

　この場合でも，通常はb_1とb_2は家族等何らかの関係があるのが普通であるから，そのような場合，当該三者間で双方の損害を相殺計算〔差引計算〕して額を支払う旨の合意ができれば，通常の相殺契約と同様に処理してよいと思われる。そのような場合，以下のような条項を作ることが考えられる（園部「〔改訂〕和解論点ノート」89頁）。

〔双方の交通事故による損害賠償債権の当事者が異なる場合の差額支払和解条項〕

> 1　i号事件被告b_1は，i号事件原告aに対し，本件交通事故による損害賠償債務として，○○万○○○○円の支払義務のあることを認める。
> 2　i号事件原告aは，ii号事件原告b_2に対し，△△万△△△△円の支払義務があることを認める。
> 3　i号事件原告a と i号事件被告b_1及びii号事件原告b_2は，第1項の債務と前項の債務を，対当額で相殺計算〔差引計算〕することに合意する。
> 4　i号事件被告b_1は，i号事件原告aに対し，前項による相殺計算〔差引計算〕後の残債額□□万□□□□円を，平成○年○月○日限り，i号事件原告a名義の○○銀行○○支店の普通預金口座（口座番号：○○○○○○○）に振り込む方法により支払う。
> 5　i号事件被告b_1が前項の金員の支払を怠ったときは，i号事件被告b_1

第3章　交通事故における損害賠償請求の訴訟手続

> は，ⅰ号事件原告 a に対し，前項の金員から既払金を控除した残金及びこれに対する前項の支払期限の翌日から支払済みまで年5％の割合による遅延損害金を支払う。
> 6　ⅰ号事件原告 a 及びⅱ号事件原告 b_2 は，それぞれその余の請求を放棄する。
> 7　ⅰ号事件原告 a とⅰ号事件被告 b_1 及びⅱ号事件原告 b_2 は，ⅰ号事件原告 a とⅰ号事件被告 b_1 間及びⅱ号事件原告 b_2 とⅰ号事件原告 a 間について，本件交通事故に関し，本和解条項に定めるもののほか，何らの債権債務がないことを相互に確認する。
> 8　訴訟費用は各自の負担とする。

　このような事例において，a の b_1 に対する損害賠償請求の訴訟のみが継続し，b_2 の a に対する損害賠償請求の訴訟が継続していない場合は，b_2 を利害関係人として参加させ，和解を成立させることになる。

◆ 5　双方の交通事故による損害相殺後の基本和解条項

　既に述べたように，双方自動車の事故においては，原告・被告双方の車両に損害が生じているのが普通であり，交通事故における損害賠償に関することを最終的に解決するためには，訴えを提起していない被告の損害も含めて解決しないと，解決したことにならないので，前記のような和解条項となる。

　ただ，当事者としては，双方の損害の額や過失割合にあまり関心がなく，双方の損害の対当額での相殺後の支払にのみ関心があるのが普通であるので，その確認及び支払の条項のみの和解条項とすることも多い。その場合，双方に損害があっても，条項上には，最終的な片方から片方への支払のみしか現れないが，その点は，当事者による相互の当該交通事故に関する債権債務がないことの確認で，その他に当該交通事故に関する債権債務がないことが確認されるので，問題がないと思われる（園部「〔改訂〕和解論点ノート」90頁・91頁）。

第4　不法行為に基づく損害賠償請求訴訟の終了

〔双方の交通事故による損害相殺後の基本和解条項〕
（一括払の基本和解条項）

> 1　被告は，原告に対し，本件解決金として，金〇〇〇，〇〇〇円の支払義務があることを認める。
> 2　被告は，原告に対し，前項の金員を，平成〇年〇月〇日限り，原告名義の〇〇銀行〇〇支店の普通預金口座（口座番号：〇〇〇〇〇〇〇）に振り込む方法により支払う。
> 3　被告が前項の金員の支払を怠ったときは，被告は，原告に対し，第1項の金員から既払金を控除した残金及びこれに対する前項の支払期限の翌日から支払済みまで年5％の割合による遅延損害金を支払う。
> 4　原告はその余の請求を放棄する。
> 5　当事者双方は，本件交通事故に関し，本和解条項に定めるもののほか，当事者間に何らの債権債務がないことを相互に確認する。
> 6　訴訟費用は各自の負担とする。

（分割払の基本和解条項）

> 1　被告は，原告に対し，本件解決金債務として，金〇〇〇，〇〇〇円の支払義務があることを認める。
> 2　被告は，原告に対し，前項の金員を，次のとおり分割して，原告名義の〇〇銀行〇〇支店の普通預金口座（口座番号：〇〇〇〇〇〇〇）に振り込む方法により支払う。
> 　(1)　平成〇年〇月から平成〇年〇月まで毎月〇日限り金〇万円ずつ
> 　(2)　平成〇年〇月〇日限り金〇〇〇，〇〇〇円
> 3　被告が前項の分割金の2回以上支払を怠り，かつ，その額が〇万円に達したときは，当然に前項の期限の利益を失い，被告は，原告に対し，前項の金員から既払金を控除した残金及びこれに対する前項の支払期限の翌日から支払済みまで年5％の割合による遅延損害金を支払う。
> 4　原告はその余の請求を放棄する。
> 5　当事者双方は，本件交通事故に関し，本和解条項に定めるもののほか，当事者間に何らの債権債務がないことを相互に確認する。
> 6　訴訟費用は各自の負担とする。

6 交通事故による人損の損害請求における和解

(1) 被害者の自賠責保険の直接請求の和解条項

　交通事故により人身損害を被った被害者は，民法709条の不法行為又は自動車損害賠償保障法3条による損害賠償請求権のほかに，同法16条1項による保険会社に対する損害賠償額の直接請求権がある。この両者の請求権の関係については，別個独立の権利とされている（最判昭39・5・12民集18巻4号583頁・判タ163号74頁・判時377号57頁）。この被害者の直接請求の場合，保険会社はあらかじめ被保険者の意見を求めるものとされている（自賠令4条1項）ので，被害者（原告）が直接請求の方法をとった場合には円滑に保険金の支給が受けられるように，被告のその手続への協力を約した任意条項を作成することがある（「和解条項実証的研究〔補訂版〕」55頁（注5），園部「〔改訂〕和解論点ノート」83頁・84頁）。

〔被害者の自賠責保険の直接請求の和解条項〕

> 1　被告は，原告に対し，本件交通事故についての原告の人身損害による損害賠償債務として〇〇〇万円の支払義務があることを認める。
> 2　被告は，原告に対し，前項の金員を，平成〇年〇月〇日限り，原告名義の〇〇銀行〇〇支店の普通預金口座（口座番号：〇〇〇〇〇〇〇〇）に振り込む方法により支払う。
> 3　原告において，第2項の金員について直接請求の方法により自動車損害賠償責任保険から支払を受けるときは，被告はその手続に協力する。
> 4　原告はその余の請求を放棄する。
> 5　当事者双方は，本件交通事故に関し，本和解条項に定めるもののほか，当事者間にほかに何らの債権債務がないことを相互に確認する。
> 6　訴訟費用は各自の負担とする。

(2) 後遺症損害の除外の和解条項

　訴訟上の和解は既判力を有するとされている（最大判昭33・3・5民集12巻3号381頁）ので，一部請求である旨を明示しない限り，既判力が訴訟物全部に

第4　不法行為に基づく損害賠償請求訴訟の終了

及ぶことになる。そうすると，後発的後遺症による損害も同一の加害行為によって生じた損害の一部であれば，前訴で一部請求の旨を明示しない限り，後発的後遺症の損害賠償請求に既判力が及び，追加請求ができないことになる。しかし，判例は，受傷当時には医学的に通常予想し得なかった治療が必要となり再手術を受けたことを理由に再び損害賠償を請求しても，前訴と後訴は訴訟物は別であり，既判力は及ばないとした（最判昭42・7・18民集21巻6号1559頁・判タ210号148頁・判時493号22頁）。このような状況から，訴訟上の和解では，清算条項における債権債務のないことの確認においては，後発的後遺症損害が考えられるときは，それを除外する旨記載するのが相当である（「和解条項実証的研究〔補訂版〕」59頁（注3），星野「改訂増補〔3訂〕和解・調停モデル文例集」69頁注③，園部「〔改訂〕和解論点ノート」94頁）。

〔後遺症損害の除外の和解条項〕

> 　原告と被告は，本件交通事故に関し，本和解条項に定めるほか，何らの債権債務がないことを相互に確認する。ただし，原告に，後日，本件交通事故による後遺症が発生したことが，労災認定医の診断により確認されたときは，この限りでない。この場合は，その損害賠償について当事者双方で別途協議する。

第3章　交通事故における損害賠償請求の訴訟手続

判　決

1　民事訴訟法280条による簡易裁判所判決書の記載事項

　民事訴訟法280条は，簡易裁判所の訴訟手続に関する督促としての判決書の記載事項について，「判決書に事実及び理由を記載するには，請求の趣旨及び原因の要旨，その原因の有無並びに請求を排斥する理由である抗弁の要旨を表示すれば足りる。」と定めている。つまり，簡易裁判所の判決書の事実及び理由には，①請求の趣旨及び理由の要旨，②請求の理由の有無，③請求を排斥する抗弁の要旨を表示すれば足りることになる。これは，判決書作成に費やす労力と時間を軽減し，その余力を審理充実に振り向けることができるようにし，少額軽微な事件について簡易迅速な解決を目指す簡易裁判所の特色を十分に発揮できるようにするものである（秋山ほか「コンメ民訴Ⅴ」381頁，「簡裁交通損害賠償訴訟事件審理・判決研究」38頁）。

　この民事訴訟法280条による判決の記載事項は，次のとおりとなる。
①　請求（訴訟物）を特定するのに必要な事実の記載はしなければならない（秋山ほか「コンメ民訴Ⅴ」381頁(ｱ)，「簡裁交通損害賠償訴訟事件審理・判決研究」38頁）。

　　主位的請求及び予備的請求がある場合は，主位的請求と予備的請求を記載する（主位的請求原因が認められる場合の予備的請求原因の記載については，下記②参照）。
②　請求を理由づける事実は要旨を記載すれば足り，請求を理由づける要件事実をすべて記載する必要はない。

　　例えば，主位的請求原因が認められる場合の予備的請求原因は必要的記載事項ではない（秋山ほか「コンメ民訴Ⅴ」382頁）。ただ，「請求を明らかにする」ためには，予備的請求や選択的な他方の請求を特定するに足りる程度の主張は記載すべきである（上記①参照）。

③　抗弁は，請求を排斥する場合に記載すれば足りる（複数の抗弁のうち一つの抗弁が認められる場合の他の抗弁は，必要的記載事項ではない（秋山ほか「コンメ民訴Ⅴ」382頁）。）から，抗弁を排斥して請求を認容する場合には，抗弁を記載する必要はないことになる。再抗弁以下も記載する必要がないことになる。再抗弁が認められて抗弁に理由がないことになった場合にも抗弁を記載する必要はないことになる。ただ，相殺の抗弁は，既判力が生ずることになるから（民訴114条２項），相殺の抗弁を排斥して請求を認容する場合は，その判断を記載すべきである（秋山ほか「コンメ民訴Ⅴ」384頁・385頁，「基本法コンメ［３版追補］民訴２」351頁，「簡裁交通損害賠償訴訟事件審理・判決研究」38頁）。

　この民事訴訟法280条の記載事項は記載する必要があるが，その記載のみでは，当事者の納得が得られず，無用な上訴を招くおそれがある。判決作成目的で優先されるべきものは，当事者に判決内容を知らせるとともにこれに対し上訴するかどうかを考慮する機会を与えることにある。そのようなことから，当事者が真に裁判所の判断を求めている事項（中心的争点）に対しては，ある程度記載するのが相当であり，敗訴当事者の供述を排斥する理由を記載するのが相当である。

2　簡易裁判所判決書の記載事項

(1)　簡易裁判所判決書の基本的記載様式

　簡易裁判所の判決書の「事実及び理由」の基本的記載様式は，①請求，②事案の概要，③前提事実，④争点，⑤争点に対する判断の順序で記載している。

　ここでは，簡裁交通損害賠償訴訟事件の判決について記載するが，主として物損事故訴訟についての判決書について記載する。

(2)　請求の記載

　「請求」の部分の記載は，原告の請求の趣旨の記載である。

　訴訟費用の負担の申立て，仮執行宣言の申立て及び請求の趣旨に対する答

弁は，全面的に省略する（「10訂民事判決起案の手引」90頁）。

　主文と一致する場合は，「主文1項と同旨」等と記載する（「10訂民事判決起案の手引」34頁）。

(3)　略語の記載

　判決中の「事案の概要」や「争点に対する判断」等の中の言葉が何度か出てきて，その2度目以降の言葉を略語で示す場合，当該略語にする言葉の後に，「(以下「○○」という。)」と記載する記載の仕方もあるが，ある程度その略語となることがわかる略語を記載する場合，略語にする言葉の後に単に括弧書でその略語を記載すれば，以下そのように記載することがわかるといえ，記載としては，それで足りる場合もあると思われる。

〔簡略な略語の記載例〕

```
交通事故（本件事故）
被告○○△△（被告○○）
被告○○株式会社（被告会社）
……交通整理が行われている交差点（本件交差点）
……○丁目○番○号の駐車場（本件駐車場）
原告所有・運転の普通乗用自動車（原告車）
被告会社の従業員被告○○が運転する普通貨物自動車（被告車）
```

　ただ，ある言葉がその略語になることが明確にわかるようなものでなく，略語の表示を，判決の「当事者の表示」からするような場合は，「(以下「○○○○」という。)」という記載をすべきであると思われる。

〔ある言葉がその略語になることが明確にわかるようなものでなく，略語の
　表示を当事者の表示からするような場合の略語の記載例〕

```
本訴原告・反訴被告（以下「原告」という。）
・・・・・・・・・
　　　　本訴被告　　　　○　　○　　△　　△
　　　　　　　　　　　　（以下「被告○○」という。）
・・・・・・・・・
```

第4 不法行為に基づく損害賠償請求訴訟の終了

> 本訴被告・反訴原告　　○　○　株　式　会　社
> (以下「被告会社」といい, 被告○○と併せて以下「被告ら」という。)

　また, 本訴反訴の関係に立たない事件が併合された場合, 冒頭の事件番号の表示の末尾に「(第1事件)」,「(第2事件)」と表示し(「平成○年(ワ)第○○○号　損害賠償請求事件(第1事件)」等), 以下の当事者の表示を,「第1事件原告」,「第2事件被告」等と表示することもできると思われる。

(4) 「事案の概要」欄の冒頭

　「事案の概要」欄の冒頭には, 請求(訴訟物)を特定する事項を記載する。

　交通物損事故事件では,「民法709条に基づく損害賠償請求」,「民法715条に基づく損害賠償請求」というように請求権の根拠条文を記載し, 原告が主張する交通事故及び損害がその根拠に基づく損害であることを記載すれば, 訴訟物が特定される。判決書全体から請求(訴訟物)が特定できれば足りるから, 原告が主張する交通事故及び損害がどのような損害であるかが判決書全体に記載されていれば, 事案の概要の冒頭には, 請求権の根拠条文を記載すれば足りると考えられる。付帯請求である遅延損害金請求も, そのことさえ示せば, 他の記載と相俟って, 交通事故発生日から支払済みまで民法所定の年5分の割合による遅延損害金請求であることが特定できる(「簡裁交通損害賠償訴訟事件審理・判決研究」45頁)。

　例えば, 事案の概要の冒頭に「民法709条に基づく損害賠償請求及び遅延損害金請求」と記載した場合, 原告の請求を一部でも認容するときは, 前提事実や原告の損害に対する判断の中等で原告が主張する損害の内容が示される。しかし, 原告の請求を全部棄却するときは, 原告が主張する損害の内容を判決書のどこかに記載しないと訴訟物の特定ができないことになる(「簡裁交通損害賠償訴訟事件審理・判決研究」45頁)。

　保険会社による求償金請求の場合, 保険会社が代位取得する権利は, 被害者の損害賠償請求権であるから,「民法709条に基づく損害賠償請求(保険代位)」と記載すれば訴訟物が特定できると考えられる(「簡裁交通損害賠償訴訟

第3章　交通事故における損害賠償請求の訴訟手続

事件審理・判決研究」45頁)。

〔事案の概要欄冒頭の請求(訴訟物)を特定する事項の記載例〕

民法709条に基づく損害賠償請求及び遅延損害金請求
民法715条に基づく損害賠償請求及び遅延損害金請求
民法709条に基づく損害賠償請求(保険代位)及び遅延損害金請求(起算日は保険金支払日の翌日)

(5)　前提事実等

　前提事実には,争いのない事実及び証拠によって容易に認定できる事実を記載する。この表題としては,「前提事実」と記載するほか,「争いのない事実等」と記載する例もある。

　証拠によって認定した事実は,認定証拠も記載する。ここに記載する事実は,判決書に記載する必要がある事実である。交通物損事故事件で,判決書に記載する必要がある事実は,一般的に次のとおりである。

ア　交通事故が発生した日時

　交通事故証明書の発生日時の記載等に従って記載する。

イ　交通事故が発生した場所

　交通事故証明書の発生場所の記載等に従って記載する。

　事故現場の道路状況について,道路の幅員,形状等が正確に記載されている図面があれば,それを引用して記載するのが相当である。

ウ　事故車の表示

　交通事故の対象自動車について,その運転者を記載する必要がある。物損請求事件では,その請求権者であることを示すために,所有者,使用者の記載をする必要がある。使用者責任が問題となるときは,運転者が被用者であることを記載する。被害者側の過失が問題となるときは,運転者が被害者側に属する者であること(運転者と被害者(原告)との関係),自動車の種別(普通乗用自動車,普通貨物自動車等)を記載する。登録番号までの記載は必要ない。

エ　事故態様

第4　不法行為に基づく損害賠償請求訴訟の終了

争いがない範囲内で，事故態様及び衝突（接触）の箇所を記載する。

　　オ　その他

その他，前提事実等に記載することにより，わかりやすい内容の判決となると思われるものに，以下のものがある。

(ｱ)　車の損傷状況

車の損傷状況が，争いがないか，証拠によって容易に認定できる場合には，それを前提事実等に記載することにより，それが争点である事故態様認定の決め手になる場合もある。

(ｲ)　被告の過失

被告の過失に争いがなく，争点としては原告の過失及び過失割合である場合，被告の過失を前提事実等に記載すると，わかりやすい判決の内容となると思われる。

(ｳ)　損　　害

争いのない損害又は証拠によって容易に認定できる損害も，前提事実等に記載すると，わかりやすい内容の判決となる。

弁護士費用も損害として請求する場合もあるが，損害として認められる弁護士費用の額は，事案の難易，請求額及び認容額等の事情を斟酌して定められるから（最判昭44・2・27民集23巻2号441頁），原告請求の弁護士費用は前提事実に記載する必要はなく，原告の認容額が決まった後に，「争点に対する判断」等の中に記載すれば足りると思われる（「簡裁交通損害賠償訴訟事件審理・判決研究」46頁）。

(6)　争　　点

争点については，争点となる見出し項目のみを記載すれば足りる。

記載する見出し項目は，被告の過失，原告の過失及び過失割合並びに原告の損害となると思われる。事故態様に争いがあり，これによって過失は過失割合の判断が大きく変わる場合は，これも併記する。

争点整理により，争点となる事実の具体的事実についての共通の認識を持つことができていれば，例えば，争点について「事故態様」と記載するとと

もにその具体的事実を括弧書で記載することも考えられる。

争点となる見出し項目に，各当事者の主張は原則として記載する必要はない。争点に対する判断において，一方当事者の主張する事実を認定し，反対当事者の主張する事実を排斥していれば，自ずと主張内容が分かるといえる。争点に対する判断の中で，裁判所が認定した事実に反する当事者等の陳述又は供述を排斥すれば，当事者の主張内容と当事者等の陳述又は供述は一致するのが通常であるから，排斥された当事者の主張内容はわかると考えられる。ただ，当事者等の陳述及び供述がない場合（証拠としての陳述書が提出されず，人証調べも実施されないような場合）は，その陳述等の排斥によって当事者の主張内容を明らかにすることはできないので，「被告は……と主張するが，これは本件全証拠によっても認められない。」，「被告は，……と主張するが，これを認めるに足りる証拠はない。」等と記載すれば足りる（「簡裁交通損害賠償訴訟事件審理・判決研究」47頁）。これにより，当事者の主張と認定事実の中で同様のことを記載するという重複記載がなくなり，判決の記載が簡潔になり，わかりやすくなると思われる。

ただ，事案によっては，当事者の主張を記載することによって，事案の内容を整理しやすくなり，わかりやすくなる事例もあると思われる。そのような事案においては，争点となる見出し項目に各当事者の主張を記載することもできるが，その場合でも，民事訴訟法280条の趣旨から，その要旨を簡潔に記載すべきである（「簡裁交通損害賠償訴訟事件審理・判決研究」47頁）。

(7) 争点に対する判断又は当裁判所の判断

　ア　争点に対する判断等の記載内容

「争点に対する判断」（又は「当裁判所の判断」）には，まず，①認定事実を記載し，次に，②認定事実に反する間接事実及び証拠〔反対証拠〕の排斥理由を記載する（「簡裁交通損害賠償訴訟事件審理・判決研究」48頁）。

　イ　認定事実としての事故態様の記載

認定事実としての事故態様は，過失や過失割合等の判断をするために必要な限度で記載する。その判断に必要のない事故現場に至る道路行程や事故後

第4　不法行為に基づく損害賠償請求訴訟の終了

の行動等は記載する必要はない。

　予見可能性や結果回避可能性が争われている場合は，証拠によって認定できる事実を記載し，それを前提に予見可能性や結果回避可能性についての判断を記載する。

　これらの場合に，事実認定に用いた証拠も記載する。証拠は認定事実ごとに記載するのが望ましいが，認定した事実によっては認定事実の冒頭にまとめて記載することもできる。

　事実認定に用いた証拠が信用できる理由を記載することは必要ではないが，その判断を示した方が判決の説得力が増すような場合には，その理由を記載することも考えられる（「簡裁交通損害賠償訴訟事件審理・判決研究」48頁）。

ウ　反対証拠の排斥理由の記載

　排斥理由を記載する反対証拠は，敗訴当事者が重視していた重要なものだけでよい。通常は，敗訴当事者の陳述及び供述を排斥すれば足りると思われる。敗訴当事者が，自らの主張を裏付ける重要な証拠を指摘している場合は，それを排斥する理由を記載することもある。

　排斥するのは，反対証拠のみでよく，敗訴当事者の主張を排斥する必要はない（「簡裁交通損害賠償訴訟事件審理・判決研究」48頁）。ただ，当事者等の陳述及び供述がない場合（証拠としての陳述書が提出されず，人証調べも実施されないような場合）は，その陳述等の排斥によって当事者の主張内容を明らかにすることはできないので，「被告は……と主張するが，これは本件全証拠によっても認められない。」，「被告は，……と主張するが，これを認めるに足りる証拠はない。」等と記載する（「簡裁交通損害賠償訴訟事件審理・判決研究」47頁）。

エ　認定した過失の記載

　認定した過失は，簡潔に記載する。過失割合に影響した修正要素等の事実も記載する。過失と修正要素等は区別し得るが，判決書においてそれらを区別して記載するまでの必要性はない。

オ　過失割合の記載

　過失割合は，「前記認定の原告と被告の過失を対比すると，過失割合は原

告○，被告○とするのが相当である。」などと記載する。過失修正要素を考慮した場合などは，「前記認定の原告と被告の過失の対比及び……したことからすると原告がわずかな注意を払えば本件事故は回避できたと認められることを考慮すると，過失割合は原告○，被告○とするのが相当である。」と記載することも考えられる（「簡裁交通損害賠償訴訟事件審理・判決研究」48頁）。

　過失割合は，「別冊判例タイムズ38号　民事交通訴訟における過失相殺率の認定基準全訂5版」に記載されている事故態様については，それを基本にして定めることになると思われるが，当該本に記載されていない事故態様の場合や，事故態様に争いがなく，争点は過失割合であり，当事者が過失割合にこだわっている場合は，過失割合を定めた理由を簡潔に記載することが相当な場合もある（「簡裁交通損害賠償訴訟事件審理・判決研究」48頁）。

　　カ　結論の記載

　判決の結論部分は，請求の全部又は一部認容する事件では，認容額の算定根拠がわかるように記載し，請求を全部棄却する事件では，請求に理由がないことを端的に記載する。

〔全部認容の場合の結論の記載〕

> よって，原告の請求は全部理由（弁護士費用は○万円が相当である。）がある。

〔一部認容の場合の結論の記載〕

① （通常の場合）

> よって，原告の認容額は次のとおりとなる。
> ○○万○○○○円（△△万△△△△円の○割である□□万□□□□円及び弁護士費用○万○○○○円の合計額）

第4　不法行為に基づく損害賠償請求訴訟の終了

② (本訴・反訴がある場合)

> よって，認容額は次のとおりとなる。
> 1　本訴　〇〇万〇〇〇〇円（△△万△△△△円の〇割である□□万□□□□円及び弁護士費用〇万〇〇〇〇円の合計額）
> 2　反訴　〇〇万〇〇〇〇円（△△万△△△△円の〇割である□□万□□□□円及び弁護士費用〇万〇〇〇〇円の合計額）

③ (原告が複数の場合) (被害者と損害の保険代位による保険会社が原告となった場合)

> よって，認容額は次のとおりとなる。
> 1　原告〇〇の請求　〇〇万円（免責額△△万円及び弁護士費用〇万円）
> 2　原告会社の請求　〇〇万〇〇〇〇円（△△万△△△△円の〇割から△△万円を控除した額）

〔請求棄却の場合の結論の記載〕

> よって，原告の請求は理由がない。

(8) 前記基準が当てはまらない事件──事故発生自体が認められない請求棄却事例等

　例えば，原告車と被告車との接触による事故自体の発生の有無が争点となり，事故の発生そのものが認められず，請求を棄却する事例のように，それが当てはまらない事例もある。そのような場合は，民事訴訟法280条の趣旨等を考慮し，簡潔に記載する必要がある。

　このような請求棄却事例においては，事案の概要の冒頭の記載は，上記基準に当てはまる事件と同様でよいが（前記(4)（201頁）参照），事案の概要のその下は，「1　原告の主張」，「2　被告の主張」を記載し，「当裁判所の判断」として，事故の発生が，証拠によっては認められないことを記載し，その上で，「よって，原告の請求は理由がない。」と記載することになると思われる。

(9) 判決記載例

第3章　交通事故における損害賠償請求の訴訟手続

〔事例1〕 「事故態様，原告の過失及び過失割合」及び「原告車評価損」が争点となった事例（請求一部認容）

```
平成○年○月○日判決言渡　同日原本領収　裁判所書記官
平成○年(ハ)第○○○号損害賠償請求事件
口頭弁論終結日　平成○年○月○日

                判            決

   ○○県○○市○○町○丁目○番○号
            原       告     株 式 会 社 ○ ○ ○
            同代表者代表取締役      ○   ○   ○   ○
            同訴訟代理人弁護士      ○   ○   ○   ○
   ○○県○○市○○町○丁目○番○号
            被       告          ○   ○   ○   ○
            同訴訟代理人弁護士      ○   ○   ○   ○

                主            文

  1  被告は，原告に対し，94万5500円及びこれに対する平成○年
     3月5日から支払済みまで年5分の割合による金員を支払え。
  2  原告の被告に対するその余の請求を棄却する。
  3  訴訟費用は，これを10分し，その1を原告の負担とし，その余を
     被告の負担とする。
  4  この判決は，第1項に限り，仮に執行することができる。

                事  実  及  び  理  由

 第1  請  求
      被告は，原告に対し，127万3000円及びこれに対する平成○年
    3月5日から支払済みまで年5分の割合による金員を支払え。
 第2  事案の概要
```

第4 不法行為に基づく損害賠償請求訴訟の終了

民法７０９条に基づく損害賠償請求及び遅延損害金請求
1 前提事実（争いがないか，掲記証拠及び弁論の全趣旨により容易に認められる事実）
 (1) 次のとおりの交通事故（本件事故）が発生した（甲２）。
  ア 日時　平成〇年３月５日午前〇時〇分ころ
  イ 場所　〇〇県〇〇市〇〇町〇丁目〇番付近の交差点（本件交差点）
  ウ 事故車両
   (ｱ) 原告代表者甲野太郎（甲野）運転・原告所有の普通乗用自動車（原告車）（甲３）
   (ｲ) 被告運転の普通乗用自動車（被告車）
  エ 事故の態様
    被告運転の被告車が一時停止規制のある道路から交差点に進入し，交差道路を進行してきた原告車の左側部分に衝突した。
  オ 原告車修理費用損害の発生
    本件事故により，原告車の修理費用として，９５万５０００円の損害が生じたことが認められる（甲４）。
2 争　点
 (1) 事故の態様，原告の過失及び過失割合
 (2) 原告車評価損（修理による減価額及び査定に関する費用）
    原告は，本件事故により，①原告車修理による減価額１９万００００円（甲５），②原告車減価額査定に関する費用１万２０００円（甲６）の損害を被ったと主張する。
第3 当裁判所の判断
1 事故の態様
 (1) 証拠及び弁論の全趣旨によれば，以下の事実が認められる。
  ア 被告運転の被告車が，一時停止規制のある道路から一時停止をせず，徐行もせずに，本件交差点に進入し，同交差点の交差道路を被告車の右側から徐行することなく走行してきた原告車に接触した（甲９，乙４，原告代表者甲野本人，被告本人）。
  イ 本件交差点は，信号により交通整理が行われていない交差点で

あり（乙4，被告本人），同交差点における，原告車側からの被告車走行の交差道路の見通しはきかない状態であった（甲9，原告代表者甲野本人）。
　　ウ　被告車は，原告車の左側面後部（後輪付近）に接触した（甲8，10）。
　(2)　原告は，被告車が相当のスピードで交差点に進入したと主張し，その旨の原告車運転の甲野の陳述書（甲9）を提出し，同甲野はその旨供述する。上記(1)アのとおり，被告車は，本件交差点に徐行することなく進入したことは認められるが，それが通常の走行速度を超えた相当のスピードで交差点に進入したことを認める証拠は他になく，被告車が相当のスピードで交差点に進入したとは認められない。
 2　原告の過失及び過失割合について
　　1の認定事実によれば，一時停止の規制のある道路から交差点に進入する被告車を運転する被告には，交差点の手前で一時停止するなどして，交差する道路を走行する車両の進行を妨げてはならない義務がある（道路交通法43条）のに，それを怠り，原告車の動静を注視しないまま交差点に徐行することなく進入した過失がある。また，被告車が原告車の左側面後部（後輪付近）に接触したことから，被告車を運転する被告は，本件交差点に進入する前に容易に原告車の存在を確認できたのに，前方不注視により原告車の存在を認識することなく，本件交差点に進入した過失もある。他方，原告車を運転する甲野には，信号により交通整理が行われていない交差点内で左右の見通しがきかない交差点において，徐行すれば被告車を発見して原告車を停止させて本件事故を回避できたにもかかわらず，原告車を徐行させずに本件交差点に進入して（道路交通法42条1号参照），本件事故を起こした過失がある。
　　以上の甲野（原告）と被告の過失を対比すると，過失割合は，甲野（原告）が1割，被告が9割とするのが相当である。
 3　原告車評価損（修理による減価額及び査定に関する費用）
　(1)　原告車は，初度登録（平成○年○月）から本件事故までに約5年

第4　不法行為に基づく損害賠償請求訴訟の終了

を経過し（甲3，4），本件事故時までの走行距離が約5万kmである（甲4）。また，本件事故において，原告車には，車体骨格部分に損傷が生じたものではなく，修理しても回復ができない欠損が残ったとも認められない（甲4，8）。

⑵　以上を前提とすると，本件事故により，原告車には，修理によっては賄えない評価損が生じたとは認められない。

⑶　原告は，一般財団法人日本自動車査定協会作成の「外板価値減価額証明書」（甲5）及び同査定費用の領収書（甲6）を提出して，原告車の修理による減価額及び同減価額査定に関する費用を損害として請求するが，価格査定の根拠及び妥当性が明らかであるとはいえず，当該書面記載の価格に基づいて原告車の減価額を算出することはできない。

⑷　したがって，原告車の修理による減価額及び同減価額査定に関する費用を本件事故による損害として認めることはできない。

第4　結　論

よって，認容額は94万5500円（原告車修理費95万5000円の9割である85万9500円及び弁護士費用8万6000円の合計額）となる。

　　　　○○簡易裁判所

　　　　裁　判　官　　○　　　○　　　○　　　○　㊞

（説明）

1　事　案

本件は，一方に一時停止規制のある交差点における四輪車同士の事故において，一時停止規制のない道路進行車である原告車所有者が，一時停止規制のある道路進行車である被告車運転の被告に対し，原告車の修理費及び評価損を請求した損害賠償請求事例である。

2　当事者の主張

原告は，事故態様について，被告車が，一時停止の規制のある道路か

ら高速度で交差点内に進入して本件事故が起こったと主張した。

　被告は，事故態様について，原告車も，本件交差点内に減速することなく進入しており，原告側にも相応の過失があると主張した。

　また，被告は，原告請求の評価損について，原告車が，初度登録から5年程度経過していること，走行距離が3万kmを超えること，本件事故による損傷が自動車の骨格部分に影響を与えるものではないことなどから，原告車の評価損の発生を争った。

3　審理経過

　本件では，訴状提出時に，原告側から，基本書証となる，原告会社資格証明（甲1），事故証明書（甲2），原告車自動車検査証（甲3），原告車修理費の納品書・請求書（甲4），原告車の外板価値減価額証明書（甲5），原告車減価査定の領収書（甲6），原告の被告に対する本件事故による損害額請求の通知書及び配達証明（甲7の1・2），原告車損傷写真（甲8）を提出された。

　被告は，前記2の点を主張し，原告側にその反論をさせ，それに対する被告側の反論も提出させた。証拠として，原告側に，原告車運転者（原告会社代表者）の陳述書，及び本件事故現場の図面，本件事故現場写真を提出させ，被告側に，被告車自動車検査証，被告車修理費の見積書，被告車損傷写真，及び被告本人の陳述書を提出させた。

　以上の主張立証を提出させたところ，①事故態様としては，被告運転の被告車が，一時停止規制のある道路から一時停止をせず，徐行もせずに，本件交差点に進入し，同交差点の交差道路を被告車の右側から徐行することなく走行してきた原告車に接触したこと，本件交差点は，信号により交通整理が行われていない交差点であり，②同交差点における，原告車側からの被告車走行の交差道路の見通しはきかない状態であったこと，③被告車は，原告車の左側面後部（後輪付近）に接触したことは，問題なく認められると解された。

　そして，原告は，被告車が相当のスピードで交差点に進入したと主張

第4 不法行為に基づく損害賠償請求訴訟の終了

し，その旨の原告車運転の甲野の陳述書（甲9）を提出したが，その点については，それを認めるような他の証拠はなく，認められないと解された。

裁判所は，それを前提に，原告車の修理費は認められるが，評価損は認められないとして，原告：被告＝1：9の過失割合での和解案を提示したが，原告側は評価損の発生を前提としたものでなければ応じられないとし，被告側は，原告側の過失はもっと大きいはずであるとして，和解に応じられないとした。

そのため，原告会社代表者及び被告本人の各本人尋問を実施し，その後もう一度和解の試みをしたが，当事者が応じず，判決することとなった。

4 証　　拠
(1) 書証
　　甲1（原告会社現在事項全部証明書）
　　甲2（事故証明書）
　　甲3（原告車自動車検査証）
　　甲4（原告車修理費の納品書・請求書）
　　甲5（原告車の外板価値減価額証明書）
　　甲6（原告車減価査定の領収書）
　　甲7の1・2（原告の被告に対する本件事故による損害額請求の通知書及び配達証明）
　　甲8（原告車損傷写真）
　　甲9（原告車運転者（原告会社代表者）の陳述書）
　　甲10（本件事故現場概略図）
　　甲11（本件事故現場写真）
　　乙1（被告車自動車検査証）
　　乙2（被告車修理費の見積書）
　　乙3（被告車損傷写真）

乙4（被告本人の陳述書）
(2)　人証
　原告会社代表者，被告本人

第4 不法行為に基づく損害賠償請求訴訟の終了

〔事例2〕「原告車の損害の発生及びその額」及び「原告の精神的損害の発生」が争点となった事例（請求一部認容）

平成○年(ハ)第○○○号損害賠償請求事件
口頭弁論終結日　平成○年○月○日

判　　　　　決

○○県○○市○○町○丁目○番○号
　　　原　　　　告　　甲　野　　○　　○
　　　同訴訟代理人弁護士　　○　　○　　○
○○県○○市○○町○丁目○番○号
　　　被　　　　告　　乙山自動車株式会社
　　　同代表者代表取締役　　○　　○　　○
　　　同　訴　訟　代　理　人　　○　　○　　○
○○県○○市○○町○丁目○番○号　ハイツ○○－○○○号
　　　被　　　　告　　丙　川　　○　　○

主　　　　　文

1　被告らは，原告に対し，連帯して，4万4000円及びこれに対する平成○年2月16日から支払済みまで年5分の割合による金員を支払え。
2　原告のその余の請求を棄却する。
3　訴訟費用は，これを6分し，その5を原告の負担とし，その余は被告らの各負担とする。
4　この判決は，仮に執行することができる。

事　実　及　び　理　由

第1　請　求
　　被告らは，原告に対し，連帯して，26万0000円及びこれに対す

る平成○年２月１６日から支払済みまで年５分の割合による金員を支払え。
第２　事案の概要
被告乙山自動車株式会社（被告会社）：民法７１５条に基づく損害賠償請求

被告丙川△△（被告丙川）：民法７０９条に基づく損害賠償請求及び遅延損害金請求

1　前提事実（争いがないか，掲記証拠及び弁論の全趣旨により容易に認められる事実）
　(1)　次のとおりの交通事故（本件事故）が発生した（甲１）。
　　ア　日時　平成○年２月１６日午後３時００分ころ
　　イ　場所　○○県○○市○○町○丁目○番先路上
　　ウ　事故車両
　　　(ｱ)　丁丘○○（丁丘）運転・原告所有の普通乗用自動車（原告車）（甲２）
　　　(ｲ)　被告丙川運転の普通乗用自転車（被告車）
　　エ　事故の態様
　　　丁丘運転の原告車が赤信号で停車中に，被告丙川運転の被告車が後方から追突した。
　(2)　被告丙川の過失
　　被告車を運転する被告丙川は，赤信号で停車中の原告車が前方に存在するにもかかわらず，前方不注視によって被告車を進行させ，原告車に追突させた。
　(3)　被告会社の責任
　　被告丙川は，被告会社の従業員として，タクシードライバーの業務に従事し，本件事故当時，被告会社のタクシー運転業務に従事するために，被告車の運転に従事していた。
2　争　点
　(1)　原告車修理費損害の発生
　　原告は，本件事故により，原告車後方バンパーに損傷が生じ，その取替えによる補修をする必要が生じたとして，原告車修理費６万

第4　不法行為に基づく損害賠償請求訴訟の終了

０００００円を請求する（甲３）。
- (2) 原告の精神的慰謝料損害の発生

 原告は，本件事故による原告車の修理費を被告会社に対して請求したが，被告会社は一切これに応じようとせず，被告から不誠実な対応を受けたことにより，多大な精神的苦痛を被ったとして，精神的損害１０万円を請求する。

第3　当裁判所の判断

1 原告車修理費損害の発生
- (1) 本件事故により，原告車後部バンパーに擦過，凹損が生じたことは認められる（甲４，６）。しかし，当該バンパーの擦過は表面に１か所わずかに傷がある程度のものであり，凹損は１か所わずかに凹みがある程度であり（甲４），当該バンパーを交換するまでの必要性は認められない。
- (2) 原告は，塗装修理をした場合，周囲との色の差が生じて外観が損なわれるとして，バンパーの交換が必要であると主張する。原告車は平成△年９月初度登録の車で，本件事故まで２年半程度経過しており（甲２），新たに塗装をした部分と他の部分との間に多少の色合いの差が生じる可能性はあるが，それは，バンパーを交換してもそれ以外の部分との色合いの差が出てくる可能性があることは同様である。そして，再塗装した部分が他の部分との関係で一見して明白に美観を損ねる程度に色合いの差が生じることを認める証拠はなく，本件事故による損傷部分がバンパーのわずかな部分であることを考えれば，本件事故による原告車の修理としては，塗装等修理で足りると解される。また，原告は，バンパーにどの程度衝撃が蓄積されているか不明であるため，安全上の必要性からもバンパーを取り替える必要があると主張するが，具体的にどのような安全上の必要性があるのか明確ではなく，原告の主張は認められない。
- (3) 以上から，本件事故による原告車後部バンパー損傷による原告車修理費用の損害としては，板金・塗装修理を前提とした４万円の範囲で認められる（甲７）。
- (4) なお，被告は，本件事故による原告車のリアバンパーの修理費用

は1万円程度であるとして，修理費用が1万0800円であるとする見積書等の証拠（乙5）を提出するが，その修理費算出の根拠が明確でなく，採用することはできない。
 2　原告の精神的損害（慰謝料）の発生
　本件事故において，原告が精神的損害を受けたことを認める特段の事情についての具体的主張はなく，その証拠もないので，原告請求の精神的損害が生じたとは認められない。
第4　結　論
　よって，認容額は4万4000円（原告車修理費4万円及び弁護士費用は4000円の合計額）となる。

　　　　○○簡易裁判所

　　　　裁　判　官　　○　　　○　　　○　　　○　㊞

（説明）
1　事　案
　本件は，赤信号で停車中の原告車に，被告会社の業務執行中の従業員被告丙川運転の被告車が後方から追突したとして事故において，原告車所有者が，被告車運転手に対し民法709条に基づいて，被告会社に対し民法715条に基づいて，それぞれ原告車の修理費及び精神的慰謝料を請求した損害賠償請求事例である。
2　当事者の主張
　本件事故によって原告側に損害が生じたとすれば，事故態様，及び，被告車側に過失があり，原告車側に過失がないこと（被告側で被害者側（原告側）の過失相殺（民722条2項）の主張はしない。）については，おおむね，原告被告間に争いがなかった。
　原告は，本件事故による原告車の損傷による修理費として，バンパー取替えによる修理費を請求しているが，被告は，そもそも，本件事故により原告車に損傷が生じたとは認められないとし，仮に損害が生じたと

第4 不法行為に基づく損害賠償請求訴訟の終了

しても、バンパー交換の必要性はないとして、原告車の損害の発生について争った。

また、原告は、本件事故後の、被告側の対応が誠実でないとして、本件交通事故における損害賠償の訴訟を提起せざるを得なくなったとして、被告側に対し、精神的損害として、慰謝料10万円の請求をする。それに対し、被告側は、本件事故によって、原告側に精神的損害は発生していないとして、同損害の発生を争っている。

3 審理経過

本件では、訴状提出時に、原告側から、基本書証となる、事故証明書（甲1）、原告車自動車検査証（甲2）、原告車修理費の見積書（バンパー交換）（甲3）、原告車損傷写真（甲4）、本件事故現場概略図（甲5）を提出された。

被告は、前記2の点を主張した。原告側提出の証拠である原告車損傷写真（甲4）を見ても、原告車のバンパーに擦過傷は認められ、ごくわずかな凹損は1か所認められるだけであり、本件事故態様から見ても、原告車の修理についてバンパー交換までは必要ないと思われた。

また、原告は、本件事故後の、被告側の対応が誠実でないとして、本件交通事故における損害賠償の訴訟を提起せざるを得なくなったとして、被告側に対し、精神的損害として、慰謝料10万円の請求をするが、原告側の精神的損害発生の前提となる、被告側の不誠実な対応の具体的主張・立証はなく、本件事故による原告側の精神的損害（慰謝料）の発生は認められないと思われた。

裁判所としては、本件事故時における双方の運転者の陳述書を提出させ、その上で、原告車の修理費について、板金・塗装修理の範囲で認め、精神的損害（慰謝料）は認めず、本件事故における原告側（被害者側）の過失はないとして、その損害全額を被告側が支払う方向での和解を検討しようとして、原告車の修理費を板金・塗装の範囲で行った場合の見積書を提出させた。当該見積書は、原告及び被告側双方から提出さ

れたが，原告側見積書の金額が相当であり，その範囲での被告側の支払の和解を試みたが，金額での双方の主張が折り合わず，和解はできなかった。

　結局，本件事故の態様自体におおむね争いはなく，損害の発生については，他に証拠はないとして，双方の運転手の証人及び被告本人尋問の必要はないとして，人証調べをすることなく，事件は終結し，判決言渡しをした。

4　証　　拠
　(1)　書証
　　　甲1（事故証明書）
　　　甲2（原告車自動車検査証）
　　　甲3（原告車修理費の見積書（バンパー交換））
　　　甲4（原告車損傷写真）
　　　甲5（本件事故現場概略図）
　　　甲6（原告車運転者（丁丘○○）の陳述書）
　　　甲7（原告車修理費の見積書（板金・塗装修理））
　　　乙1（被告車自動車検査証）
　　　乙2（被告車修理費の見積書）
　　　乙3（被告車損傷写真）
　　　乙4（被告車運転者（丙川△△）の陳述書）
　　　乙5（原告車修理費の見積書）
　(2)　人証　　なし

事項索引

●あ行

相手方に対する賠償に関する補償……………25
新たな取得車両の買替諸費用の損害性………48
慰謝料………………………………………………71
一部請求と過失相殺……………………… 108
一部請求と既判力………………………… 110
一部請求と時効中断……………………… 110
一部認容の場合の結論の記載…………… 206
一部の共同不法行為者と被害者との間の和解
　　の効力………………………………… 136
逸失利益………………………………… 64, 65
一般不法行為に基づく損害賠償請求における
　　抗弁等……………………………………100
一般不法行為に基づく損害賠償請求の請求原
　　因……………………………………………98
違法性阻却事由の抗弁……………………… 100
動かしがたい事実との整合性による供述の信
　　用性の判断ができない場合………… 186
内払制度……………………………………… 15
運行供用者………………………………… 139
　　――該当性………………………… 139
　　――責任………………………………… 3
　　――責任に基づく損害賠償請求… 139
　　――責任に基づく損害賠償請求における抗
　　　弁等………………………………… 149
　　――責任に基づく損害賠償請求の請求原因
　　　……………………………………… 149
　　――の意義………………………… 139
　　――の地位の発生障害・喪失事由… 149
運転者の好意同乗者に対する賠償責任の制限
　　………………………………………… 107
運転者の資格と他人性…………………… 146
運転代行業者の保有者性………………… 147
運転代行業者への運転依頼による同乗中の事
　　故による負傷した場合の自動車使用権者

　　の運転代行業者に対する他人性……… 147

●か行

買替えのための車両購入諸費用等の損害性…48
外形標準説………………………………… 121
外形理論…………………………………… 121
外国人の逸失利益……………………………70
加害行為が職務権限内において適法に行われ
　　たものでないことの原告の悪意・重過失
　　の抗弁………………………………… 123
加害者からの自賠責保険金の請求………… 6
加害者からの自賠責保険金請求権の消滅時効
　　………………………………………………6
　　――期間…………………………………6
　　――の起算点……………………………6
格落損…………………………………………52
　　――の定義………………………………52
　　――の認定………………………………53
加算的過失相殺…………………………… 132
家事従事者の休業損害………………………65
過失相殺における過失…………………… 102
過失相殺における相対説及び絶対説による過
　　失割合の計算例……………………… 103
過失相殺能力……………………………… 102
過失相殺の方法…………………………… 103
過失の評価障害事実の抗弁……………… 101
過失割合の判断…………………………… 182
家族間の事故と自動車損害賠償保障事業……22
仮渡金請求………………………………… 15
仮渡金請求権の差押禁止………………… 16
仮渡金制度………………………………… 15
簡易裁判所判決書の記載事項…………… 199
簡易裁判所判決書の基本的記載様式……… 199
監督義務違反と損害の発生との因果関係の不
　　存在…………………………………… 115
監督者が監督義務を怠らなかったこと…… 114

事項索引

義務履行地を管轄する裁判所……………96
休業損害……………………………64, 65
　　──の計算………………………64
　　──の計算式……………………65
休車損………………………………………55
休車損害……………………………………55
　　──が認められる場合………………55
　　──算定式………………………56
　　──の算出………………………55
休車損が認められる場合…………………55
休車損の算出………………………………55
給与所得者の休業損害……………………65
共同運行供用者の他人性……………… 146
共同不法行為者間の求償……………… 134
　　──と自賠責保険………………… 136
共同不法行為者の自己の負担部分を超えて弁済した場合の他の共同不法行為者への求償……………………………………… 134
共同不法行為者の使用者への求償…… 138
共同不法行為者の他の共同不法行為者への求償の例…………………………… 135
共同不法行為者の一人との訴訟上の和解での債務免除と他の共同不法行為者に対する効力…………………………… 127
共同不法行為と自動車損害賠償保障事業……22
共同不法行為における過失相殺の方法… 132
共同不法行為に基づく損害賠償請求…… 127
　　──における抗弁等……………… 131
　　──における被害者側の過失相殺の抗弁………………………………… 131
業務に関する訴えの事務所・営業所を管轄する裁判所への訴え提起…………97
許可代理人………………………………… 167
禁止された自動車の使用による事故と職務関連性………………………………… 121
近親者固有の慰謝料………………………71
近親者の後遺症慰謝料……………………72
近親者の後遺障害慰謝料…………………72
車の損傷状況からの事故態様等の推認… 185
経済的全損における損害…………………47
　　──額………………………………47

経済的全損によって損害となる買替諸費用等………………………………………52
経済的全損の主張立証責任………………48
経済的全損判断のために修理費と比較すべき損害額……………………………47
故意過失によって一時的心神喪失に陥ったことの再抗弁…………………… 101
後遺症慰謝料………………………………72
後遺障害……………………………………65
　　──逸失利益……………………65
　　──逸失利益における生活費控除……67
　　──逸失利益の算定……………66
　　──逸失利益の算定式…………66
　　──慰謝料………………………72
　　──における被害者の身体的素因・心因的素因……………………………… 105
後遺症損害の除外の和解条項…… 196, 197
好意同乗者に対する賠償責任の制限…… 107
好意同乗と自動車損害賠償保障事業……22
厚生年金の支払による損害の損益相殺控除と過失相殺の先後……………………84
交通事故における人的損害賠償請求権の個数…………………………………………86
交通事故における損害……………………45
　　──賠償請求権の個数……………86
　　──賠償請求事件における一括支払の基本和解条項………………… 190, 191
　　──賠償請求事件における分割払の基本和解条項………………… 191, 192
　　──賠償請求の当事者……………87
交通事故における物的損害の損害賠償請求権の個数…………………………………86
交通事故に基づく損害賠償請求事件における基本和解条項………………… 190
交通事故による人損の損害請求における和解………………………………………… 196
交通事故による損害賠償請求事件の管轄……95
交通事故による損害賠償請求における争点………………………………………… 180
交通損害賠償請求事件の和解における弁護士費用・遅延損害金の取扱い………… 189

222

事項索引

交通損害賠償訴訟事件での司法委員の活用 …………………………………… 178
国民年金の支払による損害の損益相殺控除と過失相殺の先後 ……………… 84

● さ行

財産的利益に関する慰謝料 ………………… 59
事案の概要欄冒頭の請求（訴訟物）を特定する事項の記載例 ………………… 202
時効中断の再抗弁 ………………………… 110
事故現場の道路状況及び車の損傷状況以外の動かしがたい事実との整合性による供述の信用性の判断 ………………… 186
事故現場の道路状況及び車の損傷状況との整合性による供述の信用性の判断 …… 184
事故車の保管料 ……………………………… 57
事故車両の物理的・経済的全損によって損害となる買替諸費用等 …………… 52
事故車両分の諸費用の損害性 ……………… 49
事故証明取得費用等 ………………………… 59
事故態様の認定 …………………………… 184
事実認定 …………………………………… 184
自損事故保険 ……………………………… 33
　──と代位 …………………………… 34
　──における被保険者 ……………… 33
　──における免責事由 ……………… 33
示談交渉と時効中断 ……………………… 111
自動車使用権者の運転代行業者に対する他人性 ………………………………… 147
自動車損害賠償制度 ………………………… 3
自動車損害賠償責任 ………………………… 3
自動車損害賠償責任共済 …………………… 3
　──の支払 …………………………… 4
自動車損害賠償責任保険 …………………… 3
　──の支払 …………………………… 4
自動車損害賠償保障事業における過失相殺 …21
自動車損害賠償保障事業に対する請求権の時効消滅 ……………………………… 23
自動車損害賠償保障事業による損害てん補額の支払義務の遅滞の時期 ………… 23
自動車損害賠償保障事業による保障内容 …20

自動車損害賠償保障事業の概要・目的 ……… 18
自動車損害賠償保障事業の対象 …………… 18
自動車損害賠償保障法３条但書による免責 ………………………………………… 150
自動車の借用者の運行供用者該当性 …… 139
自動車の所有者の運行供用者該当性 …… 139
自賠責共済 …………………………………… 3
　──の支払 …………………………… 4
自賠責保険 …………………………………… 3
　──会社に対する被害者請求 ……… 152
　──会社に対する被害者請求と弁護士費用 ……………………………………… 152
　──金支払基準の裁判における拘束力 …14
　──金の支払基準 …………………… 14
　──金の被害者請求 ………………… 8
　──契約の解除等 …………………… 17
　──における内払制度 ……………… 15
　──における仮渡金額 ……………… 16
　──における仮渡金請求 …………… 15
　──における仮渡金請求権の差押禁止 …16
　──の支払 …………………………… 4
　──の被害者請求と自賠責保険における支払金額の算出 ………………………… 8
　──の被害者請求における損害賠償額の算定 …………………………………… 153
　──の被害者請求における損害賠償支払請求権の差押禁止 …………………… 11
　──の被害者請求における損害賠償支払請求権の消滅時効 …………………… 12
　──の被害者請求における遅延損害金 ……………………………………… 12, 153
　──の保険金支払における因果関係の認定 ……………………………………………… 9
　──の保険金支払における被害者の重大な過失による減額 …………………… 8
　──の保険金支払認定と被害者請求の時期 ……………………………………… 10
事物管轄 …………………………………… 95
司法委員制度 ……………………………… 178
司法委員との評議 ………………………… 179
司法委員の活用 …………………………… 178

223

事項索引

司法委員の指定……………………………179
死亡慰謝料………………………………71
　　——の額……………………………71
死亡逸失利益………………………65, 67
　　——における生活費の控除…………70
　　——の算定式………………………67
社会保険者の代位請求権と自賠責保険の被害
　者請求の関係……………………………10
借用者の運行供用者該当性………………139
車両購入諸費用等…………………………48
車両時価額の認定…………………………47
車両保険……………………………31, 37
　　——金支払における被保険者の過失と代位
　　　の範囲……………………………38, 161
　　——と損害賠償請求権との関係……38, 161
　　——における代位…………………37, 161
　　——における不法行為に基づく損害賠償請
　　　求権の代位………………………161
　　——における免責事由………………37
　　——に代車損害の特約が付されていない場
　　　合の車両保険金支払による代位の範囲
　　　…………………………………162
　　——に免責特約が付されている場合の車両
　　　保険金支払による代位の範囲……162
18歳未満の未就労者の場合の就労可能年数に
　おける中間利息控除係数………………68
修理費相当額の請求………………………46
修理費相当額の損害賠償請求権者………87
修理費等……………………………………46
修理見積費用………………………………57
傷害慰謝料…………………………………71
　　——の算出……………………………71
傷害保険……………………………………31
少額訴訟の事物管轄………………………95
消極的財産損害……………………………64
使用者（雇用主）の運行供用者該当性……140
使用者から被用者への求償等……………125
使用者等の責任に基づく損害賠償請求…119
　　——における抗弁…………………122
使用者による修理費相当額の損害賠償請求…87
使用者の損害賠償債務と被用者の損害賠償債
　務の関係…………………………………124
使用者法人代表者の民法715条2項の代理監
　督者該当性………………………………120
症状固定……………………………………65
　　——後の治療費………………………62
使用貸借の貸主の運行供用者性…………140
消滅時効等の抗弁…………………………124
消滅時効の起算日…………………………110
消滅時効の抗弁……………………………109
　　——の要件事実……………………109
将来介護費…………………………………63
将来付添費…………………………………63
　　——の計算式………………………63
職務執行関連性……………………………121
除斥期間の抗弁……………………………111
所有権留保権者の運行供用者該当性……143
所有権留保特約付売買の買主の修理費相当額
　の損害賠償請求…………………………88
所有者による修理費相当額の損害賠償請求…87
所有者の運行供用者該当性………………139
鍼灸院等での施術費用……………………62
人身傷害補償保険…………………………31
　　——金支払における被害者側の過失と代位
　　　の範囲……………………………157
　　——金（人傷保険金）の支払と保険会社の
　　　保険代位との関係における各説の考え方
　　　…………………………………158
　　——と損害賠償請求権との関係……157
　　——における代位………………33, 157
　　——における被保険者……………31
　　——における不法行為に基づく損害賠償請
　　　求権の代位………………………157
　　——における免責事由………………32
　　——の保険代位において人身傷害保険金を
　　　支払った保険会社が代位取得した損害賠
　　　償請求権の消滅時効の起算点……160
　　——の保険代位における損害金元本に対す
　　　る遅延損害金の支払請求権の代位取得の
　　　有無……………………………160
　　——の保険代位の範囲の計算を損害項目ご
　　　とに行うか損害総額で行うか……160

事 項 索 引

人身損害……………………………………61
親族による無断運転の場合の運行供用者該当
　　性………………………………………142
人損……………………………………………61
人損事故における基本的証拠……………174
人的損害………………………………………61
人的損害の損害賠償請求権の個数…………86
信頼の原則……………………………………99
請求棄却の場合の結論の記載……………207
整骨院等での施術費用………………………62
精神障害の抗弁……………………………101
精神障害の抗弁等…………………………101
精神的損害……………………………………71
政府の自動車損害賠償保障事業……………18
責任阻却事由の抗弁等……………………100
責任に関する争点…………………………180
責任能力欠如の抗弁………………………100
責任無能力者の監督者責任に基づく損害賠償
　　請求…………………………………113
　　──における抗弁……………………114
　　──の請求原因………………………113
責任無能力者の行為に正当防衛等の違法性阻
　　却事由があること…………………114
積極的財産損害………………………………61
絶対的過失相殺……………………………132
　　──の方法による共同不法行為者間の損害
　　賠償額の算出………………………134
　　──と相対的過失相殺の振分け……132
前提事実等…………………………………202
選任監督義務違反と損害との間の因果関係の
　　不存在の抗弁………………………123
選任監督上注意義務の履行として相当と判断
　　される行為履行の抗弁……………122
全部認容の場合の結論の記載……………206
相殺契約……………………………………188
相対的過失相殺……………………………132
　　──の方法による共同不法行為者間の損害
　　賠償額の算出………………………134
争点…………………………………………203
　　──に対する判断……………………204
双方の交通事故による損害相殺後の基本和解

　　条項…………………………………194, 195
双方の交通事故による損害賠償債権の当事者
　　が異なる場合の差額支払和解条項……193
その他の物的損害……………………………57
損益相殺………………………………………77
　　──控除と過失相殺の先後……………83
　　──控除の対象（損害金の遅延損害金と元
　　本への充当）…………………………82
　　──による控除の対象…………………77
　　──による損害額の算定………………82
損害に関する争点…………………………182
損害賠償請求関係費用………………………59
損害賠償請求権の個数………………………86

●た行

第一審裁判所…………………………………95
代車使用料……………………………………53
　　──が認められる場合…………………53
　　──の金額………………………………55
　　──を認める期間………………………54
代車代…………………………………………53
　　──が認められる場合…………………53
代車料の金額…………………………………55
代車料の損害賠償請求権者…………………91
代車料を認める期間…………………………54
対人事故の被害者の任意保険会社に対する損
　　害賠償請求権…………………………29
対人賠償責任保険……………………………25
　　──における請求権者…………………27
　　──における保険金請求権の消滅時効……28
　　──における免責事由…………………26
　　──の被保険者…………………………25
代表者の第三者に加えた損害についての株式
　　会社の損害賠償責任………………119
対物事故の被害者の任意保険会社に対する損
　　害賠償請求権…………………………29
対物賠償責任保険……………………………28
　　──における請求権者…………………29
　　──における保険金請求権の消滅時効……29
　　──における免責事由…………………28
　　──の被保険者…………………………28

225

事 項 索 引

他人性……………………………………144
　――該当性……………………………150
　――欠如の抗弁・再抗弁……………150
　――の欠如……………………………150
他の共同不法行為者への求償……………134
　――請求権の消滅時効期間…………137
　――請求の遅延損害金………………137
注文主・元請人の運行供用者該当性……141
治療関係費…………………………………61
通院が長期かつ不規則である場合の傷害慰謝
　　料………………………………………72
通院付添費…………………………………63
通常訴訟の事物管轄………………………95
通常訴訟の第一審裁判所…………………95
付添人交通費………………………………64
付添費用……………………………………62
当裁判所の判断……………………………204
当事者が主張した事実と異なる事実の認定
　………………………………………………187
当事者等の供述による事故態様の認定……184
当事者等の供述の信用性の動かしがたい事実
　との整合性による判断………………184
当事者の過失及び過失割合………………180
　――についての争点整理……………180
当事者の過失についての具体的争点整理……180
搭乗者傷害保険……………………………36
　――と代位……………………………37
　――における被保険者………………36
　――における免責事由………………36
同乗者親族の他人性………………………145
同乗者の他人性……………………………145
土地管轄……………………………………96
泥棒運転の場合の運行供用者該当性……143

●な行

入院雑費……………………………………63
入院付添費…………………………………62
任意自動車保険……………………………24
任意保険会社に対する被害者の直接請求の請
　求の趣旨・認容判決主文……………155
任意保険における被害者請求……………40

任意保険における保険金請求権の消滅時効…40
任意保険における保険金請求権の発生時期…39
任意保険における保険金の請求…………39
任意保険の対人賠償責任保険における配偶者
　等被害者の免責と自賠責保険における親
　族の他人性……………………………145
任意保険の直接請求………………………154
　――権…………………………………154
　――における抗弁……………………156
　――の請求原因………………………155
　――の訴訟物，請求の趣旨・認容判決主文
　………………………………………………154
任意保険分類表……………………………24
賠償責任保険………………………………25
年金受給者の年金の逸失利益性…………69

●は行

廃車料等……………………………………57
賠償すべき損害額が異なるときの共同不法行
　為者の損害の一部支払………………134
賠償責任保険………………………………25
判決記載例…………………………………207
被害者側の過失……………………………103
　――の主張立証………………………105
被害者自身の損害の補償…………………31
被害者使用者と被用者の関係にある運転者の
　過失の被害者側の過失としての相殺…104
被害者請求…………………………………40
　――制度………………………………40
　――の法的性質………………………40
被害者たる被用者の民法715条の第三者性,
　民法715条の損害賠償義務を負担する使
　用者による相殺………………………120
被害者直接請求権者………………………41
　――への損害賠償支払要件…………41
被害者直接請求権の行使制限……………42
被害者直接請求の損害賠償額及びその意義…41
被害者と身分上・生活関係上一体をなす関係
　にある者の被害者側の過失としての相殺
　………………………………………………103
被害者の過失相殺の抗弁…………………101
被害者の過失の意義………………………102

事 項 索 引

被害者の債権者代位による自賠責保険金請求 ……………………………………………… 6
被害者の自賠責保険の直接請求の和解条項 …………………………………………… 196
被害者の心因的要因と損害賠償額の算定… 106
被害者の身体的素因・心因的素因 ………… 105
被害者の身体的素因と損害賠償額の算定 …………………………………………………… 106
被害者の身体的特徴と損害賠償額の算定 107
被害者の他人性 ……………………………… 144
被害者の任意保険会社に対する損害賠償請求権 …………………………………………………………… 29
被害者の任意保険の直接請求 ……………… 154
　　　──権 ………………………………… 154
　　　──における抗弁 …………………… 156
　　　──の請求原因 ……………………… 155
　　　──の訴訟物，請求の趣旨・認容判決主文 ……………………………………… 154
被害者本人の後遺症慰謝料 ………………… 72
　　　──額 …………………………………… 72
被害者本人の後遺障害慰謝料 ……………… 72
　　　──額 …………………………………… 72
被害者本人の通院等交通費 ………………… 64
被告側の過失相殺の理由の判決への記載 102
被告監督者が監督義務を怠らなかったこと ………………………………………………… 114
被告の普通裁判籍所在地を管轄する裁判所… 96
被保険者からの自賠責保険金請求権の消滅時効 …………………………………………………… 6
　　　──期間 ………………………………… 6
　　　──の起算点 …………………………… 6
被保険者からの自賠責保険金の請求 ……… 6
評価損 ………………………………………… 52
　　　──の損害賠償請求権者 …………… 91
　　　──の定義 …………………………… 52
　　　──の認定 …………………………… 53
被用者が第三者に加えた損害についての使用者の損害賠償責任 ………………………… 119
被用者から使用者への求償 ……………… 126
被用者の関係にある運転者の過失の被害者側の過失としての相殺 ……………………… 104
被用者の損害賠償債務と使用者の損害賠償債務の不真正連帯債務 …………………… 124
被用者の損害賠償債務の発生障害・消滅事由の抗弁 …………………………………… 122
被用者のマイカーによる事故における運行供用者該当性 …………………………………… 141
被用者の無断運転の場合の運行供用者該当性 ………………………………………………… 140
複数の自動車による事故と自動車損害賠償保障事業に対する保険金請求 ……………… 21
物件損害 ……………………………………… 46
物損 …………………………………………… 46
　　　──交通事故訴訟における基本書証 …… 168
　　　──事故における基本的証拠の提出 …… 168
　　　──に関する慰謝料 ………………… 59
　　　──に対する慰謝料が認められる場合 …… 60
物的損害 ……………………………………… 46
物的損害の損害賠償請求権の個数 ……… 86
物理的全損における損害 …………………… 46
　　　──額 ………………………………… 46
物理的全損によって損害となる買替諸費用等 ………………………………………………… 52
不法行為地を管轄する裁判所 ……………… 96
不法行為に基づく損害賠償請求 …………… 98
　　　──訴訟における審理 ……………… 166
不法行為により生じた債権を受働債権とする相殺の禁止 …………………………… 188
不法行為による損害額の計算式 …………… 85
不法行為の損害額の計算 …………………… 85
不法行為の損害賠償債務の遅延損害金 …… 76
不法行為前の指揮監督関係消滅の抗弁 … 123
ペットに関する慰謝料 ……………………… 60
ペットの治療費等 …………………………… 58
弁護士費用特約付損害保険加入者における弁護士費用の損害性 ………………………… 75
弁護士費用の算出 …………………………… 74
弁護士費用の損害性 ………………………… 74
暴力行為と職務関連性 …………………… 122
保険会社に対する被害者請求訴訟 ……… 152
保険金請求権の消滅時効 …………………… 40
保険金請求権の発生時期 …………………… 39
保険金の請求 ………………………………… 39

事項索引

保険代位における不法行為に基づく損害賠償請求権の遅延損害金……………164
保険代位による求償金請求と弁護士費用……163
保険代位による不法行為に基づく損害賠償請求権に関する抗弁等……………165
保険代位による不法行為に基づく損害賠償請求権の行使……………157
保険代位による不法行為に基づく損害賠償請求権の消滅時効の抗弁……………165
保険代位による不法行為に基づく損害賠償請求権の取得……………157
保険代位による不法行為に基づく損害賠償請求訴訟……………157
保険代位による不法行為に基づく損害賠償請求における抗弁等……………165
保険代位による不法行為に基づく損害賠償請求の請求原因……………164
保有者………………………………4, 148

● ま行

未経過分軽自動車税の買替諸費用としての損害性…………………50
未経過分自動車重量税の買替諸費用としての損害性…………………50
未経過分自動車税の買替諸費用としての損害性…………………50
身分上・生活関係上一体をなす関係にある者の被害者側の過失としての相殺………103
民事訴訟法280条による簡易裁判所判決書の記載事項……………198
民法709条に基づく責任無能力者の監督者に対する損害賠償請求……………115
民法714条に基づく責任無能力者の監督者責任に基づく損害賠償請求……………113
――における抗弁……………114
――の請求原因……………113
民法719条1項後段の共同不法行為………129
――に基づく損害賠償請求における抗弁……………131
――に基づく損害賠償請求の請求原因…129
民法719条1項前段の共同不法行為と同項後段の共同不法行為の区別……………130
民法719条1項前段の共同不法行為に基づく損害賠償請求における抗弁……………131
民法719条1項前段の共同不法行為に基づく損害賠償請求の請求原因……………128
民法719条1項の共同不法行為における連帯責任の意義……………127
むち打ち症で他覚症状がない場合の傷害慰謝料…………………72
むち打ち症の後遺障害における労働能力算出期間の終期……………67
むち打ち症の治療期間……………61
無保険車傷害保険…………………34
――金支払における被害者側の過失と代位の範囲……………161
――と損害賠償請求権との関係…………161
――における代位……………36
――における被保険者……………35
――における免責事由……………35

● や行

遊休車がある場合の休車損……………57
――害……………57
予備車両がある場合の休車損……………57
――害……………57

● ら行

リース業者の運行供用者該当性……………144
リース契約のユーザーの修理費相当額の損害賠償請求……………89
レッカー代……………57
レンタカーの場合の運行供用者該当性……144
労働能力算出期間の終期……………67
労働能力喪失期間の始期……………66
労働能力喪失期間の中間利息の控除………67
労働能力喪失率……………66

● わ行

和解における弁護士費用・遅延損害金の取扱い……………189

裁判例索引

● 大審院

大判明43・4・4民録16輯265頁 …………………………………………………… 123
大判大6・4・30民録23輯715頁 …………………………………………………… 101
大判大9・3・10民録26輯280頁 …………………………………………………… 109
大判昭12・6・30民集16巻1285頁 ………………………………………………… 122

● 最高裁判所

最判昭28・11・20民集7巻11号1229頁・判タ35号44頁・判時14号13頁 ………… 100
最判昭32・2・7集民25号383頁 …………………………………………………… 100
最判昭32・4・30民集11巻4号646頁・判タ70号64頁・判時111号10頁 …… 120, 188
最判昭32・5・10民集11巻5号715頁・判タ72号55頁 …………………………… 187
最判昭32・6・7集民11巻6号948頁・判タ76号24頁・判時120号1頁 ………… 111
最大判昭33・3・5民集12巻3号381頁 …………………………………………… 196
最判昭33・7・17民集12巻12号1751頁 …………………………………………………55
最判昭33・8・5民集12巻12号1901頁・判時157号12頁・家月10巻8号21頁 ……72
最判昭34・2・20民集13巻2号209頁・判時178号3頁 ………………………… 110
最判昭34・11・26民集13巻12号1573頁・判時206号14頁 ……………………… 103
最判昭35・4・14民集14巻5号863頁 ……………………………………………… 120
最判昭36・6・9民集15巻6号1546頁・判時267号45頁・金商529号92頁 …… 121
最判昭37・8・10民集16巻8号1720頁 …………………………………………… 110
最判昭37・9・4民集16巻9号1834頁・判タ139号51頁 …………………………76
最判昭39・2・4民集18巻2号252頁・判タ159号181頁・判時362号23頁 …… 121
最判昭39・2・11民集18巻2号315頁・判タ160号69頁・判時363号22頁 …… 140
最判昭39・5・12集民18巻4号583頁・判タ163号74頁・判時377号57頁 … 152, 196
最大判昭39・6・24民集18巻5号854頁・判タ166号105頁・判時376号10頁 … 103
最判昭39・9・25集民18巻7号1528頁・判タ168号94頁・判時385号51頁 …… 102
最判昭40・9・7集民80号141頁・判タ184号146頁 ……………………………… 140
最判昭40・11・30民集19巻8号2049頁・判タ185号92頁・判時433号28頁 …… 121
最判昭41・4・7民集20巻4号499頁・判時449号44頁 ……………………………69
最判昭41・4・15集民83号201頁 …………………………………………………… 140
最判昭41・6・21民集20巻5号1078頁・判タ194号83頁・判時454号39頁 …… 102
最判昭41・7・21民集20巻6号1235頁・判タ195号80頁・判時457号35頁 …… 121
最判昭41・11・18民集20巻9号1886頁・判タ202号103頁・判時473号30頁 … 134
最判昭41・12・20刑集20巻10号1212頁・判タ200号139頁・判時467号16頁 ……99

裁判例索引

最判昭42・1・31民集21巻1号61頁・判タ204号115頁・判時476号32頁 …………………………72
最判昭42・5・30民集21巻4号961頁・判タ208号108頁・判時487号36頁……………………120
最判昭42・6・27民集21巻6号1507頁・判タ209号143頁・判時490号47頁 …………………104
最判昭42・7・18民集21巻6号1559頁・判タ210号148頁・判時493号22頁 …………………197
最判昭42・9・29集民88号629頁・判タ211号152頁・判時497号41頁……………145, 146, 150
最大判昭42・11・1民集21巻9号2249頁・判タ211号224頁・判時497号13頁 ………………71
最判昭42・11・10集民21巻9号2352頁・判タ215号94頁・判時505号35頁………………………66
最判昭42・11・30民集21巻9号2512頁・判タ215号94頁・判時504号64頁 …………… 140, 149
最判昭43・4・23民集22巻4号964頁・判タ222号102頁・判時519号17頁 ……………………129
最判昭43・9・24集民92号369頁・判タ228号112頁・判時539号40頁 ………………4, 139, 140
最判昭43・12・24民集22巻13号3454頁・判タ230号170頁・判時547号37頁 ………………102
最判昭44・1・31集民94号155頁・判時553号45頁・交民集2巻1号1頁 …………………4, 139
最判昭44・2・27民集23巻2号441頁・判タ232号276頁・判時548号19頁 ……………74, 203
最判昭44・3・28民集23巻3号680頁・判タ234号127頁・判時555号46頁 ……………………146
最判昭44・9・12民集23巻9号1654頁・判タ240号143頁・判時572号27頁 ……………140, 141
最判昭44・9・18民集23巻9号1699頁・判タ240号144頁・判時572号29頁 ………………4, 139
最判昭44・10・31集民97号143頁・交民集2巻5号1238頁 ……………………………………71
最判昭44・11・18民集23巻11号2079頁・判タ242号170頁・判時580号44頁 ………………122
最判昭44・11・27民集23巻11号2265頁・判タ242号175頁・判時580号47頁 ………………124
最判昭45・1・22民集24巻1号40頁・判タ244号157頁・判時585号42頁 ……………………150
最判昭45・2・27集民98号295頁・判時586号57頁・交民集3巻1号43頁………………………141
最判昭45・4・21集民99号89頁・判タ248号125頁・判時595号54頁 ……………………………71
最判昭45・7・24民集24巻7号1177頁・判タ253号162頁・判時607号43頁 ……………………111
最判昭45・10・29集民101号225頁 ………………………………………………………………99
最判昭46・1・26民集25巻1号102頁・判タ260号212頁・判時621号32頁 ……………………140
最判昭46・1・26民集25巻1号126頁・判タ260号214頁・判時621号34頁 ………4, 139, 143, 144
最判昭46・4・6集民102号401頁・判時630号62頁・交民集4巻2号387頁 …………………141
最判昭46・6・22民集25巻4号566頁・判タ265号135頁・判時638号69頁 ……………………122
最判昭46・7・1民集25巻5号727頁・判タ266号176頁・判時641号61頁 ……………………140
最判昭46・9・30集民103号569頁・判タ269号194頁・判時646号47頁 ………………………125
最判昭46・11・9民集25巻8号1160頁・判タ269号100頁・判時648号24頁 …………………144
最判昭46・11・16民集25巻8号1209頁・判タ271号180頁・判時653号88頁 …………………140
最判昭46・12・7集民104号583頁・判時657号46頁・交民集4巻6号1654頁 ………………142
最判昭47・5・30民集26巻4号898頁・判タ278号106頁・判時667号3頁 ………27, 142, 145
最判昭47・6・22集民106号335頁・判時673号41頁 ……………………………………………100
最判昭47・10・5民集26巻8号1367頁・判タ285号158頁・判時686号31頁 ……………139, 141
最判昭48・1・30集民108号119頁・判時695号64頁・交民集6巻1号1頁 ……………………140
最判昭48・4・5民集27巻3号419頁・判タ299号298頁・判時714号184頁 ………………86, 108
最判昭48・11・16集民110号469頁・交民集6巻6号1693頁……………………………………66
最判昭48・11・16民集27巻10号1374頁 ……………………………………………………………109
最判昭48・12・20民集27巻11号1611頁・判時737号40頁・交民集6巻6号1704頁 ……143, 149

裁判例索引

最判昭49・3・22民集28巻2号347頁・判タ308号194頁・判時737号39頁……………116
最判昭49・4・5集民111号521頁・交民集7巻2号263頁………………………………75
最判昭49・4・15民集28巻3号385頁・交民集7巻2号275頁………………………46, 47
最判昭49・6・28民集28巻5号666頁・判タ311号140頁・判時745号49頁……………188
最判昭49・7・16民集28巻5号732頁・判タ312号209頁・判時754号50頁……………142
最判昭49・7・19民集28巻5号872頁・判タ311号134頁・判時748号23頁…………65, 68
最判昭49・11・12集民113号169頁・交民集7巻6号1541頁……………………………140
最判昭50・5・29集民115号33頁・判時783号107頁……………………………………144
最判昭50・7・8集民115号257頁・交民集8巻4号905頁………………………………65
最判昭50・9・11集民116号27頁・判時797号100頁・交民集8巻5号1207頁…………142
最判昭50・10・21集民116号307頁・判時799号39頁……………………………………69
最判昭50・10・24民集29巻9号1379頁・判タ329号127頁・判時798号16頁………69, 80
最判昭50・11・4民集29巻10号1501頁・判タ330号256頁・判時796号39頁……146, 147
最判昭51・3・25民集30巻2号160頁・判タ336号220頁・判時810号11頁……………104
最判昭51・7・8民集30巻7号689頁・判タ340号157頁・判時827号52頁………125, 126
最判昭52・3・15民集31巻2号289頁・判タ348号201頁・判時849号75頁……………100
最判昭52・9・22集民121号281頁・交民集10巻5号1246頁……………………………140
最判昭52・9・22民集31巻5号767頁・判タ354号253頁・判時867号56頁……………121
最判昭52・10・20集民122号55頁・判時871号29頁・金商548号46頁……………………75
最判昭52・12・22集民122号565頁・判時878号60頁……………………………………141
最判昭53・8・29交民集11巻4号941頁…………………………………………………143
最判昭54・9・7判タ407号78頁・判時954号29頁………………………………………188
最判昭54・12・4民集33巻7号723頁・判タ406号83頁・判時952号47頁………………21
最判昭56・3・24民集35巻2号271頁・判タ440号83頁・判時998号57頁…………………6
最判昭56・10・8集民134号39頁・判タ454号80頁・判時1023号47頁…………………100
最判昭57・1・19民集36巻1号1頁・判タ463号123頁・判時1031号120頁……12, 74, 152, 153
最判昭57・3・4集民135号269頁・判タ470号121頁・判時1042号87頁………………127
最判昭57・11・26民集36巻11号2318頁・判タ485号65頁・判時1061号36頁…………147
最判昭58・4・15交民集16巻2号284頁……………………………………………………71
最判昭58・9・6民集37巻7号901頁・判タ509号123頁・判時1092号34頁…………74, 76
最判昭59・10・9集民143号49頁・判タ542号196頁・判時1140号78頁…………………69
最判昭61・10・9集民149号21頁・判タ639号118頁・判時1236号65頁……………12, 153
最判昭62・7・10民集41巻5号1202頁……………………………………………………79
最判昭62・10・30交民集20巻6号1662頁…………………………………………………61
最判昭63・4・21民集42巻4号243頁・判タ667号99頁・判時1276号44頁……………106
最判昭63・7・1民集42巻6号451頁・判タ676号65頁・判時1287号59頁……134, 135, 138
最判平元・4・11民集43巻4号209頁………………………………………………………84
最判平元・6・6交民集22巻3号551頁・労経速1385号9頁……………………………141
最判平元・12・21民集43巻12号2209頁・判タ753号84頁・判時1379号76頁……13, 111, 124
最判平3・10・25民集45巻7号1173頁・判タ773号83頁・判時1405号29頁……………134
最判平3・11・19集民163号487頁・判タ774号135頁・判時1407号64頁…………………99

裁判例索引

最判平 4 ・ 6 ・25民集46巻 4 号400頁・判タ813号198頁・判時1454号93頁 ………………… 106
最判平 5 ・ 3 ・16集民168号21頁・判タ820号191頁・判時1462号99頁 …………………………19
最大判平 5 ・ 3 ・24民集47巻 4 号3039頁・判タ853号63頁・判時1499号49頁 ………… 69, 80
最判平 5 ・ 9 ・ 9 集民169号603頁・判タ832号276頁・判時1477号42頁……………………… 107
最判平 5 ・ 9 ・21集民169号793頁・判タ832号70頁・判時1476号120頁……………………… 69
最判平 6 ・ 3 ・25交民集27巻 2 号283頁 …………………………………………………… 12, 153
最判平 6 ・11・24集民173号431頁・判タ867号165頁・判時1514号82頁……………………… 127
最判平 7 ・ 1 ・24民集49巻 1 号25頁・判タ872号186頁・判時1519号87頁…………………… 113
最判平 7 ・ 7 ・14交民集28巻 4 号963頁 ……………………………………………………………76
最判平 7 ・11・10民集49巻 9 号2918頁・判タ897号251頁・判時1553号92頁…………………26
最判平 8 ・ 2 ・23集民50巻 2 号249頁 …………………………………………………………78, 81
最判平 8 ・ 3 ・ 5 民集50巻 3 号383頁・判タ910号76頁・判時1567号96頁……………………23
最判平 8 ・10・29交民集29巻 5 号1272頁 ………………………………………………………… 106
最判平 8 ・10・29民集50巻 9 号2474頁・判タ931号164頁・判時1593号58頁……………… 107
最判平 9 ・ 1 ・28民集51巻 1 号78頁・判タ934号216頁・判時1598号78頁……………………70
最判平 9 ・ 9 ・ 9 集民185号217頁・判タ955号139頁・判時1618号63頁…………………… 104
最判平 9 ・ 9 ・10民集51巻 9 号3962頁・判タ959号156頁・判時1623号80頁……………… 147
最判平 9 ・11・27集民186号227頁・判タ960号95頁・判時1626号65頁……………………… 140
最判平10・ 6 ・12民集52巻 4 号1087頁・判タ980号85頁・判時1644号42頁………………… 111
最判平10・ 9 ・10集民189号819頁・判タ986号189頁・判時1654号49頁………………………77
最判平10・ 9 ・10民集52巻 6 号1494頁・判タ985号126頁・判時1653号101頁……… 127, 136
最判平11・ 1 ・29集民191号265頁・判タ1002号122頁・判時1675号85頁…………………… 134
最判平11・10・22民集53巻 7 号1211頁・判タ1016号98頁・判時1692号50頁…………………69
最判平12・11・14集民200号155頁・判タ1049号218頁・判時1732号83頁ーーーーーーーーー70
最判平12・11・14集民54巻 9 号2683頁・判タ1049号220頁・判時1732号78頁………………70
最判平13・ 3 ・13集民55巻 2 号328頁・判タ1059号59頁・判時1747号87頁ーーーーー132, 133
最判平14・ 1 ・29集民56巻 1 号218頁・判タ1086号108頁・判時1778号59頁……………… 109
最判平15・ 7 ・11民集57巻 7 号815頁・判タ1133号118頁・判時1834号37頁…… 132, 133, 136
最判平15・12・ 9 民集57巻11号1887頁・判タ1143号243頁・判時1849号93頁………………59
最判平16・11・12集民58巻 8 号2078頁・判タ1170号134頁・判時1882号21頁…………… 121
最判平16・12・20集民215号987頁・判タ1173号154頁・判時1886号46頁 ……………… 79, 82
最判平16・12・24集民215号1109頁・判タ1174号252頁・判時1887号52頁………………… 110
最判平17・ 6 ・ 2 民集59巻 5 号901頁・判タ1183号234頁・判時1900号119頁………… 23, 84
最判平18・ 3 ・30民集60巻 3 号1242頁・判タ1207号70頁・判時1928号36頁… 10, 14, 153, 154
最判平19・ 4 ・24集民224号261頁・判タ1240号118頁・判時1970号54頁………………… 104
最判平20・ 2 ・19民集62巻 2 号534頁・判タ1268号123頁・判時2004号77頁…………………11
最判平20・ 3 ・27集民227号585頁・判タ1267号156頁・判時2003号155頁………… 102, 105
最判平20・ 7 ・ 4 判タ1279号106頁・判時2018号16号・交民集41巻 4 号839頁…………… 104
最判平20・ 9 ・12集民228号639頁・判タ1280号110頁・判時2021号38頁…………… 143, 149
最判平21・ 4 ・28民集63巻 4 号853頁・判タ1299号134頁・判時2046号70頁……………… 111
最判平22・ 9 ・13民集64巻 6 号1626頁………………………………………………………………83

裁判例索引

最判平24・2・20民集66巻2号742頁・判タ1366号83頁・判時2145号103頁……………158, 160, 164
最判平24・5・29集民240号261頁・判タ1374号100頁・判時2155号109頁……………158
最判平24・10・11集民241号75頁・判タ1384号118頁・判時2169号3頁……………14, 153, 154
最判平27・3・4民集69巻2号178頁……………83
最判平27・4・9民集69巻3号455頁・判タ1415号69頁・判時2261号145頁……………114
最判平28・3・1民集70巻3号681頁・判タ1425号126頁・判時2299号32頁……………117

● 高等裁判所

東京高判昭54・10・30判タ412号125頁・判時949号116頁……………155
大阪高判昭63・9・30交民集21巻5号930頁……………78
大阪高判平9・4・30交民集30巻2号378頁……………106
東京高判平16・2・26交民集37巻1号1頁……………60
名古屋高判平20・9・30交民集41巻5号1186頁……………59, 60
広島高判平22・1・28判タ1346号203頁・自保ジャーナル1825号109頁……………154, 155
東京高判平24・3・14金商1390号15頁……………161
東京高判平26・8・21自保ジャーナル1929号18頁……………154, 155

● 地方裁判所

熊本地判昭43・4・26交民集1巻2号499頁……………90
大阪地判昭43・5・10判時534号66頁……………146
水戸地判昭43・11・25交民集1巻4号1342頁……………91
福岡地判昭46・2・9判タ269号297頁……………146
大阪地判昭54・6・29判時948号87頁……………6
札幌地判昭56・7・10交民集14巻4号836頁……………62
大阪地判昭60・2・22判タ555号322頁……………163
東京地判昭61・4・25判タ605号96頁・判時1193号116頁……………53
東京地判平元・3・24交民集22巻2号420頁……………59
大阪地判平元・4・14交民集22巻2号476頁……………60
横浜地判平元・6・26判時1350号96頁・交民集22巻3号714頁……………56
東京地判平元・10・26交民集22巻5号1192頁……………50
東京地判平2・3・13判タ722号84頁・判時1338号21頁……………90
神戸地判平3・9・4判タ791号209頁・交民集24巻5号1021頁……………144
大阪地判平5・1・29交民集26巻1号152頁……………56
東京地判平6・10・7交民集27巻5号1388頁……………48, 54
東京地判平7・11・22判タ907号226頁・交民集28巻6号1605頁……………116
神戸地判平8・6・14交民集29巻3号887頁……………88, 91, 92
神戸地判平8・7・19交民集29巻4号1061頁……………56
岡山地判平8・9・19交民集29巻5号1405頁……………60
東京地判平9・1・29交民集30巻1号149頁……………58

裁判例索引

東京地判平9・1・29交民集30巻1号154頁 ……………………………………………… 137
東京地判平10・1・20交民集31巻1号4頁 ………………………………………………… 61
大阪地判平10・2・20交民集31巻1号243頁 …………………………………………… 57, 58
大阪地判平10・2・24自動車保険ジャーナル1261号2頁 ……………………………… 46, 87
神戸地判平10・5・21交民集31巻3号709頁 ……………………………………………… 164
神戸地尼崎支判平10・6・16判タ1025号243頁 …………………………………………… 101
名古屋地判平10・10・2自動車保険ジャーナル1297号2頁 ………………………… 48, 49, 56
千葉地判平10・10・26判時1678号115頁 …………………………………………………… 121
大阪地判平11・7・7交民集32巻4号1091号 ………………………………………………… 89
札幌地判平11・8・23自動車保険ジャーナル1338号2頁 ………………………………… 56
東京地判平12・3・15交民集33巻2号535頁 ………………………………………………… 55
名古屋地判平12・3・17交民集33巻2号546頁 ……………………………………………… 54
大阪地判平12・7・26交民集33巻4号1258頁 ……………………………………………… 87
東京地判平12・8・23交民集33巻4号1312頁 ……………………………………………… 91
大阪地判平12・10・12自動車保険ジャーナル1406号4頁 ……………………………… 59, 60
東京地判平13・5・29交民集34巻3号659頁 ……………………………………………… 57, 58
大阪地判平13・6・8交民集34巻3号738頁 ………………………………………………… 55
神戸地判平13・6・22交民集34巻3号772頁 ………………………………………………… 60
東京地判平13・8・30交民集34巻4号1141頁 ……………………………………………… 54
名古屋地判平13・10・29交民集34巻5号1455頁 ………………………………………… 87
東京地判平13・11・29交民集34巻6号1558頁 ……………………………………………… 54
東京地判平13・12・26交民集34巻6号1687頁 ……………………………………………… 50
東京地判平14・8・30交民集35巻4号1193頁 …………………………………………… 57, 59
東京地判平14・9・9交民集35巻6号1780頁 …………………………………………… 48, 49
東京地判平14・10・15交民集35巻5号1371頁 ……………………………………………… 55
東京地判平14・12・25交民集35巻6号1715頁 ……………………………………………… 164
名古屋地判平15・2・28自動車保険ジャーナル1499号17頁 ……………………………… 48
東京地判平15・3・12交民集36巻2号313頁 …………………………………………… 88, 91, 92
東京地判平15・3・24交民集36巻2号350頁 ………………………………………………… 57
東京地判平15・5・27交民集36巻3号774頁 ………………………………………………… 78
大阪地判平15・7・30交民集36巻4号1008頁 ……………………………………………… 60
東京地判平15・8・4交民集36巻4号1028頁 …………………………………………… 48, 49
東京地判平15・8・26交民集36巻4号1067頁 ……………………………………………… 49
東京地判平15・9・2交民集36巻5号1192頁・自保ジャーナル1536号2頁 ……………… 164
大阪地判平15・9・22交民集36巻5号1316頁 ……………………………………………… 117
大阪地判平16・2・13交民集37巻1号192頁 ………………………………………………… 58
東京地判平16・5・24交民集37巻3号648頁 ……………………………………………… 137
大阪地判平17・2・14判タ1187号272頁・判時1917号108頁・交民集38巻1号202頁 … 151
大阪地判平18・2・24交民集39巻1号165頁 ……………………………………………… 117
大阪地判平18・3・22判時1938号97頁 ……………………………………………………… 60
東京地判平18・8・28交民集39巻4号1160頁 ……………………………………………… 56

裁判例索引

神戸地判平18・11・17交民集39巻6号1620頁·· 49, 57
東京地判平20・9・22（平19(ﾜ)4049）判例秘書··84
神戸地判平20・11・6交民集41巻6号1414頁・自動車保険ジャーナル1774号2頁·······50
松山地今治支判平20・12・25判時2042号81頁・交民集41巻6号1615頁···················110
東京地判平21・1・21交民集42巻1号31頁···57
名古屋地判平21・2・13交民集42巻1号148頁································ 48, 49, 58
大阪地判平21・2・24自保ジャーナル1815号149頁··57
大阪地判平21・3・24交民集42巻2号418頁··75
東京地判平21・7・23（平19(ﾜ)12315）判例秘書···78
大阪地堺支判平21・9・30判タ1316号238頁・判時2066号126頁·····························155
大阪地判平21・9・30判タ1316号238頁··155
東京地判平21・12・24自保ジャーナル1821号104頁···92
大阪地堺支判平22・1・18自保ジャーナル1824号104頁···49
東京地判平22・1・27交民集43巻1号48頁···································· 46, 49, 59
大阪地判平22・7・29自保ジャーナル1860号152頁··56
京都地判平23・2・1交民集44巻1号187頁・自保ジャーナル1850号105頁··················55
東京地判平23・9・20判時2138号75頁··161
さいたま地判平23・11・18自保ジャーナル1865号167頁··75
東京地判平24・1・27交民集45巻1号85頁··75
京都地判平24・3・19自保ジャーナル1883号133頁··88
東京地判平25・3・7判タ1394号250頁・判時2191号56頁······································151
横浜地判平25・3・26交民集46巻2号445頁··84
東京地判平25・9・30自保ジャーナル1911号119頁··································· 48, 49
大阪地判平26・1・21交民集47巻1号68頁····································· 49, 50
大阪地判平26・1・28交民集47巻1号124頁······························· 154, 155
東京地判平26・3・12交民集47巻2号308頁··49
大阪地判平26・3・26自保ジャーナル1927号130頁··155
東京地判平26・4・15自保ジャーナル1926号46頁······················· 154, 155
名古屋地判平26・6・27交民集47巻3号847頁··165
東京地判平26・8・22（平25(ﾜ)22775、26(ﾜ)714、1118）判例秘書··················47
東京地判平26・11・25交民集47巻6号1423頁··88
名古屋地判平27・5・18自保ジャーナル1955号64頁··55
大阪地判平27・5・19交民集48巻3号616頁···································· 54, 55
名古屋地判平27・7・13自保ジャーナル1957号119頁···89
東京地判平27・8・4（平27(ﾚ)384）判例秘書···48
大阪地判平27・8・25交民集48巻4号990頁・自保ジャーナル1962号162頁·················59
横浜地判平27・8・31交民集48巻4号1052頁・自保ジャーナル1959号114頁···············57
大阪地判平27・9・4交民集48巻5号1110頁・自保ジャーナル1962号1頁·····················59
佐賀地判平27・9・11判時2293号112頁・労判1172号81頁·····································126
東京地判平27・9・16（平26(ﾜ)17190）判例秘書··111
名古屋地判平27・12・25交民集48巻6号1586頁···92

裁判例索引

横浜地判平28・3・31自保ジャーナル1977号136頁 ……………………………48
東京地判平28・6・17交民集49巻3号750頁 ………………………………48
大阪地判平28・7・15自保ジャーナル1985号95頁 …………………………57
東京地判平28・10・11交民集49巻5号1192頁・自保ジャーナル1989号138頁 ………57
神戸地判平28・10・26交民集49巻5号1264頁・自保ジャーナル1990号90頁…………91
静岡地沼津支判平28・12・16自保ジャーナル1994号46頁 ……………………55
東京地判平29・1・13自保ジャーナル1994号91頁 ……………………………54

● 簡易裁判所

東京簡判平25・6・25（平24(ハ)9363，33958）裁判所ＨＰ・判例秘書 …………57

法令索引

● 会社法
350条 ……………………………………… 119

● 裁判所法
24条1号 ………………………………………95
33条1項1号 …………………………………95

● 自動車損害賠償保障法
1条 …………………………………………… 3
2条3項 …………………………………… 149
3条 ………………………………… 4, 149, 150
3条本文 …………………………… 139, 144
5条 …………………………………… 3, 18, 19
6条1項 ……………………………………… 3
6条2項 ……………………………………… 3
10条 ………………………………………… 19
11条 ………………………………………… 4
15条 ………………………………………… 6
16条 ………………………………………… 8, 152
16条1項 …………………………… 153, 196
16条4項 …………………………………… 20
16条の3 …………………………………… 14
17条1項 …………………………………… 15
17条3項 …………………………………… 15
17条4項 ………………………………… 15, 20
18条 ……………………………………… 11, 16
19条 ………………………………………… 12
20条の2第1項 ……………………………… 17
20条の2第2項 ……………………………… 17
72条 ………………………………………… 18
72条1項前段 ……………………………… 18
72条1項後段 …………………………… 19, 20
72条2項 …………………………………… 20
73条 ………………………………………… 18
73条1項 …………………………………… 21

75条 ………………………………………… 23
76条3項 ……………………………… 16, 20

● 自動車損害賠償保障法施行令
5条 ………………………………………… 15

● 司法書士法
3条1項6号イ …………………………… 167
3条2項 …………………………………… 167

● 保険法
25条 …………………………… 38, 157, 161
25条1項 ………………………………… 165
25条1項2号 …………………………… 162
26条 …………………………… 38, 158, 162
95条 ………………………………… 6, 28, 29
95条1項 …………………………………… 40

● 民事訴訟規則
53条1項 ………………………………… 167
55条2項 ………………………………… 168

● 民事訴訟費用等に関する法律
3条別表第1・1 ………………………… 166
8条本文 ………………………………… 166
8条但書 ………………………………… 166

● 民事訴訟法
4条1項 …………………………………… 96
4条2項 …………………………………… 96
4条4項 …………………………………… 96
5条1項 …………………………………… 96
5条5項 …………………………………… 97
5条9項 …………………………………… 96
54条1項 ………………………………… 167
279条 …………………………………… 178

法令索引

368条1項 …………………………… 95

● 民　法

484条 …………………………… 96
509条 …………………………… 188
709条 …………………………… 115
712条 …………………………… 100
713条 …………………………… 101
713条本文 …………………………… 101
713条但書 …………………………… 101
714条1項但書前段 …………………………… 114
714条1項但書後段 …………………………… 115
715条 …………………………… 119
715条1項但書前段 …………………………… 123
715条1項但書後段 …………………………… 123
715条3項 …………………………… 125
719条1項 …………………………… 127
719条1項前段 …………………………… 128, 130, 131
719条1項後段 …………………………… 129, 131
720条1項 …………………………… 100
720条2項 …………………………… 100
722条2項 …………………………… 101, 105, 131
724条 …………………………… 109, 124
724条前段 …………………………… 109
724条後段 …………………………… 111

簡裁交通損害賠償訴訟
実務マニュアル

| 2018年10月23日 | 初版第1刷印刷 |
| 2018年11月9日 | 初版第1刷発行 |

<table>
<tr><td rowspan="2">廃止　検印</td><td>ⓒ著者</td><td>園部　　厚</td></tr>
<tr><td>発行者</td><td>逸見　慎一</td></tr>
</table>

| 発行所 | 東京都文京区
本郷6丁目4の7 | 株式
会社 | 青林書院 |

振替口座 00110-9-16920／電話 03(3815)5897〜8／郵便番号 113-0033

印刷・星野精版印刷㈱／落丁・乱丁本はお取り替え致します。

Printed in Japan　　ISBN978-4-417-01755-4

|JCOPY| 〈㈳出版者著作権管理機構 委託出版物〉

本書の無断複写は著作権法上での例外を除き禁じられています。複写される場合は，そのつど事前に，㈳出版者著作権管理機構（電話 03-3513-6969，FAX 03-3513-6979，e-mail:info@jcopy.or.jp）の許諾を得てください。